VANCOUVER
OLYMPISCHE WINTERSPIELE 2010

Eine Produktion des Copress-Teams, München
Verantwortlich für Inhalt und redaktionelle Konzeption: Sport-Informations-Dienst (SID), Neuss

Lektorat und Bildredaktion	Pierre Sick
Produktion und Layout	VerlagsService Dr. Helmut Neuberger & Karl Schaumann GmbH
Alle Fotos Fotografen	FOTOAGENTUR SVEN SIMON Frank Hoermann, Anke Fleig, Kenzo Koba
Chefredaktion	Berthold Mertes
Textredaktion	Harald Gehring (Leitung), Thomas Kommer, Jutta Merse, Nicola Schnitzler, Uschi Vogel
SID-Team Vancouver	Timon Saatmann, Lars Becker, Jens Diestelkamp, Andreas Frank, Thomas Häberlein, Gerd Holzbach, Jana Lange, Thomas Lipinski, Ralf Loweg, Marco Mader, Jürgen Magh, Jörg Mebus, Oliver Mucha, Thomas Nowag, Marc Schmidt, Benjamin Siebert, Jörg Soldwisch, Peter Stracke, Tom Vaagt
Bibliografische Information der Deutschen Nationalbibliothek	Die Deutsche Nationalbibliothek verzeichnet diese Publikation in der Deutschen Nationalbibliografie; detaillierte bibliografische Daten sind im Internet über http://dnb.d-nb.de abrufbar.
Copyright	© 2010 Copress Verlag in der Stiebner Verlag GmbH, München Alle Rechte vorbehalten. Wiedergabe, auch auszugsweise, nur mit Genehmigung des Verlags.
Projektmanagement	Stiebner Verlag GmbH, München www.copress.de
Reproduktion	Pix + Print, Markt Indersdorf
Druck und Bindung	Firmengruppe APPL, aprinta druck, Wemding
ISBN	978-3-7679-0965-6

Inhalt

Auftakt 8
Vorwort 8 · Olympia begann leise, menschlich und emotional 10 · Olympia-Tagebuch Vancouver 2010 12 · Impressionen 14

Alpine Wettbewerbe 16
Frauen 18 · Männer 24
Freestyle Frauen 30 · Männer 32
Snowboard Frauen 34 · Männer 36

Bobsport/Rodeln/Skeleton 38
Rodeln Frauen 40 · Männer 42
Bob Frauen 46 · Männer 48
Skeleton Frauen/Männer 52

Eishockey 54
Frauen 56 · Männer 58

Curling 60
Frauen/Männer 62

Eiskunstlauf 64

Frauen 66 · Männer 68
Paarlauf 70 · Eistanz 72

Eisschnelllauf 74

Frauen 76 · Männer 82
Shorttrack Frauen 88
Shorttrack Männer 90

Nordische Wettbewerbe 92

Biathlon Frauen 94
Biathlon Männer 100
Langlauf Frauen 106
Langlauf Männer 112
Nordische Kombination 118
Skispringen 124

Finale 130

Schlussfeier 130 · Statistik 134 ·
Abkürzungen 144 · Die erfolgreichsten
Medaillengewinner 144 · Medaillen-
spiegel 144 · Teilnehmerliste 145

Eine Welt, ein Traum

Eine Welt, in der Völkerfreundschaft, Lebensfreude und Toleranz vorherrschen, in der Leistungsgedanke und Fairness vereinbar sind: Am Ende der 17 Olympia-Tage von Vancouver war der schöne Traum wieder da. Die XXI. Winterspiele bleiben als Festtage des Sports in Erinnerung. Auch wenn es diesmal etwas dauerte, bis das berauschende bunte Bild sich in den Köpfen formte. Der Tod des georgischen Rodlers Nodar Kumaritaschwili bei einer Trainingsfahrt warf auf den Tag der Eröffnungsfeier einen dunklen Schatten, der sich nur zögerlich aufhellte.

Für das deutsche Team wurde Vancouver zu einer Erfolgsstory mit den Heldinnen Magdalena Neuner und Maria Riesch. Die Schweizer jubelten vor allem über die historische Leistung von Simon Ammann. Und Österreich durfte sich immerhin mit dem Super-G-Gold von Andrea Fischbacher über das Desaster der alpinen Männer hinwegtrösten.

Zu den großen Siegern zählten die sympathischen Gastgeber. Nachdem Buckelpisten-Artist Alex Bilodeau das historische erste Gold für Kanada auf Heimatboden gewonnen hatte (nach den sieglosen Spielen von Montreal 1976 und Calgary 1988), gab es für die Einheimischen kein Halten mehr. Vor allem in den Draufgänger-Disziplinen wie Shorttrack, Freestyle, Skeleton und Bob – gerade aber auch im Eishockey – sammelten die Kanadier Medaille um Medaille. Die Olympiafans waren aus dem Häuschen und machten in der Granville Street in Vancouver Downtown mehr als zwei Wochen lang am Stück die Nacht zum Tag. Glückselig jene, die an Eintrittskarten gekommen waren. Eishockey-Tickets für das Team Canada wurden zu astronomischen Preisen gehandelt.

»Das Bild der Spiele ist durch die Freundlichkeit der Volunteers geprägt worden«, sagte Dr. Thomas Bach. Der Präsident des Deutschen Olympischen Sportbundes (DOSB) äußerte seinen Stolz über Erfolge und Auftreten der deutschen Athleten mit Blick auf die 2011 anstehende nächste Olympiavergabe: »Unsere Sportler waren sympathische Botschafter für Deutschland und für unsere Bewerbung für München 2018.«

Paradebeispiel Magdalena Neuner. Sie holte nicht nur zweimal Gold und einmal Silber, sondern erfüllte das olympische Ideal mit menschlicher Größe. Neuner verzichtete auf den Staffelstart und eröffnete damit einer weiteren Teamkollegin eine Medaillenchance. »Nicht dabei sein ist alles« – so lautete in diesem Fall das olympische Motto. Vorbildlich.

Maria Riesch war der Star der alpinen Wettbewerbe, übertraf sogar die hochgewettete Lindsey Vonn. Als sich diese beiden am drittletzten Wettkampftag herzten, als wollten sie sich gar nicht mehr loslassen, Riesch die Tränen über die Wangen liefen und Vonn glückselig strahlte, da offenbarte sich die berührendste Seite des Sports. Es waren nur wenige Sekunden kurz nach Rieschs Zieleinlauf im Slalom. Aber Momente, Bilder für die Ewigkeit! Dann umarmte die Olympiasiegerin ihre Schwester Susanne Riesch, die nach einem Husarenritt durch den Stangenwald mit einem Patzer im Zielhang die Medaille verloren hatte. Diesmal flossen Tränen der Trauer.

Schrecklich schön und ganz schön schrecklich sind Olympische Spiele. Auf der Verliererseite standen diesmal die deutschen Biathlon-Herren mit ihrem schwächsten Abschneiden seit 1968. Michael Greis, als Dreifach-Olympiasieger vier Jahre zuvor noch der strahlende Held von Turin, blieb ohne Medaille. Das Thema Doping kochte in Vancouver nicht hoch, positive Proben gab es während der Spiele nicht. Ist dies das erfreuliche Ergebnis der Null-Toleranz-Haltung der Welt-Anti-Doping-Agentur mit ihren drastischen Strafen und immer intelligenteren Zielkontrollen? Eine kurzfristig nicht zu beantwortende Frage. 2 000 Dopingproben jedenfalls sind auf acht Jahre eingefroren.

Vancouver wird leider auch als Olympia der Horror-Stürze in Erinnerung bleiben. Der tödliche Crash des 21-jährigen Nodar Kumaritaschwili bei Tempo 140, der mit einem Sprunggelenksbruch vergleichsweise glimpflich verlaufene Unfall der deutschen Bob-Anschieberin Romy Logsch, der schwere Sturz von Schwedens Alpin-Skistar Anja Pärson in der Frauen-Abfahrt – das IOC und die Sportverbände müssen aus den Vorkommnissen lernen. Bei allem Verständnis dafür, den Sport so spektakulär wie möglich zu präsentieren: Etwas Entschleunigung täte gut. Das ewige Rekordstreben ist es nicht, was den Sport ausmacht. Im Vordergrund steht der Wettbewerb zwischen den Athleten.

Berthold Mertes

Blitzeblauer Himmel war den XXI. Olympischen Winterspielen nur selten vergönnt. Die traumhafte Aufnahme des Skispringers im Gegenlicht entstand an einem der wenigen sonnigen Tage. Wetterkapriolen beeinträchtigten nicht nur die alpinen Skiwettbewerbe in Whistler. Insbesondere in der Nordischen Kombination wirbelten die sehr wechselhaften äußeren Bedingungen das Klassement mächtig durcheinander.

Sichtlich mitgenommen trat IOC-Präsident Jacques Rogge nach dem ersten Todesfall in der Geschichte Olympischer Winterspiele vor die Presse. Die Sportwelt hielt inne, die Diskussion über die Sicherheit der Sportler zog sich jedoch wie ein roter Faden durch die Olympia-Tage von Vancouver. Dennoch wurden es fröhliche Spiele, nicht zuletzt dank der großen Begeisterungsfähigkeit der Kanadier.

Spektakulär: Die Feier begann mit einem Sprung durch die Olympischen Ringe in die Halle.

Bewegend: Beim Einzug der georgischen Mannschaft erhoben sich die Zuschauer von ihren Sitzen.

Eröffnungsfeier

Olympia begann leise, menschlich und emotional

Nicht perfekt und pompös, dafür leise und menschlich: Unter dem Eindruck des tödlichen Rodel-Unfalls in Whistler hieß Vancouver die Olympischen Winterspiele in einer bewegenden Eröffnungsfeier willkommen. Den emotionalsten Augenblick erlebten die 60 000 Zuschauer im BC Place Stadium und etwa zwei Milliarden vor den Fernsehgeräten in aller Welt beim Einmarsch der Nationen. Die Menschen im Stadion erhoben sich von ihren Sitzen und applaudierten der elfköpfigen Delegation Georgiens, die nach dem tödlichen Unfall ihres Rodlers Nodar Kumaritaschwili im Training nur wenige Stunden zuvor noch sichtlich unter Schock stand.

»Tragt seinen olympischen Traum auf euren Schultern und kämpft mit seinem Geist in euren Herzen«, rief John Furlong, Präsident des Organisationskomitees Vanoc, den Athleten zu. In schwarzem Anzug und mit schwarzer Krawatte sprach IOC-Präsident Jacques Rogge von der »großen Trauer« der olympischen Familie, die Kumaritaschwili in einer Schweigeminute gedachte. Auf halbmast hingen während der Rogge-Rede die kanadische und die georgische Fahne. »Unsere Welt braucht heute Frieden, Toleranz und Brüderlichkeit. Danke Kanada für die großartige Loyalität zu den olympischen Idealen«, sagte der Belgier, ehe er an Kanadas General-Gouverneurin Michaelle Jean übergab, die mit der traditionellen Formel die 21. Winterspiele für eröffnet erklärte.

Unmittelbar nach den Georgiern hatte Bob-Olympiasieger André Lange die deutsche Mannschaft als stolzer Fahnenträger aber mit gemischten Gefühlen ins Stadion geführt. »Ein Mitglied der olympischen Familie hat uns verlassen. Es wird einige Tage dauern, bis wir das verarbeitet haben«, sagte Lange. In dicken Winterwesten mit der großen Aufschrift »Team Germany« grüßten unter anderen Anni Friesinger-Postma und Maria Riesch mit schwarz-rot-goldenen Fähnchen.

Gemeinsam mit Sportlern aus insgesamt 82 Ländern erlebten dann auch die Deutschen die größte Panne ausgerechnet bei der Entzündung des Feuers um 21.01 Uhr Ortszeit (6.01 Uhr MEZ).

Als Kanadas Eishockey-Legende Wayne Gretzky, die zweimalige Eisschnelllauf-Olympiasiegerin Catriona LeMay Doan, Basketball-Profi Steve Nash und die ehemalige Ski-Rennläuferin Nancy Greene die Flamme zum Leben erwecken wollten, streikte erst die Technik – und dann war es auch noch gar nicht der große Moment, für den ihn alle gehalten hatten. Denn das eigentliche Entzünden des Feuers durch Wayne Gretzky fand erst Minuten später im strömenden Regen am permanenten Standort in Coal Harbour statt.

Immerhin hatten die Zuschauer im Stadion bei der ersten olympischen Eröffnungsfeier unter einem Dach nicht mit Regen zu kämpfen. Sie erlebten eine Zeitreise durch die Geschichte Kanadas, in der das Gastgeberland seinen einst vertriebenen Ureinwohnern symbolisch die Hand reichte. Die vier Stämme der First Nations begrüßten die Gäste aus aller Welt und boten den Zuschauern einen farbenfrohen Auftritt.

Die kanadischen Popstars Nelly Furtado und Bryan Adams beschworen im Duett »One World, One Flame«, und Hollywood-Star Donald Sutherland sowie der frühere Formel-1-Weltmeister Jacques Villeneuve gehörten zu den Trägern der olympischen Flagge.

Trotz der kleinen Pannen zogen die Verantwortlichen ein positives Fazit, zumal Peking vor anderthalb Jahren mit einem perfekt organisierten Massenspektakel die Welt noch erstaunt und zugleich erschreckt hatte. »Ich bin extrem stolz auf das, was im Stadion stattgefunden hat. Über die Emotionen und Reaktionen der Menschen und über die Qualität der Show«, sagte John Furlong. Zeremonienmeister David Atkins sah mit einem Lächeln über den Fauxpas bei der Feuerentzündung hinweg: »Es war ein mechanischer Defekt. Ich denke, es war ein gutes Beispiel für die Tatsache, dass wir alle nur Menschen sind und Fehler machen.«

Die Eröffnungsfeier im BC Place Stadium vor 60 000 Zuschauern war eine gelungene Mixtur aus Historie, Kunst, Show und Sport. Sie wurde von über zwei Milliarden Menschen weltweit im Fernsehen verfolgt.

Olympia-Tagebuch Vancouver 2010

Mittwoch, 10. Februar

UNTAUGLICH: Kalifornien ist nicht Kanada – das müssen die Organisatoren kurz vor Beginn der Winterspiele erfahren. Denn 99 im US-Bundesstaat geleaste Transportbusse sind mit den steilen Anstiegen zum Cypress Mountain überfordert. Das kanadische Freestyle-Team ist so zwei Tage in Folge gezwungen, die letzten Meter zu Fuß zu gehen.

Donnerstag, 11. Februar

ZWEI-MINUTEN-PUCKS: In Sachen Eishockey überlassen die Kanadier nichts dem Zufall. Für das Herren- und Frauen-Turnier werden insgesamt 3000 Pucks mit begrenzter Lebensdauer produziert. Die Schiedsrichter sind angehalten, alle zwei Minuten die Hartgummischeibe auszutauschen, um den Kufencracks optimale Bedingungen zu gewährleisten. Die Pucks haben einen Durchmesser von 7,6 cm, sind 2,5 cm dick und wiegen 170 Gramm.

Freitag, 12. Februar

HAPPY END: Für Ryan Clarke aus Vancouver wird das Tragen des Olympischen Feuers zu einem besonderen Erlebnis. Als seine Freundin Claire ihn auf den letzten Metern über die Inglewood Street begleitet, stoppt Clarke, sinkt auf die Knie und macht ihr mit der Fackel in der Hand einen Heiratsantrag. Nach einigen Sekunden des Zögerns antwortet Claire mit einem euphorischen »Yes!«.

Samstag, 13. Februar

DOPPELSTART: Mit zwei vollgepackten Taschen unter den Armen rennt Haralds Silovs aus dem Richmond Olympic Oval, springt in ein Auto und rast zum 19 Kilometer entfernten Pacific Coliseum. Der Stress lohnt sich, denn der Lette schreibt mit seinem Doppelstart im Eisschnelllauf und Shorttrack in Vancouver Olympia-Geschichte. Als bislang einziger Athlet geht er an einem Tag in zwei Sportarten an den Start.

ERPRESSUNG: Die chinesische Eiskunstläuferin Shen Xue hat ihrem Lebensgefährten und sportlichen Partner vor den Olympischen Spielen die Pistole auf die Brust gesetzt. Sie werde nur dann ein Comeback geben, wenn Hongbo Zhao sie heirate, lautet die Ansage der früheren Weltmeisterin. In Vancouver präsentiert Shen Journalisten nun stolz den Ehering.

Sonntag, 14. Februar

GEBLITZT: Auch ein Olympiasieger wird von der kanadischen Polizei nicht verschont. Auf dem Weg zu einer Pressekonferenz gibt der Schweizer Skisprung-Star Simon Ammann zu viel Gas und wird zur Kasse gebeten. »Plötzlich heulten hinter uns die Sirenen. Ich dachte, sie wollten uns überholen. Doch die Sirene galt uns«, erzählt Ammann. Wegen überhöhter Geschwindigkeit muss er rund 170 Euro Strafe bezahlen.

GEWINNER: Gewinner ohne Medaille ist Rennrodler Ruben Gonzalez, der auf seine vier Läufe bezogen mehr als 15 Sekunden auf Sieger Felix Loch das Zielhaus erreicht und damit Letzter wird. Mit 47 Jahren ist der Argentinier ältester Rodler im Feld, erreichte bei drei Olympia-Teilnahmen 1988, 1992 und 2002 die Platzierungen 32, 31 und 41. Vor zwei Jahrzehnten hatte Gonzalez' Rodelkarriere begonnen – damals inspiriert vom US-Amerikaner Scott Hamilton, der 1984 als ältester Olympiateilnehmer die Eiskunstlaufkonkurrenz gewann.

Montag, 15. Februar

HOSENTRÄGER: Die norwegische Curling-Mannschaft sorgt mit ihren ungewöhnlichen Beingewändern mit rot-weiß-blauen Karos für Gesprächsstoff, schaffen es damit sogar in Kanadas Medien. »Die Hosen der Norweger sind eher eine Vergewaltigung des guten Geschmacks als eine Medaille wert«, schreibt die Canadian Press. Verantwortlich für die Modesünde ist Teammitglied Christoffer Svae. Dessen Teamkollegen waren skeptisch. »Wir haben ihn losgeschickt, um neue Hosen zu kaufen. Als er dann mit diesen Dingern ankam, riefen wir nur: »Nein, nein, nein! Die können wir niemals im Fernsehen anziehen.« Auch in der Heimat ist die Meinung gespalten. Laut einer Internetumfrage der Tageszeitung Dagbladet finden 39 Prozent der Norweger die Hosen »olympia-unwürdig«.

Dienstag, 16. Februar

SOUVENIRS: Andenken von den Olympischen Winterspielen sind in Kanada gefragt wie nie. Die Souvenirs verkaufen sich viermal besser als erwartet, berichtet der Fernsehsender CTV. Fans stehen bis zu 45 Minuten an, ehe sie in einen »Olympic Super Store« eingelassen werden. Trotz des frühlingshaften Wetters sind vor allem die zehn Dollar teuren roten Handschuhe mit dem weißen Ahornblatt gefragt.

Mittwoch, 17. Februar

NACHGEMACHT: Die Österreicherin Elisabeth Görgl tut es bei den Olympischen Spielen von Vancouver ihrer Mutter gleich und gewinnt Bronze in der Abfahrt. Mutter Traudl Hecher hatte 1960 in Squaw Valley (USA) und vier Jahre später in Innsbruck den dritten Platz belegt. »Das ist natürlich eine Rieseng'schicht«, sagt die 28-Jährige nach dem Rennen.

HIRNI: Die Interviews nach dem Gewinn der Bronzemedaille im Snowboardcross gibt die Schweizerin Olivia Nobs in Französisch. Ob sie denn auch »schwyzerdütsch« spreche, wird sie von der Schweizer Fernsehmoderatorin gefragt. Sie bejaht und gibt gleich eine Kostprobe: »Hets dr ids Hirni gschneit, Schatzi?«

Donnerstag, 18. Februar

SCHIESSEREI: Die Organisatoren der Eisschnelllauf-Wettbewerbe in Richmond haben es schwer. Erst streikt die Eismaschine, dann die elektronische Starterpistole. Nachdem die Macher eine neue Zamboni besorgt haben, gehen sie auch am Start auf Nummer sicher – und unterziehen Athleten und Journalisten beim Training am Donnerstagmorgen vor dem 1000-m-Rennen der Frauen einer nervtötenden Prozedur. Über eine Stunde lang peitscht ein Startschuss nach dem anderen durch das Richmond Oval.

Freitag, 19. Februar
HOSENTRÄGER: Die wilden Harlekin-Hosen der norwegischen Curler sollen die Welt erobern. Designer Scott »Woody« Woodworth will das rot-weiß-blau karierte Beinkleid auch in anderen Sportarten groß herausbringen. Jetzt schon zählt Woodworth Berühmtheiten zu seinen treuen Kunden: Er beliefert unter anderen US-Golfstar John Daly und Rock-Ikone Alice Cooper.

INTERESSE: Die Ankunft von Eiskunstlauf-Weltmeisterin Yu-Na Kim in Vancouver ruft ein gewaltiges Medienecho hervor. Rund 300 Journalisten nehmen die Südkoreanerin am Flughafen der Olympiametropole in Empfang. Die 19-Jährige gilt als große Favoritin auf den Sieg in der Damen-Konkurrenz.

Samstag, 20. Februar
POPULÄR: Beim Blick in die Zeitung wird dem deutschen Eishockey-Nationalspieler T. J. Mulock die Kaffeetasse aus der Hand gefallen sein. Die Vancouver Sun widmet dem Stürmer, der sonst nicht im Ruf außerordentlicher Popularität steht, zwei Drittel einer Seite und setzt mitten hinein ein riesiges Foto. Die Auflösung: Mulock stammt aus Kanada und spielte früher für die Vancouver Giants.

Sonntag, 21. Februar
DURCHEINANDER: Chaos im Zimmer von Doppel-Olympiasieger Simon Ammann. Als der Eidgenosse nach seinem Triumph auf der Großschanze wieder sein Zimmer im Olympischen Dorf betritt, findet er sein Bett auf den Kopf gestellt und die Matratze mit Glückwünschen beschriftet vor. Zimmerkollege Andreas Küttel hatte heimlich die Schweizer Langläufer und Bobfahrer hineingelassen …

WARNUNG: Vorsicht vor TV-Kameras – im Bergdorf Whistler haben die Organisatoren ein großes Schild aufgestellt, auf dem steht: »Liebe Gäste, während der Olympischen Spiele sind in diesem Bereich viele Fernsehsender unterwegs und machen Bilder. Sollten Sie ein Problem damit haben, im Fernsehen zu erscheinen, meiden Sie diesen Bereich bitte weiträumig.«

Montag, 22. Februar 2010
GESCHENK: Ein unbekannter Olympia-Fan ist im Internet zu einem kleinen Star geworden. Der Aktionskünstler hat am False Creek hundertfach das Logo der Spiele von Vancouver aus kleinen Steinen nachgebaut und damit eine Touristenattraktion geschaffen. »Das ist mein Geschenk an meine Stadt«, erklärt er.

Dienstag, 23. Februar
RÜCKKEHR: Langläufer Tobias Angerer will im Sommer ins Deutsche Haus und Kufenstüberl nach Whistler zurückkehren. Dann dient das Gebäude wieder als Clubhaus des Jack Nicklaus Golfplatzes. »Diesen Platz muss man einfach mal spielen«, sagt der Silbermedaillengewinner im 30-km-Rennen. Angerer hat Handicap 23.

UNGERECHT: Wer nach Gründen sucht, warum die deutsche Eishockey-Nationalmannschaft gegen Top-Teams wie Kanada keine Chance hat, dem sei folgende Statistik ans Herz gelegt: Im Mutterland des Eishockey gibt es mehr Schiedsrichter (29 839) als in Deutschland Spieler (28 967). Angesichts der 500 000 Menschen, die in Kanada aktiv einem Puck hinterherlaufen, dürfte sich jede weitere Frage nach Chancengleichheit erübrigen …

Mittwoch, 24. Februar
DOPPELGÄNGER: Ständig fragen die Menschen Liz Schaeffer nach einem Autogramm und kreischen wie wild, wenn die 41-Jährige in der Nähe ist. Die Kanadierin ist keine Olympia-Teilnehmerin, sieht aber aus wie jemand, der in Vancouver ein Star ist: Der rote Lockenkopf hat eine frappierende Ähnlichkeit mit Snowboard-Olympiasieger Shaun White. »Wenn ich immer einen Cent bekommen würde, wenn mich jemand für Shaun White hält, dann wäre ich vermutlich so reich wie er«, so Schaeffer.

Donnerstag, 25. Februar
AUKTION: Ein von Kanadas Olympiasiegern unterschriebener Eishockey-Schläger aus dem Jahr 1924 kommt unter den Hammer. Am 16. März sollen mehrere hundert Sportererinnerungsstücke aus dem vergangenen Jahrhundert versteigert werden. Der Holzschläger war Anfang der 90er Jahre in einem Keller in Toronto gefunden worden. Auf dem guten Stück haben sich die Spieler verewigt, die bei den Winterspielen 1924 in Chamonix den ersten offiziellen Olympiasieg im Eishockey errungen hatten. Die Kanadier gewannen alle fünf Turnierspiele, am Ende stand eine Bilanz von 110:3 Toren.

Freitag, 26. Februar
WETTEN: Robert Gibbs, Pressesprecher im Weißen Haus, muss bei seinem nächsten offiziellen Termin ein kanadisches Eishockeytrikot tragen. Er löst damit eine verlorene Wette gegen seinen kanadischen Amtskollegen Dimitri Soudas ein. Beide haben auf einen Olympiasieg ihrer Eishockey-Frauen gesetzt. Das Endspiel gewinnt Kanada gegen die USA mit 2:0.

WOHNUNG: Die chinesische Shorttrackerin Yang Zhou kann ihre beiden Goldmedaillen von Vancouver an nagelneue Wände hängen. Die Eltern der 18-Jährigen bekommen in ihrer Heimatstadt Changchun von der Regierung eine neue, größere Wohnung zugeteilt. Das vermeldet die staatliche Nachrichtenagentur Xinhua. Sie schreibt allerdings nicht, ob Yangs Olympiasiege den angestrebten Umzug der Familie beschleunigt haben.

Samstag, 27. Februar
FÜNFMAL: Doppel-Olympiasiegerin Maria Riesch vollbringt bei den Olympischen Spielen von Vancouver eine kaum bemerkte historische Leistung. Der 25 Jahre alten Partenkirchnerin gelingt es als erster Ski-Rennläuferin, alle fünf Wettbewerbe bei Olympia mit einer Platzierung unter den ersten Zehn zu beenden. Riesch gewinnt die Super-Kombination und den Slalom, belegt in der Abfahrt und im Super-G jeweils Rang acht und erreicht im Riesenslalom Rang zehn.

Sonntag, 28. Februar
SCHNELLE RASUR: »Ich habe mich vor dem Rennen extra rasiert – deshalb war ich schneller in der Abfahrt. Und über 50 Kilometer summiert sich das …«, erklärt Axel Teichmann nach seinem überraschenden Gewinn der Silbermedaille im Marathonrennen über 50 Kilometer der Skilangläufer.

WETTEN II: US-Präsident Barack Obama schuldet dem kanadischen Premierminister Stephen Harper eine Kiste Bier. Die beiden Regierungschefs wetten vor dem olympischen Eishockey-Finale zwischen den Nationalmannschaften beider Nationen auf den Ausgang des Spiels. Kanada gewinnt das Endspiel mit 3:2 nach Verlängerung. Obamas' Wetteinsatz: eine Kiste Yuenling-Bier.

Beeindruckend: Die Skyline der Olympia-Metropole Vancouver. Die Hafenstadt an der kanadischen Westküste ist berühmt für ihre reizvolle Lage, die sie zum Touristen-Mekka gemacht hat. Die Einwohner – bekannt wegen ihrer Gastfreundlichkeit – übertrafen sich während der Spiele noch. Sie machten so richtig Party, und die Volunteers waren an Hilfsbereitschaft kaum zu überbieten. Olympia-Souvenirs wurden zu Verkaufsschlagern, der Absatz übertraf die Erwartungen deutlich. Kein Wunder, dass die olympische Familie sich nach Montreal (1976/Sommerspiele) und Calgary (1988/Winterspiele) zum dritten Mal sehr wohl in Kanada fühlte.

vancouver 2010

CANADA

WHISTLER

WESTIN

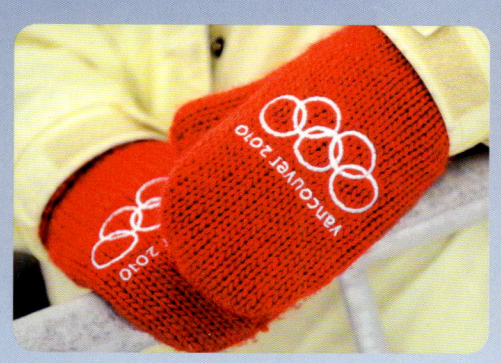

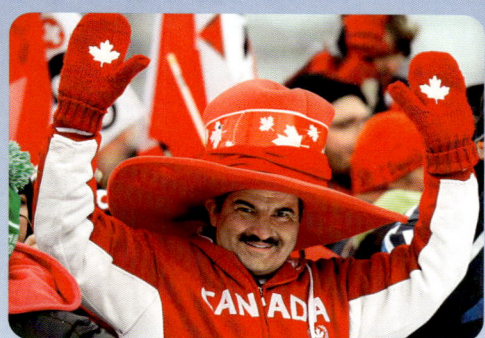

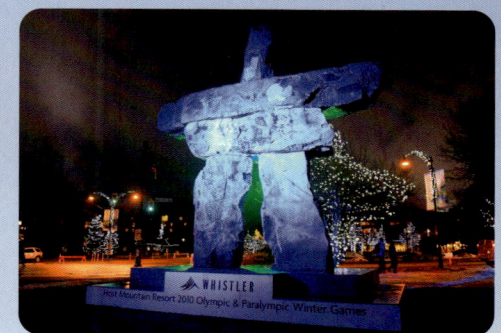

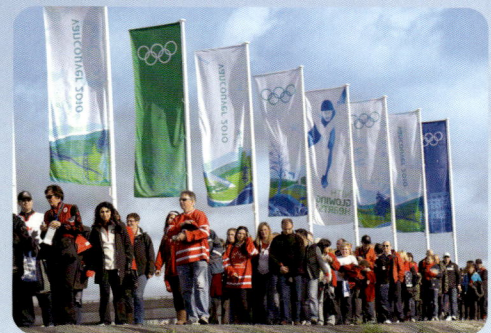

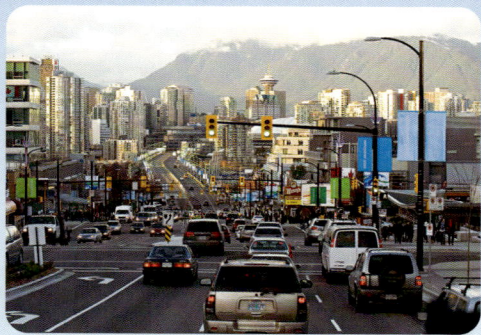

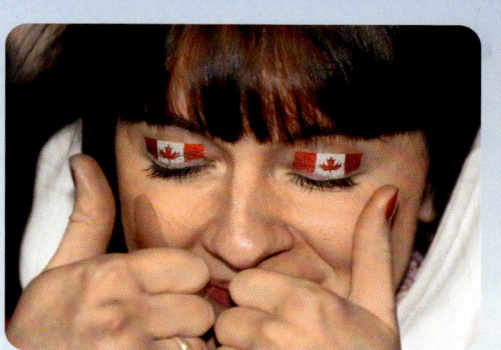

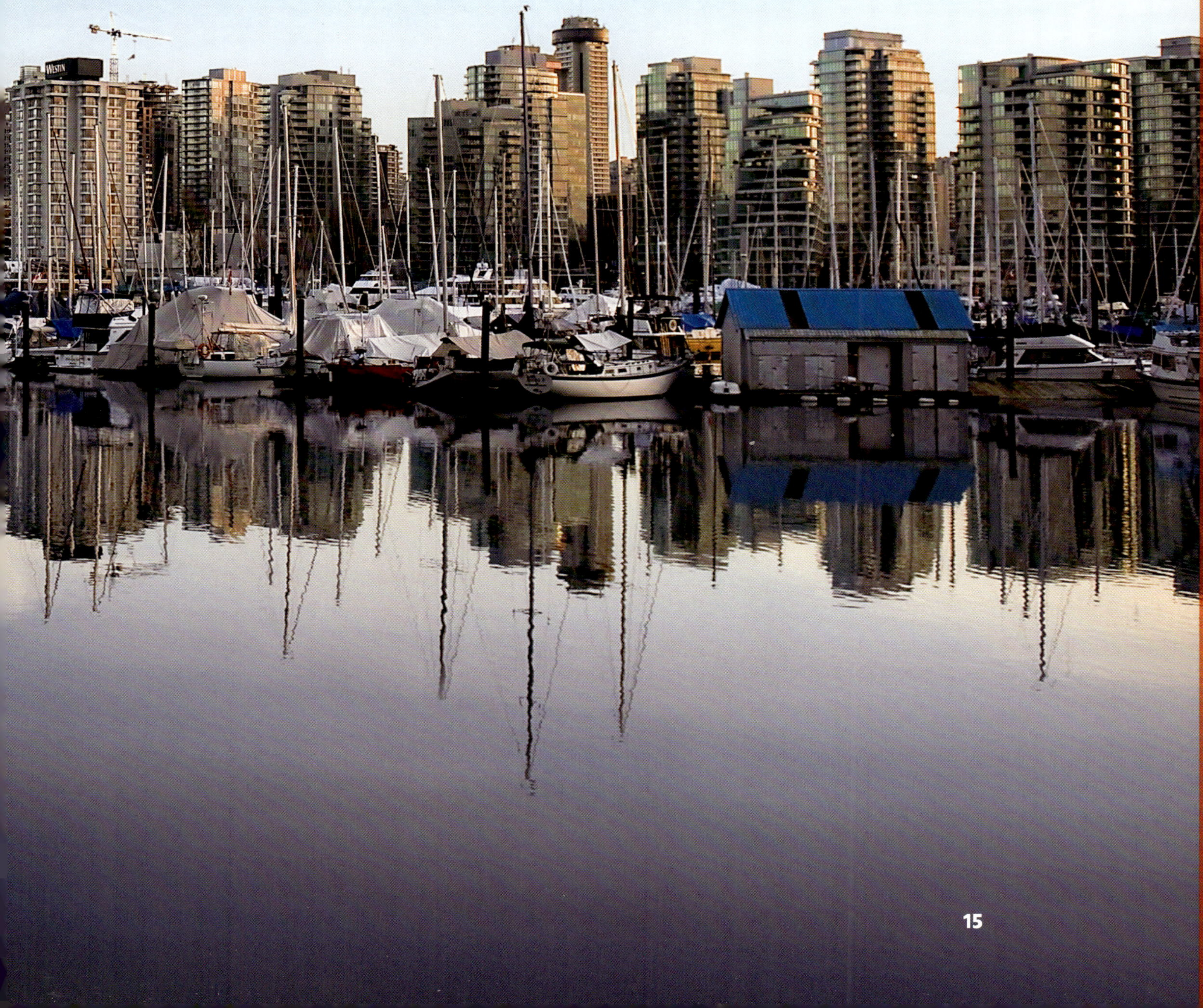

Viktoria Rebensburg (kleines Bild) und Maria Riesch (großes Bild) führten das DSV-Team mit ihren Goldmedaillen an die Spitze des Medaillenspiegels der zehn Alpin-Entscheidungen in Whistler Creekside.

Alpine Wettbewerbe

Erstmals seit 1994 stand Deutschland nach den zehn olympischen Entscheidungen im Ski alpin wieder ganz oben im Medaillenspiegel. Dank Doppel-Olympiasiegerin Maria Riesch, die in der Super-Kombination und im Slalom triumphierte und damit in die Fußstapfen von Katja Seizinger (1998) und Rosi Mittermaier (1976) trat, sowie Viktoria Rebensburg, der ersten deutschen Olympiasiegerin im Riesenslalom seit 54 Jahren. Hinter den Deutschen folgten im Medaillenspiegel die USA (2/3/3) und die Schweiz (2/-/1). Unterdessen erlebte »die« Ski-Nation Österreich in Vancouver das schlimmste Debakel der Nachkriegsgeschichte. Während die Frauen immerhin eine Gold-, eine Silber- und zwei Bronzemedaillen gewannen, verließen die Alpin-Männer Olympia zum ersten Mal ohne eine Medaille und schnitten damit noch schlechter ab als bei den Winterspielen 1984 und 1972, als es je einmal Bronze gab.

Der US-Amerikaner Bode Miller hatte sich den »Arsch abgefahren« und das komplette Medaillensortiment gewonnen.

Fassungslosigkeit bei Maria Riesch: Rang acht war ihr schlechtestes Ergebnis in der alpinen Königsdisziplin seit einem Jahr.

Weiter als Eddie »The Eagle«

Die Mitfavoritin flog rund 60 Meter durch die Luft, eine Mitläuferin musste mit dem Helikopter ausgeflogen werden: Bei der Olympia-Abfahrt der Frauen auf dem anspruchsvollen »Franz's Run« in Whistler gab es mehrere spektakuläre Stürze. »Es war ein harter Kampf. Die Sprünge waren höher als ich das erwartet habe«, gestand selbst Lindsey Vonn aus den USA nach ihrer Fahrt zur ersten Goldmedaille. Während Vonn nicht den Eindruck hinterließ, als habe sie die tückische Piste mit ihren schwierigen Sprüngen an die Grenze ihres Könnens getrieben, wagte eine Mitfavoritin zu viel. Anja Pärson aus Schweden, technisch eine der besten Ski-Rennläuferinnen der Welt, kam vor dem Zielsprung in Schwierigkeiten, raste in Rücklage über die Kante, flog in hohem Bogen durch die Luft und knallte erst nach einer gefühlten halben Ewigkeit wieder auf die Piste.

Als die Zuschauer im Ziel noch nach Luft rangen, maß das kanadische Fernsehen CTV umgehend nach: Bei rund 60 Metern war der unfreiwillige Flug von Pärson zu Ende. Zum Vergleich: Bei Olympia 1988 in Calgary landete der britische Skispringer Eddie »The Eagle« Edwards bei seinem Sprung von der Großschanze nach 59 Metern.

Die schwedische Slalom-Olympiasiegerin konnte sich aus eigener Kraft aufrichten, begab sich aber sofort ins Krankenhaus. »Das war das Schlimmste, was ich jemals erlebt habe«, sagte die Dreifach-Weltmeisterin von 2007, die von Siegerin Vonn nach ihrer Ankunft im Zielraum tröstend in den Arm genommen wurde.

Vor allem an dem Zielsprung hatte es schon nach dem einzigen, in zwei Teile gestückelten Training Kritik gegeben. »Der Zielsprung ist zu mächtig. Da müssen wir noch einmal reden, da gehen die Sprünge zu weit«, hatte der deutsche Cheftrainer Mathias Berthold angemerkt. Derartige Warnungen kamen aber für viele der Läuferinnen zu spät.

Für die einen Tag später ausgetragene Kombinationsabfahrt wurde die Strecke dann etwas entschärft: Der Zielsprung wurde ein Stück abgetragen, die Strecke verkürzt.

Blaue Flecken statt Medaille: Anja Pärson.

Ski Alpin Abfahrt Frauen

Triumph für Lindsey Vonn

Debakel für Maria Riesch, Triumph für Lindsey Vonn: Während die Top-Favoritin dem Druck trotz einer schmerzhaften Schienbeinverletzung standhielt und sich in der Abfahrt als erste Amerikanerin die Krone ihres Sports aufsetzte, versagten der deutschen Medaillenkandidatin bei ihrer Olympia-Premiere die Nerven. Riesch war über zwei Sekun-

den langsamer als Vonn und fuhr nur auf den enttäuschenden achten Rang.

»Es war kein großer Fehler dabei, vielleicht waren es ein paar kleine. Das war nicht in Ordnung von mir. Es hat heute nicht sein sollen«, sagte Riesch geknickt. Vonn dagegen strahlte. »Das ist ein großartiger Moment, ein unglaubliches Gefühl. Als ich meinen Namen hinter der 1 aufleuchten sah, war das einer der schönsten Momente meines Lebens«, meinte sie in Tränen aufgelöst. Von ihrer Verletzung spüre sie »im Moment nichts«, ergänzte Vonn, »weil ich so glücklich bin«.

Vonns Teamkollegin Julia Mancuso, 2006 in Turin Olympia-Siegerin im Riesenslalom, hatte eine starke Zeit vorgelegt, die nur von der Doppelweltmeisterin überboten wurde. 1:44,19 Minuten dauerte Vonns Fahrt zu Gold, Mancuso hatte 0,56 Sekunden Rückstand. Dritte wurde die Österreicherin Elisabeth Görgl (1,46) vor ihrer Landsfrau Andrea Fischbacher (1,49). Als beste Schweizerin belegte Fabienne Suter (1,98) Rang fünf. Riesch lag nach einer fehlerbehafteten Fahrt 2,07 Sekunden zurück. Gina Stechert (Oberstdorf/2,74) wurde Zehnte.

»Es war ein harter Kampf, ich musste mich die Piste förmlich nach unten arbeiten. Die Sprünge gingen höher und weiter, als ich das erwartet hatte. Aber ich habe es trotzdem geschafft. Das ist ein super gutes Gefühl«, meinte Vonn. Das Rennen war geprägt von einigen spektakulären Stürzen, die aber ohne schwerere Verletzungen abliefen. Auch Vonn hatte zu kämpfen und rettete sich nur mit Mühe ins Ziel, wo sie laut jubelnd vor Freude zusammenbrach. Nach ihr folgten noch die Mitfavoritinnen Anja Pärson (Schweden) und Riesch, doch keine kam mehr an die Traumfahrt der 25-Jährigen ran. Pärson stürzte auf Medaillenkurs liegend beim Zielsprung, der sie über 60 Meter durch die Luft trug, schwer (siehe Kasten auf der linken Seite).

Lindsey Vonn (Mitte) und Julia Mancuso (links) stürzten die USA mit dem ersten Doppelerfolg seit dem Coup von Debbie Armstrong und Christin Cooper im Riesenslalom von Sarajewo 1984 vorübergehend in einen Ski-Rausch. Die Österreicherin Elisabeth Görgl (rechts) gewann Bronze.

Statistik

Abfahrt, Frauen

17.2.2010, Whistler Creekside, Länge 2879 m

1. Lindsey Vonn	USA	16	1:44,19
2. Julia Mancuso	USA	10	1:44,75
3. Elisabeth Görgl	AUT	5	1:45,65
4. Andrea Fischbacher	AUT	14	1:45,68
5. Fabienne Suter	SUI	18	1:46,17
6. Britt Janyk	CAN	6	1:46,21
7. Marie Marchand-Arvier	FRA	15	1:46,22
8. Maria Riesch	GER	22	1:46,26
9. Lucia Recchia	ITA	7	1:46,50
10. Gina Stechert	GER	27	1:46,93
12. Nadia Styger	SUI	12	1:47,22
14. Regina Mader	AUT	28	1:47,53
19. Nadja Kamer	SUI	9	1:48,14
25. Anna Fenninger	AUT	29	1:49,95

A: Dominique Gisin (SUI)

Reihenfolge: Startnummer, Zeit

»Als Picabo Street 1998 Olympia-Gold gewann, war mir klar, dass auch ich einmal zu den Spielen will. Nun möchte ich ein Vorbild für Amerika sein«, erklärte Abfahrts-Olympiasiegerin Lindsey Vonn (großes Bild).

Ski Alpin, Super-Kombination, Frauen
Riesch kombiniert goldrichtig

Maria Riesch schüttelte nur ungläubig den Kopf und wischte sich mit der Hand ein Tränchen aus dem linken Auge: Die Partenkirchnerin hatte sich erneut als »Aufstehfrauchen« erwiesen und in Whistler goldrichtig kombiniert. Einen Tag nach dem für sie enttäuschenden achten Platz in der Olympia-Abfahrt fand die 25-Jährige bei der Super-Kombination wieder in die Spur und fuhr zum ersten deutschen Olympiasieg bei den Alpinen seit dem Slalom-Triumph von Hilde Gerg 1998 in Nagano. »Gold – das ist der Hammer, eine starke Wiederauferstehung. Ich bin jetzt einfach nur noch glücklich«, sagte das »Golden Girl«.

Riesch ist die achte deutsche Alpin-Olympiasiegerin und die dritte in einer Kombination nach Christl Cranz 1936 und Katja Seizinger 1998. Im Vorbeifahren beendete sie außerdem nach 18 Wettbewerben die bleierne Zeit des Deutschen Ski-Verbandes (DSV) ohne Olympia-Medaille seit Kombi-Bronze von Martina Ertl 2002 in Salt Lake City.

Ähnlich wie bei der Spezial-Abfahrt schien es auch bei der Kombi-Abfahrt für Riesch wieder schief zu laufen, als sie beim zweiten Sprung nach 18 Fahrsekunden nur mit Mühe einen Sturz vermied und weit von der Ideallinie abkam. Doch Riesch kämpfte sich mit einer couragierten Fahrt noch auf Platz zwei, nur 0,33 Sekunden hinter Abfahrts-Olympiasiegerin Lindsey Vonn.

Im folgenden Slalom spielte die Weltmeisterin dann ihre ganze Klasse aus und fuhr mit siebtbester Laufzeit zu Gold. Im Ziel riss sie die Arme hoch – doch Vonn stand noch oben. Aber die Amerikanerin verlor diesmal die Nerven, stürzte – – und Riesch durfte vor US-Girl Julia Mancuso über Gold jubeln. Eine unglaubliche »Auferstehung« feierte auch Julia Pärson: Nur 22 Stunden nach ihrem schlimmen Sturz im Abfahrtsrennen gewann die Schwedin Bronze. Die Österreicherin Kathrin Zettel verpasste das Podium als Vierte nur um 31 Hundertstelsekunden. Gina Stechert (Oberstdorf) schied nach Platz sechs in der Abfahrt nach rund 20 Fahrsekunden im Slalom aus. DSV-Alpinchef Wolfgang Maier zog verbal den Hut. »Das ist eine großartige und positive Eigenschaft von Maria, dass sie Rückschläge so schnell wegstecken und umschalten kann.«

Für Maria Riesch war »Gold der Hammer«.

Julia Mancuso (Podest links) gewann wie in der Abfahrt Silber, die in der Abfahrt schwer gestürzte Anja Pärson fuhr mit blauen Flecken zu Bronze.

Statistik

Ski alpin, Super-Kombination, Frauen
18.2.2010, Whistler Creekside

1.	Maria Riesch	GER	29	2:09,14	(1:24,49/2 + 44,65/7)
2.	Julia Mancuso	USA	28	2:10,08	(1:24,96/3 + 45,12/9)
3.	Anja Pärson	SWE	24	2:10,19	(1:25,57/7 + 44,62/6)
4.	Kathrin Zettel	AUT	20	2:10,50	(1:26,01/11 + 44,49/4)
5.	Tina Maze	SLO	21	2:10,53	(1:25,97/10 + 44,56/5)
6.	Fabienne Suter	SUI	27	2:10,85	(1:25,29/4 + 45,56/11)
7.	Sarka Zahrobska	CZE	9	2:11,02	(1:27,33/22 + 43,69/1)
8.	Johanna Schnarf	ITA	22	2:11,29	(1:25,72/9 + 45,57/12)
9.	Michaela Kirchgasser	AUT	12	2:11,35	(1:27,09/19 + 44,26/2)
10.	Marie Marchand-Arvier	FRA	26	2:11,82	(1:25,41/5 + 46,41/18)
16.	Anna Fenninger	AUT	11	2:13,27	(1:27,19/20 + 46,08/16)
18.	Elisabeth Görgl	AUT	23	2:13,58	(1:25,60/8 + 47,98/25)
23.	Andrea Dettling	SUI	18	2:14,44	(1:26,28/13 + 48,16/26)

A: Gina Stechert (GER) 1:25,44/6

Reihenfolge: Startnummer, Gesamtzeit (Laufzeiten/Platzierung Abfahrt + Slalom)

Ski alpin, Super-G, Frauen

»Gold-Fisch« sichert ersten Alpin-Triumph für Österreich

Mit Elan auf Platz eins: Andrea Fischbacher

Maria Riesch zuckte nur kurz mit den Schultern, dann war Platz acht im Super-G abgehakt. »Das ist doch kein Weltuntergang, ich kann damit leben«, sagte die Partenkirchnerin mit der Coolness einer Olympiasiegerin. Die 25-Jährige hatte schon Kombinationsgold in der Tasche, konnte »deshalb den Rest ganz entspannt angehen«. »Grundsätzlich kann ich auch im Super-G schnell fahren, aber das war einfach kein perfektes Rennen«, erklärte sie selbstkritisch. Während sie nach Rang acht in der Abfahrt am Boden zerstört schien, wiederholte sie diesmal immer wieder: »Ich kann das schon verschmerzen. Ich bin nicht extrem enttäuscht.«

Am Ende jubelte Andrea »Gold-Fisch« Fischbacher über den ersten Alpin-Sieg für die Ski-Nation Österreich in Whistler vor Tina Maze (Slowenien). »Fischi« schlug überraschend auch die Top-Favoritin und Abfahrts-Olympiasiegerin Lindsey Vonn, die mit Bronze das Speed-Double aus Abfahrt und Super-G klar verpasste. »Ich habe einen wilden Ritt erwischt und umsetzen können, was ich mir vorgenommen habe. Einige Passagen habe ich nicht so perfekt erwischt. Aber dann ist der Einser aufgeleuchtet, ein Wahnsinn«, erklärte die Großcousine des österreichischen Ski-Helden Hermann Maier.

Der Erfolg der 24-Jährigen ist gleichwohl keine Sensation: Die WM-Dritte von 2009 hatte »Speed Queen« Vonn zuletzt Ende Januar beim Super-G im Rahmen der Super-Kombination in St. Moritz besiegt. Fischbacher ist nach Michaela Dorfmeister und Sigrid Wolf (1988) die dritte Olympiasiegerin aus Österreich im Super-G.

Die Schweizerinnen blieben ohne Medaillen. Beste war noch Nadia Styger auf Platz sechs. Styger gelang zwar nach dem enttäuschenden zwölften Platz in der Abfahrt die erhoffte Steigerung, für Bronze aber war sie 37 Hundertstelsekunden zu langsam, 11 Hundertstel lag sie hinter der fünftplatzierten Österreicherin Elisabeth Görgl.

Für Slowenien war Silber von Tina Maze seit der Abspaltung von Jugoslawien im Jahr 1991 die vierte alpine Medaille. 1994 waren Alenka Dovzan in der Kombination sowie Katja Koren und Jure Kosir im Slalom Dritte geworden.

Der Super-G bleibt die Domäne der Österreicherinnen. In Turin 2006 gelang Michaela Dorfmeister als bisher einziger Fahrerin das Double mit Gold in Abfahrt und Super-G, in Vancouver triumphierte Andrea »Gold-Fisch« Fischbacher.

Statistik

Ski alpin, Super-G, Frauen
20.2.2010, Whistler Creekside

1.	Andrea Fischbacher	AUT	19	1:20,14
2.	Tina Maze	SLO	22	1:20,63
3.	Lindsey Vonn	USA	17	1:20,88
4.	Johanna Schnarf	ITA	30	1:20,99
5.	Elisabeth Görgl	AUT	16	1:21,14
6.	Nadia Styger	SUI	20	1:21,25
7.	Lucia Recchia	ITA	26	1:21,43
8.	Maria Riesch	GER	12	1:21,46
9.	Julia Mancuso	USA	1	1:21,50
10.	Ingrid Jacquemod	FRA	14	1:21,77
12.	Andrea Dettling	SUI	13	1:22,03
13.	Fabienne Suter	SUI	18	1:22,16
15.	Gina Stechert	GER	6	1:22,21
16.	Anna Fenninger	AUT	15	1:22,30
28.	Viktoria Rebensburg	GER	3	1:25,23

A: Nicole Schmidhofer (AUT), Nadja Kamer (SUI)
Reihenfolge: Startnummer, Zeit

Geballte Fäuste zum Ersten: Viktoria Rebensburg (links), die entschlossen zu Gold fuhr (2. Bild v.l.) Geballte Fäuste zum Zweiten: Maria Riesch (2. Bild v. r.), die später ihre Schwester Susanne (rechts) trösten musste.

Viktoria Rebensburg gilt schon lange als großes Talent, hat ihr ganzes Können aber erst jetzt bei Olympia gezeigt. »Manchmal ist sie wie ein schlampiges Genie«, erklärte DSV-Techniktrainer Christian Schwaiger.

Ski alpin, Riesenslalom, Frauen

Wilde Viki Rebensburg: Kontrolliert zu Gold

Viktoria Rebensburg ballte die rechte Faust wie Tennis-Idol Boris Becker nach seinen größten Siegen und wollte gar nicht mehr aufhören zu jubeln. Erst als die deutsche Nationalhymne für sie gespielt wurde, stand Rebensburg kurz still – nur um danach sofort wieder die Faust zu ballen. »Das war sehr emotional da oben. Ich habe mir gedacht: Wenn ich das jetzt nicht rauslasse, wann denn dann?«, erklärte die erste deutsche Olympiasiegerin im Riesenslalom seit 54 Jahren. 1956 in Cortina d'Ampezzo stand Rosa »Ossi« Reichert ganz oben auf dem Siegerpodest.
Auf der Medals Plaza in Whistler feierten die Kolleginnen um Kombi-Olympiasiegerin Maria Riesch mit ihrer »Viki«, nur die Eltern mussten leider passen. Als Viktoria ihren goldenen Moment genoss, saßen Dagmar und Wolfgang Rebensburg in einem Flugzeug. Weil der Final-Lauf um einen Tag verschoben wurde und ein Umbuchen des Rückfluges aus Kanada unmöglich war, erfuhren die Eltern erst bei der Zwischenlandung vom Coup ihrer Tochter. »Als ich Olympiasiegerin geworden bin, waren sie noch in der Luft«, berichtete Viktoria Rebensburg. Während sich ihre Eltern bei einer improvisierten Feier mit einem Gläschen Sekt am Flughafen in Montreal bescheiden mussten, ließ sich die Tochter am Abend im Deutschen Haus in Whistler ein Weißbier schmecken.
Auch Weltmeisterin Kathrin Hölzl, die als Sechste ebenso wie Maria Riesch auf Rang zehn hinter ihren Erwartungen zurückgeblieben war, feierte mit. Bei der eher gemäßigten Party zeigte Rebensburg ihre ruhige Seite, auf dem Franz's Run hatte sie es zuvor aber krachen lassen, siegte mit gerade einmal vier Hundertstelsekunden Vorsprung vor Tina Maze aus Slowenien und Elisabeth Görgl aus Österreich (0,14).

Statistik

Riesenslalom, Frauen
25.2.2010, Whistler Creekside

1. Viktoria Rebensburg	GER	25	2:27,11	(1:15,47/6 + 1:11,64/7)
2. Tina Maze	SLO	26	2:27,15	(1:15,39/5 + 1:11,76/11)
3. Elisabeth Görgl	AUT	30	2:27,25	(1:15,12/1 + 1:12,13/15)
4. Fabienne Suter	SUI	20	2:27,52	(1:15,97/11 + 1:11,55/6)
5. Kathrin Zettel	AUT	28	2:27,53	(1:15,28/3 + 1:12,25/19)
6. Kathrin Hölzl	GER	21	2:27,58	(1:15,81/10 + 1:11,77/12)
7. Eva-Maria Brem	AUT	27	2:27,62	(1:15,38/4 + 1:12,24/18)
8. Julia Mancuso	USA	13	2:27,66	(1:16,42/18 + 1:11,24/3)
9. Taina Barioz	FRA	29	2:27,79	(1:15,14/2 + 1:12,65/24)
10. Maria Riesch	GER	24	2:27,97	(1:15,60/7 + 1:12,37/20)
15. Michaela Kirchgasser	AUT	16	2:28,40	(1:16,26/15 + 1:12,14/16)

Reihenfolge: Gesamtzeit (Laufzeiten/Platz)

Sie blieb ihrer Risiko-Linie in ihrer Spezialdisziplin Riesenslalom weitgehend treu, doch hat sie sich mittlerweile besser unter Kontrolle. Technik-Coach Christian Schwaiger lobte Rebensburgs »taktische Meisterleistung«. Diese führte sie von Platz sechs nach dem ersten Durchgang noch auf Rang eins: eine Sensation durch eine 20-Jährige, die noch kein Weltcup-Rennen gewonnen hat. Cheftrainer Mathias Berthold behauptete allerdings: »Eine Überraschungssiegerin ist sie aber nicht. Ich habe ihr das immer zugetraut.«

Ski alpin, Slalom, Frauen

Goldmarie und Aschenputtel

Irgendwann wurde es selbst der Doppel-Olympiasiegerin zu viel. »I kon nimmer«, stöhnte Maria Riesch. Stunden, nachdem sie mit ihrer zweiten Goldmedaille bei den Spielen von Vancouver auf eine Stufe mit den Ski-Legenden Rosi Mittermaier und Katja Seizinger gefahren war, nahm der Rummel um sie immer noch kein Ende.
Mit Gold in der Super-Kombination und acht Tage später im Slalom war Maria Riesch am letzten Tag der alpinen Frauen-Wettbewerbe endgültig in der Beletage des Skisports angekommen. »Ich habe etwas erreicht, was nur zwei vor mir geschafft haben. Mich da einzureihen, bei Rosi Mittermaier und Katja Seizinger, ist eine riesengroße Ehre für mich«, sagte sie.

»Auf einer Welle des Glücks«

Maria Riesch, nach dem Olympiasieg in der Super-Kombi haben Sie noch Slalom-Gold gewonnen. Sie galten zwar als Kandidatin für eine Medaille, aber haben Sie selbst mit Gold gerechnet?
Maria Riesch: »Nein, daran hätte ich niemals gedacht. Dieser Abschluss ist die absolute Krönung. Aber ich hatte einfach wieder einen starken Tag. Schon in der Früh habe ich gefühlt, dass da etwas Besonderes passieren könnte.«

Ihr Gefühl hat Sie nicht getäuscht. Fühlt sich dieser Sieg anders als der erste an?
»Ja, ich kann es jetzt erst so richtig genießen, denn jetzt sind die Olympischen Spiele vorbei. Wenn man da unten steht und weiß, es kommt keiner mehr, man kann nicht beschreiben, was das für ein Gefühl ist. Ich kann nicht mehr sagen, als dass es purer Wahnsinn ist. Gold in der Super-Kombi ist schon gut, aber jetzt noch Slalom-Gold – das ist unglaublich.«

Ist Ihnen der Triumph im Slalom noch wichtiger?
»Naja, die Kombi war auch schon viel wert, aber da ist die Leistungsdichte nicht so hoch, da wurden nur fünf Leute vorne erwartet. Im Slalom sind es deutlich mehr. Die Abfahrt ist zwar die Königsdisziplin, aber der Slalom ist so spannend, vielleicht die actionreichste Disziplin. Deshalb ist das noch größer für mich.«

Im vergangenen Jahr zwei WM-Titel, jetzt dreimal Gold bei Olympia. Was ist nur mit dem deutschen Frauen-Team los?
»Wir sind seit Jahren im Kommen. Dass es jetzt auch bei Großereignissen klappt, ist ein großer Befreiungsschlag. Unser Trainer Mathias Berthold hat vor dem Slalom noch im Spaß gesagt: Silber, Bronze, wer braucht das schon? Wir wollen nur Gold! Das Team schwimmt auf einer Welle des Glücks. Mit dreimal Gold hätte vorher niemand gerechnet.«

Seizinger hatte 1998 als bislang letzte Deutsche zweimal Gold bei ein und denselben Spielen gewonnen, Mittermaier als erste 1976. »Gold-Rosi« stand bei Rieschs Slalom-Triumph im Zielraum und freute sich »wie verrückt« über den Erfolg ihrer »Erbin«. Ihr Mitgefühl galt deren Schwester Susanne, die, Bronze vor Augen, kurz vor dem Ziel einfädelte: »Die eine gewinnt Gold, die andere stürzt. Wie schwierig muss das für die Eltern sein?« Diese versuchten ihr Möglichstes, um Susanne zu trösten und auch Schwester Maria eilte nach ihrem ersten Jubel zu ihrer am Boden zerstörten Schwester, umarmte sie und sprach ihr Mut zu. »Ich leide total mit ihr. Wir haben beide geweint«, sagte sie. Während Maria bei der Blumenzeremonie geehrt wurde, heulte Susi an der Schulter ihrer Mutter. »Sie stand da wie Aschenputtel«, befand Alpinchef Wolfgang Maier. Maria Riesch selbst sprach von einem »Befreiungsschlag. Unser Team schwimmt auf einer Welle des Glücks.« Sie selbst hat die Welle mit ihrem Slalom-Gold bei der WM vor einem Jahr mit losgetreten, jetzt erlebte die beste deutsche Ski-Rennläuferin »die absolute Krönung«, wie sie selbst meinte: »Nichts kann besser sein als zweimal Gold.«

Statistik

Slalom, Frauen
26.2.2010, Whistler Creekside

1.	Maria Riesch	GER	1:42,89	(50,75/1 + 52,14/3)
2.	Marlies Schild	AUT	1:43,32	(51,40/3 + 51,92/1)
3.	Sarka Zahrobska	CZE	1:43,90	(51,15/2 + 52,75/7)
4.	Maria Holmner-Pietilae	SWE	1:44,22	(51,64/5 + 52,58/6)
5.	Sandrine Aubert	FRA	1:44,46	(51,68/7 + 52,78/8)
6.	Tanja Poutiainen	FIN	1:44,93	(51,67/6 + 53,26/16)
7.	Elisabeth Görgl	AUT	1:44,97	(53,01/22 + 51,96/2)
8.	Nicole Gius	ITA	1:45,01	(51,71/8 + 53,30/17)
9.	Tina Maze	SLO	1:45,09	(52,28/14 + 52,81/9)
10.	Veronika Zuzulova	SVK	1:45,14	(52,11/11 + 53,03/11)
13.	Kathrin Zettel	AUT	1:45,59	(52,59/18 + 53,00/10)
14.	Christina Geiger	GER	1:45,62	(52,10/10 + 53,52/19)

A: Susanne Riesch (GER) 51,46/4, Fanny Chmelar (GER), 52,12/13, Michaela Kirchgasser (AUT) 52,31/15

Reihenfolge: Gesamtzeit (Laufzeiten/Platz)

Goldener Abschluss der Alpin-Wettbewerbe für Maria Riesch (großes Foto). Nach Bronze 2006 freute sich die Österreicherin Marlies Schild in Whistler über Silber.

Abfahrt Männer

Didier Défago – Oldie but Goldie

Der Schweizer Didier Défago hat den Favoriten ein Schnippchen geschlagen und als bisher ältester Abfahrer in der Olympia-Geschichte die Goldmedaille in der alpinen Königsdisziplin gewonnen. Der 32-Jährige bescherte den Schweizer Männern in Whistler völlig überraschend den ersten alpinen Olympiasieg seit der Gold-Abfahrt des legendären Pirmin Zurbriggen 1988 und gewann zum ersten Mal bei einem Großereignis Edelmetall. »Es ist nicht einfach, wenn man immer bei einem Großereignis hohe Ziele hat – und sie nicht erreicht«, erklärte Défago: »Heute hat es endlich geklappt. Ich bin überglücklich. Olympiasieger klingt sehr, sehr gut.«
In einem der spannendsten Rennen der Olympia-Geschichte rettete Défago 0,07 Sekunden Vorsprung auf den Norweger Aksel Lund Svindal ins Ziel. Bode Miller aus den USA (0,09) veredelte seine schillernde Karriere mit Bronze und seiner dritten Olympia-Medaille. Défagos favorisierter Landsmann Didier Cuche, der lange fast gleichauf mit seinem Teamkollegen gelegen hatte, musste sich mit Rang sechs (0,36) zufrieden geben. Stephan Keppler, einziger deutscher Starter, verpasste sein Ziel »Top Ten« deutlich. Der 27-jährige Ebinger war 1,80 Sekunden langsamer als der Schweizer Sieger und belegte Platz 24 unter 64 Startern. »Ich war heute nur Nebendarsteller«, so Keppler. Zur Überraschung aller gingen die Österreicher erstmals seit 1994 wieder leer aus: Mario Scheiber verpasste als Vierter um zwölf Hundertstelsekunden das Podium, Gold-Hoffnung Michael Walchhofer blieb nur Rang zehn.
Défago war zwar vor den Spielen Sechster der Abfahrts-Weltrangliste, auf der Rechnung hatte den Walliser aus dem Skiörtchen Morgins aber kaum jemand. Der Sieger der Streif in Kitzbühel 2009 und Wengen im gleichen Jahr hatte sich den Startplatz im starken Schweizer Team hinter Cuche, Carlo Janka und Ambrosi Hoffmann erst mit

Jubel beim Oldie Défago, Anerkennung von den Platzierten Aksel Lund Svindal (links) und Bode Miller (rechts).

Statistik

Abfahrt, Männer
15.2.2010, Whistler Creekside, Länge 3 158 m

1.	Didier Défago	SUI	18	1:54,31
2.	Aksel Lund Svindal	NOR	16	1:54,38
3.	Bode Miller	USA	8	1:54,40
4.	Mario Scheiber	AUT	15	1:54,52
5.	Erik Guay	CAN	9	1:54,64
6.	Didier Cuche	SUI	22	1:54,67
7.	David Poisson	FRA	3	1:54,82
8.	Marco Büchel	LIE	10	1:54,84
9.	Klaus Kröll	AUT	13	1:54,87
10.	Michael Walchhofer	AUT	17	1:54,88
11.	Carlo Janka	SUI	20	1:55,02
22.	Hans Grugger	AUT	2	1:55,81
23.	Ambrosi Hoffmann	SUI	14	1:56,04
24.	Stephan Keppler	GER	32	1:56,11

Reihenfolge: Startnummer, Zeit

Platz fünf im ersten und einzigen Training gesichert. Derart ermutigt fuhr er in die Geschichtsbücher und löste den Franzosen Jean-Luc Crétier, der 1998 in Nagano mit 31 Jahren gewann, als ältesten Abfahrtssieger ab.

Auf dem »Dave Murray Course« fand Défago besonders im oberen und unteren Streckenabschnitt die Ideallinie. Mit traumwandlerischer Sicherheit nahm er Gleitpassage und Love-Shack-Sprung und behielt auch in der »Toilettenschüssel« den Durchblick. Über Wiesel und Fallaway verlor er leicht, in »Boyd's Kinn« baute er seinen Vorsprung wieder aus, und über »Murr's Hopp« sprang er schließlich der Goldmedaille entgegen. Auf der Tribüne jubelte unter den 7700 Fans der Schweizer Skisprung-Olympiasieger Simon Ammann mit.

Nach den Wetterkapriolen und der dadurch bedingten Verschiebung des Rennens um zwei Tage fanden die Athleten in Whistler Creekside gute Verhältnisse vor. In der Nacht war es kälter geworden, die nach dem Regen in den Tagen zuvor sulzige Piste fror deshalb durch – und hielt so auch, bis die Besten an der Reihe waren.

Ein entschlossener Didier Défago auf dem Weg zu Olympia-Gold.

Bode Miller springt zu seiner dritten Olympia-Medaille und Bronze in Vancouver.

Der US-Amerikaner Bode Miller wirbelte zwar viel Staub auf, raste aber auch entschlossen zu Gold.

Ski alpin, Super-Kombination, Männer

Millers Fahrt in den Olymp

Der exzentrische US-Amerikaner Bode Miller krönte in Whistler seine spektakuläre Laufbahn mit Olympia-Gold in der Super-Kombination und sich selbst damit zum besten Alpin-Allrounder der Spiele von Vancouver. Den Grundstein zu seinem Coup legte Miller mit Platz sieben in der Abfahrt, es folgte sein bester Slalom-Lauf seit Jahren. Insgesamt 2:44,92 Minuten benötigte Miller für seine Fahrt in den Olymp. Ivica Kostelic aus Kroatien, 2006 in Turin schon Zweiter in der Kombina-

»Den Arsch abgefahren«

Im Oktober 2009 lümmelte sich Bode Miller noch wie eine klassische »couch potato« auf dem heimischen Sofa herum, vier Monate später darf er sich Olympiasieger nennen – was er aber wahrscheinlich nicht tun wird. Denn der Amerikaner hat sich nie viel aus Erfolgen gemacht, aus Medaillen auch nicht. Sein Kombinations-Gold von der WM 2003 hatte er daheim zum Befestigen seines Toilettensitzes benutzt – und dann irgendwann nicht mehr gefunden. In Whistler zeigte er dann aber doch Emotionen. »Es fühlt sich unglaublich an. Ich hab mir den Arsch abgefahren.«
Gefeiert, gefrustet, gelangweilt – drei Wörter, die die vergangenen Jahre von Bode Miller auf den Punkt bringen. Denn die drei Großereignisse nach seinem Doppel-Gold bei der WM 2005 in Bormio liefen für Miller alles andere als zufriedenstellend. Ob nun bei Olympia in Turin oder den Welt-Titelkämpfen von Åre und Val d'Isère: Der 32-Jährige ging stets leer aus. Und auch am Rande der Piste präsentierte er sich meist als übellauniger Ex-Star mit Allüren – wenn er nicht gerade die Bars und Herzen diverser Blondinen eroberte. Miller sagte sich vom US-Team los und ging seinen eigenen Weg, war damit aber auch nicht erfolgreicher. Im Sommer schien es dann, als habe er nach 31 Weltcup-Siegen abgeschlossen mit dem Sport, den er einst liebte. »Ich war völlig raus«, sagte er über die Pause, die er meist zu Hause auf der Couch verbrachte, wo er sich um seine kleine Tochter Dacey kümmerte.
Doch der Sport ließ ihn nicht los. Miller entschied sich, doch weiterzumachen, »um andere zu inspirieren und mich selbst stolz zu machen«. Das hat er in Whistler geschafft ...

Silvan Zurbriggen, Bode Miller und Ivica Kostelic (von links) zeigen ihr Edelmetall.

Startnummer 23, Platz 24 – Stephan Keppler.

Statistik

Ski alpin, Super Kombination, Männer

21.2.2010, Whistler Creekside

1. Bode Miller	USA	2:44,92	(1:53,91/7 + 51,01/3)
2. Ivica Kostelic	CRO	2:45,25	(1:54,20/9 + 51,05/6)
3. Silvan Zurbriggen	SUI	2:45,32	(1:53,88/6 + 51,44/10)
4. Carlo Janka	SUI	2:45,54	(1:53,65/3 + 51,89/12)
5. Ted Ligety	USA	2:45,82	(1:55,06/15 + 50,76/1)
6. Benjamin Raich	AUT	2:46,13	(1:54,70/12 + 51,43/9)
7. Ondrej Bank	CZE	2:46,19	(1:55,17/16 + 51,02/4)
8. Christof Innerhofer	ITA	2:46,45	(1:54,55/10 + 51,90/13)
9. Kjetil Jansrud	NOR	2:46,50	(1:55,44/18 + 51,06/7)
10. Will Brandenburg	USA	2:47,06	(1:56,28/27 + 50,78/2)
14. Sandro Viletta	SUI	2:48,19	(1:55,72/21 + 52,47/20)
24. Stephan Keppler	GER	2:49,79	(1:56,09/24 + 53,70/25)

A: Georg Streitberger (AUT) 1:55,55, Didier Défago (SUI) 1:53,69

Reihenfolge: Gesamtzeit (Laufzeiten/Abfahrt + Slalom)

tion, gewann mit 0,33 Sekunden Rückstand vor dem Schweizer Silvan Zurbriggen erneut Silber. Mitfavorit Aksel Lund Svindal (Norwegen), der nach der Abfahrt noch vorne gelegen hatte, schied im Slalom kurz vor dem Ziel aus.
Silvan Zurbriggen ist nach Steve Locher 1992 in Albertville der erste Schweizer seit 18 Jahren, der eine Medaille in der Kombination gewann. Die Österreicher hingegen gingen nach 1994 erstmals in dieser Disziplin wieder leer aus.
Und Stephan Keppler, der einzige Starter des Deutschen Skiverbandes (DSV)? Der zeigte bei seinem letzten Einsatz in Whistler erneut eine enttäuschende Vorstellung und belegte wie bereits in der Abfahrt Platz 24.

Ski Alpin, Super-G, Männer

Norweger Svindal folgt Aamodt

Der Super-G bleibt bei Olympia die Domäne der »Super-Elche«: Der Norweger Aksel Lund Svindal setzte sich auf dem heiligen Berg der Ski-Götter an die Seite seines legendären Landsmannes Kjetil Andre Aamodt, der 1992, 2002 und zuletzt auch 2006 in der zweitschnellsten alpinen Disziplin triumphiert hatte. Bei der siebten Olympia-Auflage des Super-G war es damit schon der vierte Sieg eines »Wikingers«.

Svindal verwehrte mit seinem Erfolg US-Star Bode Miller die Krönung einer schillernden Karriere: Der Amerikaner belegte 0,28 Sekunden hinter dem 27-jährigen Norweger Platz zwei. Dritter wurde völlig überraschend Millers Teamkollege Andrew Weibrecht (0,31). Der einzige deutsche Starter, Stephan Keppler aus Ebingen, schied nach einer schwachen Vorstellung aus. »Das war eine Scheißfahrt«, beurteilte er selbst seine indiskutable Vorstellung.

»Das ist echt cool. Ich habe Kjetil früher immer im Fernsehen gesehen – und nun das! Diese Spiele werden immer besser für mich«, sagte Svindal, der mit seiner Lockerheit brillierte. »Man muss Gas geben, Spaß haben, locker sein,

Bode Millers Kurvenlage war Gold wert.

dann klappt das schon.« Aamodt zollte seinem Nachfolger umgehend Respekt. »Ich ziehe meinen Hut vor ihm. Er hat gezeigt, was für ein Ausnahmesportler er ist«, erklärte der Ex-Rennläufer im norwegischen Fernsehen.

Olympiasieger Svindal hatte bereits nach Silber in der Abfahrt angekündigt: »Ich habe hier noch zwei gute Chancen – im Super-G und im Riesenslalom. Eine davon will ich nutzen.« Nur vier Tage später ließ der dreimalige Weltmeister den Worten im Super-G Taten folgen. Vor einigen Monaten hatte er sich in Whistler auf die Strecke geschlichen, die den Kanadiern zum Training vorbehalten bleiben sollte. »Ich kroch unter dem Zaun durch und ging inkognito auf die Piste«, erzählte er.

Statistik

Ski alpin, Super-G, Männer
19.2.2010, Whistler Creekside

1.	Aksel Lund Svindal	NOR	19	1:30,34
2.	Bode Miller	USA	11	1:30,62
3.	Andrew Weibrecht	USA	3	1:30,65
4.	Werner Heel	ITA	18	1:30,67
5.	Erik Guay	CAN	20	1:30,68
6.	Christof Innerhofer	ITA	13	1:30,73
7.	Patrick Staudacher	ITA	9	1:30,74
8.	Carlo Janka	SUI	15	1:30,83
9.	Tobias Grünenfelder	SUI	14	1:30,90
10.	Didier Cuche	SUI	16	1:31,06
14.	Benjamin Raich	AUT	17	1:31,35
15.	Didier Défago	SUI	22	1:31,43
17.	Georg Streitberger	AUT	24	1:31,49
20.	Mario Scheiber	AUT	10	1:31,93
21.	Michael Walchhofer	AUT	21	1:32,00

A: Stephan Keppler (GER)

Reihenfolge: Startnummer, Zeit

Der »Dave Murray Course« zeigte sich bei strahlendem Sonnenschein von seiner besten Seite: selektiv, anspruchsvoll und mitunter spektakulär, aber nicht zu gefährlich. Einige Athleten wie Keppler hatten ihre Probleme mit der Kurssetzung und auch die Besten kamen nicht ohne kleine Fehler durch. Der Schwede Patrik Järbyn musste nach seinem Sturz gar längere Zeit behandelt werden. Keppler erwischte indes einen rabenschwarzen Tag. Schon nach 25 Fahrsekunden konnte er nur mit Mühe einen Sturz vermeiden, nach 52 Sekunden unterlief ihm ein weiterer böser Schnitzer. Kurze Zeit später verpasste Keppler ein Tor und schied aus. »Mit Olympia war es bei mir nix.«

Österreich: Super-GAU im Super-G

Auch für Österreichs »Alpine« endete der Super-G in einem Desaster. Benjamin Raich auf Rang 14 war noch der beste ÖSV-Fahrer beim schlechtesten Olympia-Ergebnis in dieser Disziplin, das von der Kronenzeitung mit »ÖSV-Debakel beim Olympia-Super-G der Herren« betitelt wurde. Das Schweizer Trio Carlo Janka, Tobias Grünenfelder und Didier Cuche landete auf den Plätzen acht bis zehn. Der Abfahrts-Olympiasieger von Vancouver, Didier Défago, belegte Rang 15.

Von der Sonne und dem schwachen Ergebnis geblendet: Benjamin Raich (kleines Bild).

So lächelt ein Sieger: Aksel Lund Svindal (großes Bild).

Ein Schweizer umgeben von zwei Norwegern: Kjetil Jansrud, Carlo Janka, Aksel Lund Svindal (von links).

Noch optimistisch: Felix Neureuther (oben rechts) nach Rang acht im Riesenslalom.

Ski alpin, Riesenslalom, Männer

»Ice Man« Janka ganz cool

Felix Neureuthers Hauptaugenmerk galt eigentlich dem Slalom am letzten Tag der alpinen Ski-Wettbewerbe in Whistler Creekside. Dass er den Riesenslalom drei Tage zuvor mit einem hervorragenden achten Platz beenden würde und dass dieses Ergebnis am Ende sein einziges in den Ergebnislisten der Spiele werden sollte, damit war nicht unbedingt zu rechnen.

Während Carlo Janka der Schweiz nach dem Abfahrtssieg von Didier Défago das zweite Ski-Gold bescherte, tankte der Partenkirchner mit dem besten Riesenslalom seines Lebens reichlich Selbstvertrauen für seine Spezialdisziplin.

Für Janka nahm Olympia in Vancouver nach drei Enttäuschungen noch ein goldenes Ende, war der Riesenslalom doch seine letzte Chance. Der Weltmeister hatte seine drei Rennen zuvor mit den Plätzen elf, acht und vier verpasst, war mit den Schneeverhältnissen einfach nicht zurechtgekommen. Auf inzwischen griffiger Piste blieb der »Ice Man« im Schneetreiben des Riesenslaloms dann aber ganz cool und stoppte mit seinem Sieg die Serie der Österreicher, die bei den vergangenen drei Spielen durch Benjamin Raich, Stephan Eberharter und Hermann Maier »Riesen«-Gold gewonnen hatten.

Felix Neureuther zeigte den besten Riesenslalom eines Deutschen bei einem Großereignis seit dem Olympiasieg von Markus Wasmeier 1994 in Lillehammer. Als 13. des ersten Laufes konnte er sich in Durchgang zwei noch einmal steigern, fuhr die fünftbeste Zeit und hatte am Ende auf Sieger Janka einen Rückstand von 1,23 Sekunden. Zu einer Medaille fehlten ihm nur 0,62 Sekunden.

»Ich bin mit einer ganz anderen Zielsetzung an den Riesenslalom herangegangen und jetzt total glücklich mit dem achten Platz«, bilanzierte Neureuther, dessen »Traumziel« vor dem Rennen Platz 15 war.

»Besser als Bode Miller«

Bei seiner Ankunft im Ziel riss Manfred Oettl Reyes seine Stöcke in den Himmel, öffnete seinen »Strickanzug« und feierte seinen ganz persönlichen Triumph gegen einen Olympiasieger. »Ich war besser als Bode Miller. Im Gegensatz zu mir ist er nicht ins Ziel gekommen. Das ist doch der Wahnsinn«, sagte der in München geborene Peruaner.

Für den nur 1,65 m großen und erst 16 Jahre alten Sohn eines Bayern und einer Peruanerin verlief die Olympia-Premiere wie ein Traum. »Ich bin nicht Letzter wie unser Langläufer geworden. Das war mir sehr wichtig«, erklärte »Manni«, der im Riesenslalom der Männer nicht nur wegen seiner rund 24 Sekunden Rückstand auf Olympiasieger Carlo Janka besonders auffiel. Im Mittelpunkt stand vielmehr sein kunterbunter Rennanzug, auf dem Lamas zu sehen sind und der aussieht wie gestrickt. »Die Leute vom Weltverband FIS wollten ihn sofort anfassen, die dachten wohl ganz offensichtlich, der sei wirklich aus Wolle. Da habe ich mich köstlich amüsiert«, sagte der Ski-Floh, der mit der Startnummer 100 am Ende 67. von 81 klassierten Läufern wurde. Seine Ausrüstung musste der kleine Peruaner mit dem österreichisch-bayerischen Akzent übrigens selbst finanzieren.

Bunter Hund im »Strickanzug«: Manfred Oettl Reyes.

Statistik

Ski alpin, Riesenslalom, Männer
23.2.2010, Whistler Creekside

1. Carlo Janka	SUI	30	2:37,83	(1:17,27/1 + 1:20,56/3)
2. Kjetil Jansrud	NOR	20	2:38,22	(1:18,07/11 + 1:20,15/1)
3. Aksel Lund Svindal	NOR	28	2:38,44	(1:17,43/3 + 1:21,01/8)
4. Marcel Hirscher	AUT	26	2:38,52	(1:17,48/5 + 1:21,04/9)
5. Romed Baumann	AUT	29	2:38,80	(1:17,29/2 + 1:21,51/20)
6. Benjamin Raich	AUT	25	2:38,83	(1:17,66/6 + 1:21,17/12)
7. Ivica Kostelic	CRO	21	2:38,88	(1:18,05/10 + 1:20,83/6)
8. Felix Neureuther	GER	18	2:39,06	(1:18,24/13 + 1:20,82/5)
9. Ted Ligety	USA	23	2:39,11	(1:17,87/8 + 1:21,24/15)
10. Ales Gorza	SLO	22	2:39,21	(1:17,95/9 + 1:21,26/17)
12. Philipp Schörghofer	AUT	16	2:39,37	(1:18,37/14 + 1:21,00/7)
14. Didier Cuche	SUI	10	2:39,45	(1:18,75/21 + 1:20,70/4)
15. Sandro Viletta	SUI	17	2:39,54	(1:18,37/14 + 1:21,17/12)
29. Marc Berthod	SUI	6	2:42,10	(1:19,00/25 + 1:23,10/31)

Reihenfolge: Startnummer, Gesamtzeit (Laufzeiten/Platz)

Benjamin Raich (oben links) fuhr zweimal auf Rang vier. Insgesamt landeten die Österreicher bei den zehn alpinen Entscheidungen – Frauen und Männer – fünfmal auf dem undankbaren vierten Platz.

Giuliano Razzoli (oben rechts) trat mit seinem Slalom-Sieg in die Fußstapfen von Alberto Tomba.

Slalom, Männer

Ski alpin, Slalom, Männer

Neureuthers Aus nach 27 Sekunden

Nach den drei Goldmedaillen der Frauen wollte Felix Neureuther im Slalom die Durststrecke bei den Männern beenden, die seit 16 Jahren kein olympisches Edelmetall mehr gewinnen konnten. Nach seinem achten Platz beim Riesenslalom schien die Form auch zu stimmen. »Überhaupt nicht nervös«, sei er am Start gewesen, erklärte er, als es vorbei war. Seine Gelassenheit nutzte Neureuther nichts, nach nur 27 Sekunden war sein olympischer Traum bereits ausgeträumt.

Den Sieg im Slalom holte dann einer, der nicht unbedingt zum engeren Favoritenkreis gezählt hatte. Giuliano Razzoli gewann nicht nur das letzte Alpin-Gold und die erste Medaille für Italien bei diesen Spielen überhaupt, sondern als erster Italiener nach Alberto Tomba 1988 den Slalom. Der 25-Jährige setzte sich »im wichtigsten Rennen meines Lebens« nach zwei Läufen mit 16 Hundertstelsekunden Vorsprung vor dem Kombinations-Zweiten Ivica Kos- telic und dem Schweden Andre Myhrer durch. Dass Felix Neureuther bis zu seinem Straucher ordentlich unterwegs war und nur knapp hinter Razzoli lag, ließ ihn nur wenige Minuten nach dem Rennen hadern. »Im ersten Moment kann man es gar nicht glauben, dass es vorbei ist. Und natürlich ist es schade, weil ich weiß, dass ich vorne hätte reinfahren können. Aber ich stecke das gut weg«, sagte er. Auch Rosi Mittermaier trauerte mit ihrem Sohn. »Für Felix tut es mir wahnsinnig leid. Er hat sich so gefreut auf das Rennen. Jetzt müssen wir ihn trösten. Es ist so schade.«

Sein letzter Frust verrauchte aber am Nachmittag, als er sich mit seinen Eltern und Freunden in einem Hotel in Whistler die Entscheidung ansah. Dann packte Neureuther seine Sachen und fuhr nach Vancouver zur Abschlussfeier. »Das Leben geht weiter«, befand er noch, bevor er sich aufmachte. Schließlich gehöre er trotz des Ausscheidens »im Slalom zu den Besten der Welt«. Die neue Gelassenheit hatte er sich in den vergangenen Wochen hart erarbeitet. Und so verließ er Olympia mit der Erkenntnis, »dass Skisport nicht alles im Leben« sei.

»Ruhig wie auf Schienen« sah die Neue Zürcher Zeitung Carlo Janka zum Rekord-Gold fahren – noch nie hatte die Schweiz so oft bei Winter-Olympia gewonnen. Das Boulevardblatt Blick wurde poetisch: »Danka, Janka!«

Statistik

Slalom, Männer

27.2.2010, Whistler Creekside

1. Giuliano Razzoli	ITA	1:39,32	(47,79/1 + 51,53/7)
2. Ivica Kostelic	CRO	1:39,48	(48,37/4 + 51,11/3)
3. Andre Myhrer	SWE	1:39,76	(49,03/10 + 50,73/1)
4. Benjamin Raich	AUT	1:39,81	(48,33/3 + 51,48/6)
5. Marcel Hirscher	AUT	1:40,20	(48,92/9 + 51,28/4)
6. Mitja Valencic	SLO	1:40,35	(48,22/2 + 52,13/9)
7. Manfred Mölgg	ITA	1:40,45	(48,64/5 + 51,81/9)
8. Julien Cousineau	CAN	1:40,66	(49,59/19 + 51,07/2)
9. Julien Lizeroux	FRA	1:40,72	(48,82/8 + 51,90/10)
10. Reinfried Herbst	AUT	1:40,78	(49,23/12 + 51,55/8)
12. Silvan Zurbriggen	SUI	1:40,83	(48,78/7 + 52,05/17)
15. Marc Gini	SUI	1:41,35	(49,94/22 + 51,41/5)

DQ: Sandro Viletta (SUI) 53,93/20
A: Felix Neureuther (GER)

Reihenfolge: Gesamtzeit (Laufzeiten/Platz)

Knallharte Duelle mit Körperkontakt und auch heftige Stürze kennzeichnen die neue Disziplin Skicross

Ski Freestyle, Frauen

Sprung ins Glück für Australierin Lassila

Ihr entscheidender Sprung war ein dreifacher Rückwärtssalto mit doppelter Schraube, und sie flog damit kopfüber ins Glück. Lydia Lassila, 157 Zentimeter kleiner Wirbelwind aus dem Nest Diggers Rest im Hinterland von Melbourne, gewann am Cypress Mountain Gold Nummer zwei für Australien bei den Spielen von Vancouver.

Nach ihrem Höhenflug hatte sie Mühe, mit all ihren Emotionen den Boden unter den Füßen wiederzufinden. »Das war mein Lebenstraum«, sagte die 28-Jährige, die ihr sportliches Leben der Ski-Freestyle-Disziplin Springen verschrieben hat. In einem heißen Duell mit der Chinesin Mengtao Xu profitierte die Australierin am Ende von einem Sturz der Rivalin bei der Landung ihres zweiten Sprungs von der furchterregend steil zum Himmel ragenden Schanze.

Für China, das seine Freestyle-Springer gezielt vom Turnen oder Trampolin rekrutiert, holten Nina Li und Xinxin Guo immerhin Silber und Bronze.

Kanadierin McIvor erste Olympiasiegerin im Skicross

Eine »Vancouverite« ließ Kanada jubeln: Lokalmatadorin Ashleigh McIvor gewann das erste Gold in der Geschichte des olympischen Skicross und sorgte für Riesenjubel bei den 4 384 Zuschauern. Die 25-Jährige raste mit einem Siegesschrei ins Ziel und ließ sich gebührend feiern. Zuvor hatte es auf dem spektakulären Kurs wie in der Männerkonkurrenz heftige Stürze und knallharte Duelle gegeben. Die Weltmeisterin setzte sich im Finale der besten Vier vor der Norwegerin Hedda Berntsen und der Französin Marion Josserand durch.

Für die deutschen Starterinnen gab es nichts zu holen. Anna Wörner aus Partenkirchen, Heidi

Scheiterte bereits in der Qualifikation: Die Schweizerin Evelyne Leu konnte ihren Olympiasieg von 2006 nicht verteidigen.

Statistik

Freestyle, Springen, Frauen
24.2.2010, Cypress Mountain, Bahnlänge: 145 m

1. Lydia Lassila	AUS	214,74
2. Nina Li	CHN	207,23
3. Xinxin Guo	CHN	205,22
4. Assoli Sliwez	BLR	198,69
5. Jacqui Cooper	AUS	194,29
6. Mengtao XU	CHN	191,61
7. Shuang Cheng	CHN	187,87
8. Alla Zuper	BLR	181,84
9. Lacy Schnoor	USA	172,89
10. Ashley Caldwell	USA	171,10

QU: 16. Evelyne Leu (SUI), 19. Tanja Schärer (SUI)

Freestyle, Frauen

Zu Hause Gold gewonnen – was gibt's Schöneres: Die Kanadierin Ashleigh McIvor (Mitte) gewann das erste Skicross-Gold der olympischen Geschichte. Hedda Berntsen (rechts) aus Norwegen holte Silber, Marion Josserand (links) aus Frankreich Bronze.

Zacher aus Lenggries und Julia Manhard aus Pfronten überstanden zwar die Qualifikation, scheiterten dann aber allesamt im Achtelfinale, ebenso Katharina Gutensohn aus Österreich. Die 43-Jährige war zuvor als alpine Rennläuferin dreimal – 1992, 1994 und 1998 – für den Deutschen Skiverband bei Olympia an den Start gegangen.

Buckelpiste: Strich durch die Rechnung

Im Freestyle-Rennen der Frauen machte den kanadischen Gastgebern ausgerechnet eine Skiläuferin aus dem Nachbarland USA einen Strich durch die Rechnung. Spielverderbin Hannah Kearney schnappte Hoffnungsträgerin Jennifer Heil die Goldmedaille einfach vor der Nase weg. Heil konnte die großen Erwartungen ihrer Landsleute nicht erfüllen. Die 26-Jährige aus der Olympiastadt Calgary musste sich nach Gold in Turin vor heimischer Kulisse mit Silber begnügen. Deutsche Buckelpistenfahrerinnen hatten sich nicht für Olympia qualifiziert.

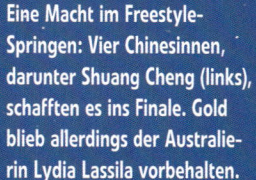

Eine Macht im Freestyle-Springen: Vier Chinesinnen, darunter Shuang Cheng (links), schafften es ins Finale. Gold blieb allerdings der Australierin Lydia Lassila vorbehalten.

Freestyle, Skicross, Frauen
23.2.2010, Cypress Mountain, Bahnlänge: 1062 m

1.	Ashleigh McIvor	CAN	
2.	Hedda Berntsen	NOR	
3.	Marion Josserand	FRA	
4.	Karin Huttary	AUT	
5.	Kelsey Serwa	CAN	B-Finale
6.	Anna Holmlund	SWE	
7.	Fanny Smith	SUI	
8.	Julie Brendengen Jensen	NOR	

AF: 17. Anna Wörner (GER), 18. Katrin Müller (SUI), 20. Heidi Zacher (GER), 23. Katrin Ofner (AUT), 24. Andrea Limbacher (AUT), 25. Julia Manhard (GER), 26. Katharina Gutensohn (AUT), 29. Franziska Steffen (SUI)

Freestyle, Buckelpiste, Frauen
14.2.2010, Cypress Mountain, Bahnlänge: 255 m

1.	Hannah Kearney	USA	26,63
2.	Jennifer Heil	CAN	25,69
3.	Shannon Bahrke	USA	25,43
4.	Aiko Uemura	JPN	24,68
5.	Chloe Dufour-Lapointe	CAN	23,87
6.	Margarita Marbler	AUT	23,69
7.	Ekaterina Stoljarowa	RUS	23,55
8.	Arisa Murata	JPN	23,22
9.	Regina Rachimowa	RUS	22,70
10.	Deborah Scanzio	ITA	22,19

Ski Freestyle Männer
Sprung in die Olympische Familie

Spektakulär, schnell, rasant und nicht ganz ohne: Beim Skicross stürzen sich vier Fahrer gleichzeitig auf die mit Kurven, Steilwänden und Wellen gespickte Piste Richtung Ziel – meterweite Sprünge, Körperkontakt und Stürze nicht ausgeschlossen.

Knapp 10 000 Zuschauer brachten den Berg zum Beben. In Vancouvers Innenstadt und im Ortszentrum der »Außenstelle« Whistler tanzten die Menschen auf den Straßen. Mit einem Husarenritt über die Buckelpiste und einem zweiten Rückwärtssalto hatte Alexandre Bilodeau die erste Goldmedaille für Gastgeber Kanada gewonnen und sein Heimatland in einen kollektiven Freudentaumel versetzt.

Prompt schaffte es Bilodeau auch gleich auf Seite eins der Tageszeitungen. »Das Gold kommt nach Hause«, titelte Globe and Mail. Dank »Alexandre dem Großen« waren die Spiele auch im Gastgeberland endgültig angekommen.

Seinen Triumph widmete Kanadas »neuer Party-Beauftragter« anschließend einem für ihn ganz besonderen Menschen: seinem an einer schweren Hirnerkrankung leidenden, sechs Jahre älteren Bruder Frédéric. »Er ist meine Inspiration. Wenn man mit behinderten Menschen aufwächst, erscheint einem vieles in einem anderen Licht. Frédéric hat mir so viel beigebracht.«

Der als unbesiegbar eingestufte Top-Favorit Dale Begg-Smith, der vor zehn Jahren von Vancouver nach Australien ausgewandert ist und seitdem für das Team aus Down Under startet, verfolgte das Geschehen derweil mit versteinerter Miene. Zu gern hätte er sich nach dem Zerwürfnis mit dem kanadischen Verband und Gold 2006 in Turin als »Party-Schreck« betätigt. Nun blieb ihm nur Silber.

Statistik

Freestyle, Buckelpiste, Männer
14.2.2010, Cypress Mountain, Bahnlänge: 255 m

1. Alexandre Bilodeau	CAN	26,75
2. Dale Begg-Smith	AUS	26,58
3. Bryon Wilson	USA	26,08
4. Vincent Marquis	CAN	25,88
5. Pierre-Alexandre Rousseau	CAN	25,83
6. Guilbaut Colas	FRA	25,74
7. Sho Endo	JPN	25,38
8. Jesper Björnlund	SWE	25,12
9. Nobuyuki Nishi	JPN	25,11
10. Alexander Smyschljajew	RUS	24,38

Freestyle, Skicross, Männer
21.2.2010, Cypress Mountain, Bahnlänge: 1062 m

1. Michael Schmid	SUI	
2. Andreas Matt	AUT	
3. Audun Groenvold	NOR	
4. Christopher Delbosco	CAN	
5. Enak Gavaggio	FRA	B-Finale
6. Davey Barr	CAN	
7. Scott Kneller	AUS	
8. Filip Flisar	SLO	

VF: 14. Richard Spalinger (SUI), 15. Markus Wittner (AUT)
AF: 18. Thomas Zangerl (AUT), 19. Simon Stickl (GER), 20. Conradign Netzer (SUI), 30. Patrick Koller (AUT), 31. Martin Fiala (GER), 32. Beni Hofer (SUI)

Freestyle, Springen, Männer
25.2.2010, Cypress Mountain, Bahnlänge: 145 m

1. Alexej Grischin	BLR	248,41
2. Jeret Peterson	USA	247,21
3. Zhongqing Liu	CHN	242,53
4. Ryan St. Onge	USA	239,93
5. Kyle Nissen	CAN	239,31
6. Zongyang Jia	CHN	237,57
7. Guangpu Qi	CHN	234,85
8. Steve Omischl	CAN	233,66
9. Timofei Sliwez	BLR	225,58
10. Warren Shouldice	CAN	223,30
12. Thomas Lambert	SUI	210,90

QU: 14. Andreas Isoz (SUI), 16. Christian Hächler (SUI), 18. Renato Ulrich (SUI)

Erstes Skicross-Gold geht in die Schweiz

Vom Pech verfolgt war auch »Hoffnungsträger« Simon Stickl, für den bereits im Achtelfinale der olympischen Skicross-Premiere Endstation war. Nachdem ihn kurz vor dem Ziel ein Konkurrent durch einen Sturz entscheidend behindert hatte, schaffte es der 22-Jährige aus Bad Wiessee als Lauf-Dritter nicht ins Viertelfinale. »Ich habe alles riskiert, aber einfach Pech gehabt«, sagte Stickl, der am vorletzten Sprung zum Überholen der beiden

vor ihm fahrenden Konkurrenten angesetzt hatte. Erster Olympiasieger im Skicross wurde der Schweizer Michael Schmid. Der 25 Jahre alte Bauarbeiter holte im Finale vor dem Österreicher Andreas Matt und dem Norweger Audun Groenvold das fünfte Gold für die Eidgenossen bei den Spielen von Vancouver. Mit einem spektakulären »Crash des Tages« kurz vor der Ziellinie hatte sich Lokalmatador Christopher Delbosco noch um die erhoffte Medaille gebracht.

Ex-Turner springt zu erstem Winter-Gold für Weißrussland

Der ehemalige Turner Alexej Grischin sprang zum ersten Olympiasieg Weißrusslands überhaupt bei Winterspielen. Als Delegationschef Dmitri Schitschko schon den Befehl zum Feiern gab (»Jeder wird glücklich sein. Es wird Jubel geben, viele Blumen, eine Band, ein Orchester, Fans und Verwandte. Die Party hat schon begonnen«), war der Olympia-Dritte von 2002 irgendwie noch im Höhenrausch. »Ich fühle nichts. Ich stehe unter Schock.«

Das größte Spektakel des Wettkampfs bot jedoch ein anderer: Jaret Peterson, jahrelang dem Alkohol verfallen und von Depressionen geplagt, stand seinen »Hurricane«: drei Rückwärtssalti mit fünf Drehungen. Mit dem besten Sprung des Abends verbesserte sich der US-Amerikaner noch vom sechsten Platz auf den Silberrang. »Das ist der beste Tag in meinem ganzen Leben«, versicherte Peterson. »Es geht mir nicht um die Medaille, auch nicht um das Podium. Es geht darum, was ich durchgemacht habe und darum, was dies hier für mich bedeutet.«

Bereicherung für Olympia

Trotz enttäuschender Ergebnisse aus Sicht des Deutschen Ski-Verbandes löste das spektakuläre Olympia-Debüt der Skicrosser Begeisterung aus. »Das ist sehr öffentlichkeitswirksam, sehr unterhaltsam und sicher eine Bereicherung für Olympia«, befand der zuständige Alpindirektor Wolfgang Maier. »Wir werden«, versicherte er, »das Thema im Verband stärker besetzen.« Die zukunftsfähigen Skicrosser, die sich bisher mehr oder weniger selbst finanzieren mussten, können sich künftig über eine bessere Förderung durch den Verband freuen. Das Reglement im Skicross hält Maier allerdings für verbesserungswürdig. »Ich persönlich habe ein kleines Problem mit der Fairness«, sagte er mit Blick auf das unglückliche Ausscheiden von Hoffnungsträger Simon Stickl. Der war in seinem Achtelfinallauf in einen vor ihm gestürzten Konkurrenten gefahren und verlor dabei so viel Tempo, dass er einen der beiden ersten Plätze und den schon sicher geglaubten Einzug ins Viertelfinale verpasste. »Simon ist da um seine Lorbeeren gebracht worden«, bedauerte Maier.

50 Sekunden –
100 Prozent Action:
Das ist Skicross.

Michael Schmid (links) holte sich im Kampf »Mann gegen Mann« das erste Skicross-Gold der Geschichte. Errol Kerr (rechts), Sohn eines Jamaikaners und einer US-Amerikanerin, war der erste Jamaikaner, der in einer Skidisziplin an den Start ging. Unter 33 Teilnehmern erreichte er im Gesamtklassement Rang neun.

Freestyle, Männer

Amelie Kober blieb in Vancouver ohne Medaille und kündigte an: »Ich werde Mama«.

Snowboard, Frauen
Mutter-Glück statt Edelmetall

Nur Blech statt Bronze: Die deutschen Snowboarderinnen um Mitfavoritin Amelie Kober verpassten bei Olympia die erhoffte Medaille. Junioren-Weltmeisterin Selina Jörg aus Sonthofen unterlag im Parallel-Riesenslalom im kleinen Finale um Rang drei der österreichischen Weltmeisterin Marion Kreiner. Kober war im Viertelfinale ausgeschieden, teilte aber erfreut mit: »Ich werde Mama.«

Selina Jörg hatte überraschend als einzige der vier deutschen Starterinnen das Halbfinale erreicht. Im Kampf um Bronze stürzte die 22-Jährige dann aber im ersten Durchgang und hatte mit einer Strafzeit von 1,5 Sekunden belastet im zweiten Lauf keine Chance mehr. Medaillenhoffnung Kober lag nach dem ersten Viertelfinallauf gegen Jekaterina Iljuchina in Führung, stürzte aber im zweiten. Frustriert saß die 22-Jährige im nassen Schnee, ehe sie ins Ziel rutschte. In der Platzierungsrunde traf Kober auf Teamkollegin Karstens. Nach einem Sturz im ersten Lauf trat Kober anschließend nicht mehr an und reihte sich am Ende auf Rang acht ein. Grund für ihren Verzicht: Sie sehe Mutterfreuden entgegen, sagte die 22-Jährige, »aber in welchem Monat, das verrate ich nicht«.

Olympiasiegerin wurde übrigens Nicolien Sauerbreij aus den Niederlanden, dem wohl flachsten Land Europas, dessen höchste Erhebung der Vaalserberg mit 322 Metern ist. Sauerbreijs Heimatstadt Amsterdam liegt sogar unter dem Meeresspiegel. Kein Wunder, dass die 30-Jährige in Frankreich und in der Schweiz trainiert.

Bright holt erstes Snowboard-Gold für Australien

Am anderen Ende der Welt ruderten ihre Landsleute vermutlich gerade ihre Surfbretter hinaus in die Wellen des Pazifik, als Torah Bright auf der nördlichen Halbkugel auf ein »Schneebrett« stieg. Ein paar Sprünge und ein paar Minuten später hatte die 23-Jährige für die Sommersport-Nation Australien in der Halfpipe am Cypress Mountain eine Goldmedaille bei Winterspielen gewonnen. »Wir sind ja nicht gerade für unsere Winter bekannt. Es ist ziemlich bizarr, ein Winter-Olympia-Team zu haben.«

Dreimal Gold hatten die Australier bei Winterspielen bisher gewonnen, aber zweimal konnten sie nichts dafür: Steven Bradbury überquerte 2002 in Salt Lake City im Shorttrack-Finale über 1000 Meter als erster die Ziellinie, weil er als einziger der fünf gestarteten Teilnehmer noch stand; die anderen hatten sich allesamt in der letzten Kurve langgemacht. Und Dale Begg-Smith, Sieger 2006 auf der Buckelpiste, ist eigentlich Kanadier.

Als der Sydney Morning Herald um 14.27 Uhr an einem Freitagnachmittag vermeldete »Torah Takes Gold«, erfuhren dies vermutlich nur diejenigen, die mitten im australischen Sommer nicht gerade draußen waren. Und da in Australien außerhalb der Snowboard-Szene grundsätzlich noch Aufklärungsbedarf besteht, erklärte der Sydney Morning Herald in seinem Artikel auch gleich noch, was eigentlich eine Halfpipe ist.

Statistik
Snowboard, Parallel-Riesenslalom, Frauen
26.2.2010, Cypress Mountain, Länge 530 m

1. Nicolien Sauerbreij — NED
2. Jekaterina Iljuchina — RUS
3. Marion Kreiner — AUT
4. Selina Jörg — GER
5. Anke Karstens — GER
6. Ina Meschik — AUT
7. Claudia Riegler — AUT
8. Amelie Kober — GER
9. Doris Günther — AUT
10. Jekaterina Tudegeschewa — RUS

HF: Kreiner – Iljuchina, Jörg – Sauerbreij
VF: Kreiner – Karstens, Kober – Iljuchina, Jörg – Meschik, Sauerbreij – Riegler
AF: 15. Isabella Laböck (GER)
QU: Fränzi Mägert-Kohli (SUI)

»Danke Kanada«

»Danke Kanada!«, rief Maelle Ricker ihren Fans überschwänglich entgegen. »Eure Energie hat mich beflügelt. Lasst uns jeden Moment dieser Spiele genießen. Diese Medaille gehört uns allen.« Kurz zuvor hatte die 31 Jahre alte Snowboarderin aus dem nahen North Vancouver mit ihrem Sieg im Cross-Wettbewerb für einen landesweiten Jubelsturm gesorgt.

Rickers Olympia-Debüt vor vier Jahren hatte nach einem dramatischen Sturz im Finale noch mit einer Gehirnerschütterung im Krankenhaus geendet. Die erträumte Medaille war futsch, und statt Champagner gab es Schmerztabletten. In ihrer Heimat blieb der Champagner diesmal aber nicht lange kalt …

Jubelt über Gold für die »Snowboard-Nation« Niederlande: Nicolien Sauerbreij.

Zu viel Seitenlage: Amelie Kober, die 2006 in Turin noch Silber im Parallel-Riesenslalom gewonnen hatte, schied im Viertelfinale nach einem Sturz aus.

Die Österreicherin Marion Kreiner fuhr im Parallel-Riesenslalom zu Bronze.

Snowboard, Halfpipe, Frauen
18.2.2010, Cypress Mountain, Länge 160 m

1. Torah Bright	AUS	45,0	(5,9 + 45,0)
2. Hannah Teter	USA	42,4	(42,4 + 39,2)
3. Kelly Clark	USA	42,2	(25,6 + 42,2)
4. Jiayu Liu	CHN	39,3	(39,3 + 34,9)
5. Sophie Rodriguez	FRA	34,4	(34,4 + 8,3)
6. Mercedes Nicoll	CAN	34,3	(34,3 + 2,9)
7. Zhifeng Sun	CHN	33,0	(29,8 + 33,0)
8. Holly Crawford	AUS	30,3	(23,9 + 30,3)
9. Ursina Haller	SUI	27,9	(27,9 + 18,1)
10. Elena Hight	USA	24,6	(24,6 + 16,0)

Reihenfolge: Bester von zwei Finaldurchgängen
(Punkte 1. Durchgang + Punkte 2. Durchgang)

Snowboard, Cross, Frauen
16.2.2010, Cypress Mountain, Länge 1062 m

1. Maelle Ricker	CAN	A-Finale
2. Deborah Anthonioz	FRA	
3. Olivia Nobs	SUI	
4. Helene Olafsen	NOR	
5. Lindsey Jacobellis	USA	B-Finale
6. Nelly Moenne Loccoz	FRA	
7. Mellie Francon	SUI	
8. Zoe Gillings	GBR	
9. Simona Meiler	SUI	Platz 9–12
10. Doresia Krings	AUT	
11. Sandra Frei	SUI	
16. Maria Ramberger	AUT	Platz 13–16

Snowboard, Frauen

Mit seinem zweiten Halfpipe-Olympiasieg vor dem Finnen Peetu Piiroinen und seinem Landsmann Scott Lago rechtfertigte der Star der Boarderszene den Hype um seine Person im Vorfeld der Winterspiele. Wegen »Groupies«, die Stein und Bein schwören, sich umzubringen, sollte »Air White« seine Haare abschneiden. Um seine der Schwerkraft spottenden Zaubersprünge, die das Snowboarden in eine neue Dimension geführt haben. Um Drogen, Partys und die zwei Herzoperationen, die er vor der Vollendung seines ersten Lebensjahres über sich ergehen lassen musste.

Ein lächelndes Siegertrio im Cross: Mike Robertson, Seth Wescott, Tony Ramoin (von links).

Seine Sprünge sind nicht zu toppen. Shaun White (großes Bild) tüftelt in seiner privaten Trainings-Halfpipe ständig an neuen Sprüngen.

Snowboard, Männer

»Air White« feiert wie ein Rockstar

Nach seiner atemberaubenden Flugshow gab Rockstar Shaun White den Startschuss zur wildesten Party seines Lebens. »Oh, mein Gott! Diese Orgie wird mich umbringen. Ich habe Angst«, brüllte der beste Snowboarder der Welt mit seinem breiten Mick-Jagger-Lachen in jedes Mikrofon. Dann verschwand der Mann mit der unbändigen roten Haarpracht in der Nacht.

Schattenspiele in der Halfpipe.

Trotz Millionen-Einnahmen, Freundschaften mit Milliardären und einer privaten Trainings-Halfpipe für 500 000 Dollar sagte die »Flying Tomato« nach dem Triumph nachdenklich: »Es ist nicht einfach, Shaun White zu sein.« Denn »Animal« steht sich selbst im Weg. Besonders, wenn er mit der Besessenheit des Adrenalinjunkies noch höhere, verrücktere, gefährlichere Tricks austüftelt. Und so war Shaun White dann auch nicht ganz zufrieden – weil sein »Double McTwist 1260«, ein tollkühner Doppelsalto mit dreieinhalbfacher Drehung um die eigene Achse, nicht einhundertprozentig klappte. »Der Sprung macht mich völlig fertig. Er ist mein bester Freund und schlimmster Feind. Es hat mich fast das Leben gekostet, ihn zu lernen«, sagte White.

Und bald sollen noch ganz andere Elemente in seinem Repertoire auftauchen. »Ich habe drei oder vier Sprünge entwickelt, die noch niemand je gesehen hat«, berichtet er. Die ohnehin schon hoffnungslos unterlegene Konkurrenz vernahm es mit Grausen.

Starker Speiser

Die mögliche Medaille verpasst, die Hoffnungen auf eine rosige Zukunft dennoch geschürt: Nach dem starken achten Platz von Crosser David Speiser zum Auftakt der olympischen Rennen am Cypress Mountain sah sich der Snowboard Verband Deutschland (SVD) in seiner Arbeit bestätigt. »Das Ergebnis gibt uns ganz viel Motivation und Kraft, um am Thema Snowboardcross dranzubleiben«, freute sich Sportdirektor Timm Stade. »Jetzt wollen wir weiter an einer schlagkräftigen Mannschaft arbeiten, zumal wir auf ein Heimspiel 2018 in München hoffen.«

Auch bei Speiser, der in seinem Halbfinallauf zweimal stürzte und somit den durchaus möglichen Einzug ins Finale der besten vier Starter verpasste, blieb für große Enttäuschung kein Platz. »Erst war ich angepisst, aber jetzt bin ich absolut zufrieden und happy. Der achte Platz ist ein Ansporn für die nächsten Spiele«, meinte der Oberstdorfer. Olympiasieger wurde wie bei der Cross-Premiere vor vier Jahren der Amerikaner Seth Wescott, mit 33 Jahren ältester Snowboard-Medaillengewinner der Olympia-Geschichte, der den Überraschungszweiten Mike Robertson aus Kanada und den französischen Außenseiter Tony Ramoin auf die Plätze verwies.

Regenmeister Jasey Jay Anderson

Bei Dauerregen fuhr Lokalmatador Jasey Jay Anderson bei seiner vierten und letzten Olympia-Teilnahme zu Gold im Parallel-Riesenslalom. Und dass, obwohl er nach dem ersten Finallauf gegen den Österreicher Benjamin Karl noch mit 76 Hundertselsekunden im Hintertreffen gelegen hatte. Der einzige deutsche Starter, Patrick Bussler, schied nach zwei Stürzen im Achtelfinale gegen den Schweizer Simon Schoch aus.

Statistik

Snowboard, Halfpipe, Männer
17.2.2010, Cypress Mountain, Bahnlänge 160 m

1. Shaun White	USA	48,4	(46,8 + 48,4)
2. Peetu Piiroinen	FIN	45,0	(40,8 + 45,0)
3. Scott Lago	USA	42,8	(42,8 + 17,5)
4. Iouri Podladtchikov	SUI	42,4	(42,4 + 17,6)
5. Louie Vito	USA	39,4	(39,1 + 39,4)
6. Markku Koski	FIN	36,4	(36,4 + 25,0)
7. Justin Lamoureux	CAN	35,9	(33,8 + 35,9)
8. Kazuhiro Kokubo	JPN	35,7	(30,5 + 35,7)
9. Ryo Aono	JPN	32,9	(32,9 + 29,1)
10. Mathieu Crepel	FRA	25,9	(25,9 + 8,7)

QU: 20. Christophe Schmidt (GER) 32,3, 25. Sergio Berger (SUI) 26,2, 29. Markus Keller (SUI) 20,4, 36. Christian Haller (SUI) 16,0

Reihenfolge: Bester von zwei Finaldurchgängen (Punkte 1. Durchgang + Punkte 2. Durchgang)

Snowboard, Cross, Männer
15.2.2010, Cypress Mountain, Bahnlänge 1062 m

1. Seth Wescott	USA	A-Finale	
2. Mike Robertson	CAN		
3. Tony Ramoin	FRA		
4. Nate Holland	USA		
5. Robert Fagan	CAN	B-Finale	
6. Lukas Grüner	AUT		
7. Mario Fuchs	AUT		
8. David Speiser	GER		
9. Pierre Vaultier	FRA	Platz 9-12	
10. Damon Hayler	AUS		
11. Drew Neilson	CAN		
12. Francois Boivin	CAN		

QU: 13. Fabio Caduff (SUI), 23. Markus Schairer (AUT), 33. Konstantin Schad (GER)

Snowboard, Parallel-Riesenslalom, Männer
27.2.2010, Cypress Mountain, Bahnlänge 530 m

1. Jasey Jay Anderson	CAN	
2. Benjamin Karl	AUT	
3. Mathieu Bozzetto	FRA	
4. Stanislaw Detkow	RUS	
5. Simon Schoch	SUI	
6. Zan Kosir	SLO	
7. Chris Klug	USA	
8. Rok Flander	SLO	
9. Andreas Prommegger	AUT	
10. Sylvain Dufour	FRA	

HF: Karl – Bozzetto, Anderson – Detkow
VF: Bozzetto – Klug, Karl – Kosir, Detkow – Schoch, Anderson – Flander
QU: 14. Patrick Bussler (GER), 17. Nevin Galmarini (SUI), 19. Marc Iselin (SUI), 20. Roland Haldi (SUI), 29. Ingemar Walder (SUI)
A: Siegfried Grabner (AUT)

Snowboarder Christophe Schmidt scheiterte beim olympischen Halfpipe-Wettbewerb bereits in der Qualifikation, konnte aber dennoch lächeln.

Snowboard, Männer

Viele Horror-Stürze und ein Todesfall

Die Organisatoren aller künftigen Winterspiele müssen sich Gedanken machen – darum, wie Sicherheit und Spektakel zu vereinbaren sind. Die Spiele in Vancouver bedeuten einen tiefen Einschnitt – noch nie zuvor hatte es einen Toten in olympischen Wettkämpfen gegeben. Der folgenschwere Unfall des georgischen Rodlers Nodar Kumaritaschwili und zahlreiche Horror-Stürze der Bob-Piloten warfen dunkle Schatten auf die Wettbewerbe im Whistler Sliding Centre. IOC-Präsident Jacques Rogge schaltete sich höchstpersönlich ein und suchte das Gespräch mit den Weltverbänden im Bob (FIBT) und Rennrodeln (FIL). »Damit so etwas in Zukunft nicht noch einmal passiert, werden wir alle notwendigen Schritte veranlassen«, versicherte Rogge. »Im Rennsport kann man zwar nie eine hundertprozentige Sicherheit garantieren, aber es gilt, das Risiko zu minimieren«, forderte auch IOC-Vizepräsident Thomas Bach.

Kumaritaschwili war als krasser Außenseiter nach Kanada gekommen. Als er nur wenige Stunden vor Beginn der Eröffnungsfeier zu seiner Trainingsfahrt im Eiskanal von Whistler startete, galt für ihn noch das olympische Motto »Dabeisein ist alles«. Wenig später hatte dies plötzlich keine Bedeutung mehr. Im Alter von 21 Jahren ließ Kumaritaschwili für seinen olympischen Traum sein Leben.

Wie der Internationale Rennrodel-Verband ermittelte, kam Kumaritaschwili »nach einer routinemäßig verlaufenen Fahrt« zu spät aus Kurve 15 und fuhr dadurch zu spät in die Schlusskurve 16 ein. Trotz aller Versuche, den Schlitten wieder in die richtige Bahn zu bringen, verlor er die Kontrolle. Mit etwa 140 km/h krachte er mit Kopf und Rücken gegen einen Stahlträger. Die Helfer vor Ort leiteten sofort Reanimierungsmaßnahmen ein, doch jede Hilfe kam zu spät.

Die Serie der Zwischenfälle setzte sich in den Wettbewerben der Bobfahrer fort. Besonders Kurve 13, von den Fahrern nur »Fifty-Fifty« genannt, bereitete große Probleme. Für Romy Logsch, Anschieberin des deutschen Zweierbobs, endete der erste Sturz ihrer Karriere mit einem Fußbruch sowie Verbrennungen am linken Arm und am Rücken. Hilflos war sie aus dem Bob geschleudert worden und durch die Eisrinne geflogen. Eine andere, skurrile Szene: Als beispielsweise im Training der Frauen die als stark sturzgefährdet geltende Japanerin Manami Hino unbeschadet das Ziel erreichte, jubelten Helfer und Sanitäter ihr zu.

Harsche Kritik übte der frühere Weltklassepilot Christoph Langen. »Die Bahn ist zu schnell für die Kurvenfolge. Das ist so, als ob man mit 500 Stundenkilometern über die Autobahn fährt«, sagte der Doppel-Olympiasieger: »Es darf nicht sein, dass ein Fehler zum Tode führt. Die Bahn muss so konstruiert sein, das sich ein kleiner Fehler noch ausgleichen lässt und nicht gleich zum Sturz führt.« Der Schweizer Bob-Pilot Daniel Schmid kapitulierte und verzichtete auf den ersten Olympiastart seiner Karriere. Die Gesundheit sei ihm wichtiger, als lebensmüde die Bahn runterzudonnern, erklärte Schmid. Einen tragischen Todesfall am Rande von Winterspielen hatte es bereits 1992 in Albertville gegeben. Damals starb der Walliser Nicolas Bochatay im Training der Demonstrations-Disziplin Speedski nach einer Kollision mit einem Pistenfahrzeug. Speedski wurde nicht olympisch.

Bobsport/ Rodeln/Skeleton

Irgendwie war man am Ende froh, als der letzte olympische Wettkampf auf der umstrittenen Eisbahn im Whistler Sliding Centre vorbei war. Die zahlreichen Stürze in allen Disziplinen – trauriger Höhepunkt der tödliche Trainingsunfall im Rodeln – hatten die ansonsten spannenden und hochklassigen Wettkämpfe überschattet.
Trotz allem waren die Winterspiele von Vancouver für die deutschen Bob-, Rodel- und Skeleton-Asse ein voller Erfolg. Dreimal Gold, viermal Silber, dreimal Bronze – da war auch BSD-Sportdirektor Thomas Schwab zufrieden: »Neun Medaillen waren das Ziel, zehn haben wir geholt.«
Mit Bob-Pilot André Lange und dem Rodel-Doppel Patric Leitner/Alexander Resch verließen Athleten die sportliche Bühne, die ihren Disziplinen über lange Jahre ihren Stempel aufgedrückt haben. Um die Zukunft der deutschen Kufenkünstler muss einem allerdings nicht bange sein, denn die Youngster, wie Felix Loch und Tatjana Hüfner, haben den Staffelstab bereits längst übernommen.

Rodeln, Einsitzer, Frauen

Tatjana Hüfner in Lochs Goldspur

Nina Reithmayer aus Österreich (rechts) verhinderte mit Silber einen erneuten »clean sweep« der deutschen Rodel-Damen. Tatjana Hüfner (Mitte) gewann Gold, Natalie Geisenberger (links) Bronze.

Der deutsche Rodel-Verband hat ein Problem – zugegebenermaßen ein Luxus-Problem. Gold und Bronze gewannen Tatjana Hüfner und Natalie Geisenberger in Vancouver, und das war trotzdem das »schlechteste« Mannschafts-Resultat deutscher Rodlerinnen bei Winterspielen seit 16 Jahren. Bei den letzten drei Olympischen Spielen war lediglich die Bronzemedaille 1998 durch die Österreicherin Angelika Neuner nicht an Deutschland gegangen.

Für Tatjana Hüfner aus Oberwiesenthal war es der Höhepunkt ihrer immer noch jungen Karriere. »Ein Traum ist Wirklichkeit geworden. Das ist der absolute Wahnsinn. Ich bin so stolz auf meinen Olympiasieg hier. Ich habe mich richtig in den Wettkampf reingesteigert und ich bin überglücklich, dafür belohnt worden zu sein, worauf ich vier Jahre jeden Tag hingearbeitet habe«, erklärte die 26-Jährige, die bei der Siegerehrung ihre Goldmedaille küsste und inbrünstig die Nationalhymne mitsang.

Und das, obwohl sie nach dem ersten ihrer vier Läufe nur auf dem dritten Platz gelegen hatte. »Die Verlegung auf den Juniorenstart war schon eine sehr große Umstellung. Zudem habe ich im ersten Lauf einen kapitalen Fehler gemacht. Deshalb war ich zunächst auch richtig nervös«, erklärte die Olympia-Dritte von Turin den Wettkampfverlauf. Doch sie gelangte zurück in die Goldspur, die Felix Loch zwei Tage zuvor gelegt hatte, fuhr dreimal Bestzeit hintereinander und lag am Ende mit 0,490 Sekunden Vorsprung vor den Konkurrentinnen.

Österreichs Einbruch in deutsche Phalanx

Erneut war es auch in Vancouver einer Österreicherin vorbehalten, in die deutsche Phalanx einzubrechen. Nina Reithmayer, 2006 in Turin noch

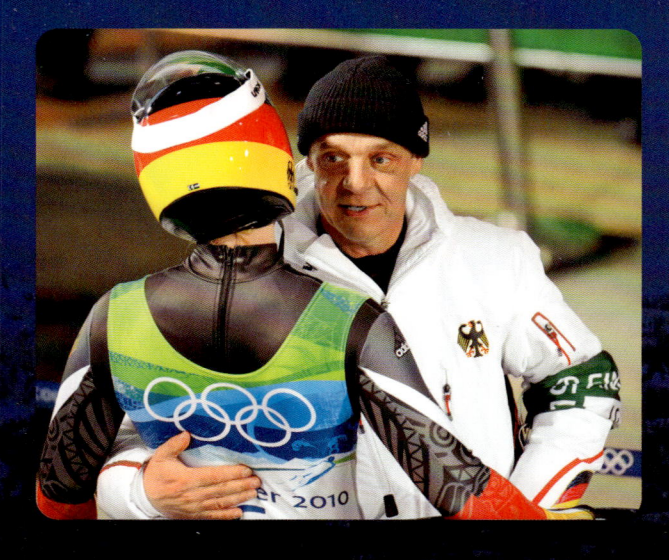

Bundestrainer Norbert Loch freute sich mit Tatjana Hüfner über das zweite Gold für das deutsche Rodelteam in Vancouver. Die Olympiasiegerin aus Oberwiesenthal war in diesem Winter die eindeutig beste Rodlerin.

Achte, überraschte die Experten und 12 000 Zuschauer im ausverkauften Whistler Sliding Centre mit der Silbermedaille. Die Innsbruckerin hatte ihre Ziele bereits vor dem Rennen in Vancouver mit einer klaren Ansage verkündet: »Ich fahre nicht als Olympia-Touristin nach Kanada. Ich will eine Medaille.« Am 16. Februar setzte sie ihr Vorhaben erfolgreich in die Tat um.

Natalie Geisenberger war ebenfalls glücklich über ihre erste olympische Medaille, auch wenn sie insgeheim auf den ganz großen Wurf gehofft hatte. Bei der Medaillenvergabe hüpfte die erst 22-jährige Miesbacherin aufs Siegerpodest und genoss die stimmungsvolle Zeremonie. »Es ist toll, die Hymne zu hören. Aber das habe ich Tatjana zu verdanken.« Die dritte deutsche Starterin Anke Wischnewski wurde Fünfte hinter der russischen Europameisterin Tatjana Iwanowa, die sich zu ihrem 19. Geburtstag fast noch selbst mit einer Bronzemedaille beschenkt hätte. Die Schweizerin Martina Kocher freute sich über Rang sieben und Reithmayers Team-Kollegin Veronika Halder beendete das olympische Rennen als Zwölfte.

Ein Grund für den Erfolg der Rodlerinnen ist auch die Sympathie füreinander. Auch wenn die Unterschiede zwischen Geisenberger und Hüfner kaum größer sein könnten. Hier Glamour-Girl Geisenberger, die den öffentlichen Auftritt nicht scheut. Dort die äußerst bodenständige Hüfner, die aufgrund ihrer zurückhaltenden Art manchmal sogar etwas scheu wirkt. Und deshalb starteten Tatjana Hüfner und Natalie Geisenberger auch gemeinsam in eine lange Partynacht. Die Medaillen baumelten immer um ihren Hals …

Statistik

Rodeln, Einsitzer, Frauen

16.2.2010, Whistler Sliding Centre, Bahnlänge 953 m

1. Tatjana Hüfner	GER	2:46,524
(41,760/3 + 41,481/1 + 41,666/1 + 41,617/1)		
2. Nina Reithmayer	AUT	2:47,014
(41,728/1 + 41,563/2 + 41,884/3 + 41,839/2)		
3. Natalie Geisenberger	GER	2:47,101
(41,743/2 + 41,657/4 + 41,800/2 + 41,901/7)		
4. Tatjana Iwanowa	RUS	2:47,181
(41,816/6 + 41,601/3 + 41,914/5 + 41,850/3)		
5. Anke Wischnewski	GER	2:47,253
(41,785/5 + 41,685/5 + 41,894/4 + 41,889/5)		
6. Alexandra Rodijonowa	RUS	2:47,456
(41,828/7 + 41,731/7 + 41,984/8 + 41,913/8)		
7. Martina Kocher	SUI	2:47,575
(42,005/13 + 41,697/6 + 41,976/7 + 41,897/6)		
8. Ewelina Staszulonek	POL	2:47,621
(41,975/10 + 41,816/10 + 41,948/6 + 41,882/4)		
9. Maija Tiruma	LAT	2:47,654
(41,773/4 + 41,933/13 + 42,012/9 + 41,936/9)		
10. Natalia Chorewa	RUS	2:47,984
(41,932/9 + 41,785/8 + 42,175/12 + 42,092/12)		
12. Veronika Halder	AUT	2:48,117
(42,015/14 + 41,881/11 + 42,078/10 + 42,143/14)		

Reihenfolge: Gesamtzeit
(Laufzeiten/Platz)

Rodeln, Einsitzer, Frauen

Rodeln, Einsitzer, Männer

Loch jüngster Rodel-Olympiasieger aller Zeiten

Nach der Goldfahrt gab es für Felix Loch den Ritterschlag von höchster Stelle. »Er hat mit diesem Sieg den Grundstein gelegt, meine Erfolge noch zu übertreffen«, lobte der dreimalige Olympiasieger Georg Hackl. Im Alter von nur 20 Jahren war der Goldjunge im Whistler Sliding Centre sprichwörtlich mit den Rivalen Schlitten gefahren und hatte sich mit vier Laufbestzeiten überlegen zum jüngsten Rodel-Olympiasieger aller Zeiten gekrönt. Jüngster Olympiasieger, jüngster Weltmeister und die Goldfahrt mit dem größten Vorsprung bei Winterspielen seit 26 Jahren. Felix Loch wehrte auch den Angriff von David Möller souverän ab und lag am Ende 0,679 Sekunden vor dem Teamkameraden – im Rodelsport eine kleine Ewigkeit. »Einen Olympiasieg hatte ich schon als Kind im Kopf. Jetzt ist dieser Traum Realität geworden«, erklärte der 20-Jährige vom RC Berchtesgaden überglücklich.

David Möller trug mit Silber entscheidend zum deutschen Doppelsieg bei. Der Sieg von Felix Loch bedeutete die insgesamt 26. deutsche Rodel-Goldmedaille der olympischen Geschichte. Seit Aufnahme der Rodel-Wettbewerbe ins Olympia-Programm 1964 holten deutsche Athleten immer zumindest eine Goldmedaille. Das bisher letzte deutsche Olympiagold bei den Männer-Einsitzern hatte 1998 Georg Hackl in Nagano gewonnen.

Bitterer Beigeschmack

In die Freude über das erste deutsche Gold der Winterspiele mischten sich nach dem tödlichen Trainingsunfall des Georgiers Nodar Kumaritaschwili allerdings auch nachdenkliche Momente. »Die Goldmedaille ist belastet«, meinte Hackl. Olympiasieger Loch hatte den Horror-Sturz zwar im Hinterkopf, blendete ihn während des Rennens jedoch fast vollkommen aus.
Dass nach dem Tod von Kumaritaschwili der Hochgeschwindigkeitskurs um 176 Meter verkürzt, die Anzahl der Kurven von 16 auf 14 und vom wesentlich flacheren Damenstart ins Rennen gegangen wurde, spielte den mit guter Dynamik und hervorragender Schnellkraft gesegneten Deutschen in die Karten. Ein perfekter Start, das gute Material und die fahrerische Klasse gaben den Ausschlag. »Das waren die vier besten Läufe in dieser Saison«, sagte Loch, der auch noch vom drittplatzierten Italiener Armin Zöggeler, selbst zweimaliger Olympiasieger, geadelt wurde.

Zöggeler mit fünfter Medaille bei fünften Spielen

»Felix ist ein großes Talent. Wir werden in den nächsten Jahren noch viel von ihm hören. Der Junge ist super«, sagte der Olympiasieger von 2002 und 2006, der den ersten olympischen Rodel-Hattrick nach Hackl (1992, 1994, 1998) verpasste. Immerhin konnte der inzwischen 36-Jährige, der mit der Verlegung des Starts zunächst gehadert hatte, seine einmalige Erfolgsbilanz fortsetzen und bei seiner fünften Olympiateilnahme auch seine fünfte Medaille gewinnen.
Für die Deutschen war es der erste Doppelsieg bei Olympischen Spielen seit 1988 durch Jens Müller (GDR) und Georg Hackl (FRG). Silbermedaillen-Gewinner David Möller, im selben Krankenhaus wie Loch im thüringischen Sonneberg geboren, trauerte dem verpassten Olympiasieg auch nicht lange nach, sondern feierte seine Silbermedaille. »Ich habe als Kind von einer Olympia-Medaille geträumt. Jetzt ist sie da«, freute sich der zweimalige Weltmeister. Einen guten fünften Platz vor 12 000 Zuschauern erzielte der dritte deutsche Starter Andi Langenhan (Zella-Mehlis) hinter dem Russen Albert Demtschenko, 2006 noch Zweiter.
Mit drei Top-Ten-Platzierungen durch Daniel Pfister (Sechster), dessen jüngeren Bruder Manuel (Zehnter) und Wolfgang Kindl (Neunter) beendeten auch die Österreicher das Rennen im Whistler Sliding Centre überaus erfolgreich. Die Hoffnungen des einzigen Schweizer Teilnehmers Stefan Höhener zerstoben dagegen bereits nach einem Sturz am ersten Wettkampftag. In der Endabrechnung kam er unter den 38 Startern auf den 32. Rang und erklärte noch in der Mixed Zone seinen Rücktritt.

Rodeln, Einsitzer, Männer

2006 waren die deutschen Rodler in Turin leer ausgegangen. In Vancouver sorgten David Möller (links) und Felix Loch (rechts) für den ersten deutschen Doppelsieg bei den Männern seit 1988.

Statistik

Rodeln, Einsitzer, Männer

14.2.2010, Whistler Sliding Centre, Bahnlänge 1 198 m

1. Felix Loch (48,168/1 + 48,402/1 + 48,344/1 + 48,171/1)	GER	3:13,085
2. David Möller (48,341/2 + 48,511/2 + 48,582/2 + 48,330/2)	GER	+0,679
3. Armin Zöggeler (48,473/3 + 48,529/3 + 48,914/6 + 48,459/4)	ITA	+1,290
4. Albert Demtschenko (48,590/5 + 48,579/4 + 48,769/3 + 48,467/5)	RUS	+1,320
5. Andi Langenhahn (48,629/6 + 48,658/5 + 48,869/4 + 48,473/6)	GER	+1,544
6. Daniel Pfister (48,583/4 + 48,707/6 + 48,883/5 + 48,553/7)	AUT	+1,641
7. Samuel Edney (48,754/11 + 48,793/9 + 48,920/7 + 48,373/3)	CAN	+1,755
8. Tony Benshoof (48,657/7 + 48,747/7 + 49,010/8 + 48,714/11)	USA	+ 2,043
9. Wolfgang Kindl (48,707/9 + 48,755/8 + 49,080/10 + 48,673/8)	AUT	+2,130
10. Manuel Pfister (48,677/8 + 48,835/11 + 49,064/9 + 48,693/9)	AUT	+2,184
32. Stefan Höhener (48,728/10 + 53,838/38 + 49,559/27 + 48,713/10)	SUI	+7,753

Reihenfolge: Gesamtzeit, (Laufzeiten/Platz)

Italiens Superrodler Armin Zöggeler verpasste zwar den Gold-Hattrick, gewann aber bei seinen fünften Spielen seine fünfte Medaille.

43

Die Bronzemedaille von Leitner/Resch war die insgesamt fünfte deutsche Rodel-Medaille in Vancouver. Während Patric Leitner künftig Trainer bei der Bundespolizei wird, strebt Alexander Resch eine Management-Funktion im Sport an. Dabei wollen sie sich aber nicht aus den Augen verlieren. »Wenn sich unsere Frauen zum Kaffee treffen, gehen wir ein Bier trinken.«

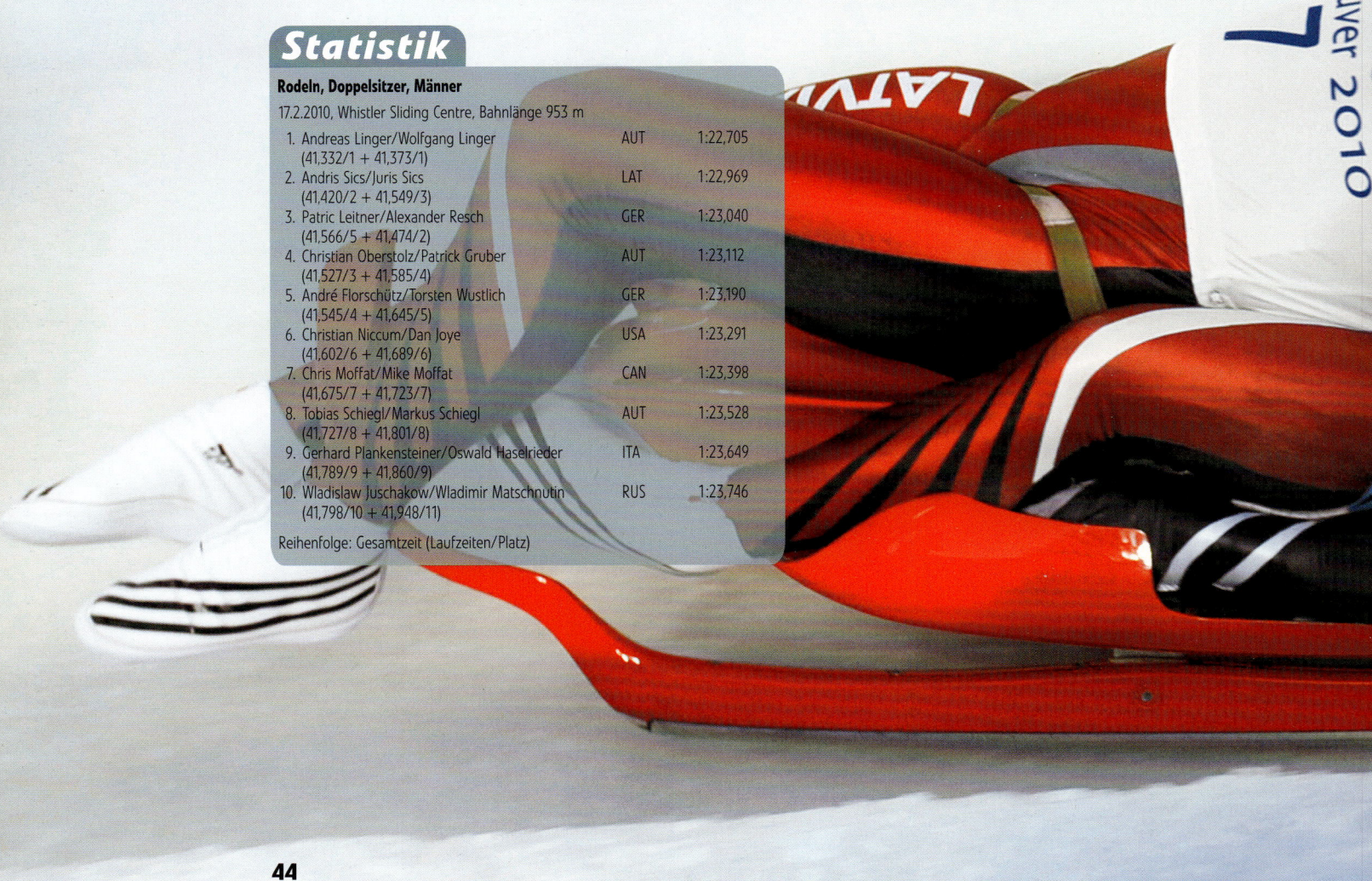

Rodeln, Doppelsitzer, Männer

»Bronze ist für uns wie Gold«

Es war eine olympische Doppelsitzer-Konkurrenz, wie man sie sich nicht abwechslungsreicher hätte vorstellen können: Mit dem österreichischen Brüderpaar Andreas und Wolfgang Linger gewann das beste Duo des Wettkampfes verdient Gold. Die Silbermedaille des lettischen Brüderpaares Andris und Juris Sics war eine sympathische Überraschung und gelungene Abwechslung. Und die Haudegen Patric Leitner und Alexander Resch sorgten mit Rang drei zum Abschied ihrer langen und erfolgreichen Karriere für den emotionalen Höhepunkt des Abends.

Als sich der »Bayern-Express« mit Bronze in den Ruhestand verabschiedet und den Rodelschlitten auf dem Abstellgleis geparkt hatte, stand Patric Leitner verwirrt in der Eisrinne. »Wo ist Alex?«, fragte Leitner. Sein langjähriger Partner Alexander Resch hatte ihn verlassen, war über die Absperrung auf die Tribüne geklettert, schloss seine Freundin Simone liebevoll in die Arme und küsste sie im Blitzlichtgewitter der Fotografen innig.

»Das ist sensationell. Ich bin überglücklich. Jetzt fahre ich nie wieder einen Meter«, sagte

Statistik

Rodeln, Doppelsitzer, Männer
17.2.2010, Whistler Sliding Centre, Bahnlänge 953 m

1.	Andreas Linger/Wolfgang Linger (41.332/1 + 41.373/1)	AUT	1:22,705
2.	Andris Sics/Juris Sics (41.420/2 + 41.549/3)	LAT	1:22,969
3.	Patric Leitner/Alexander Resch (41.566/5 + 41.474/2)	GER	1:23,040
4.	Christian Oberstolz/Patrick Gruber (41.527/3 + 41.585/4)	AUT	1:23,112
5.	André Florschütz/Torsten Wustlich (41.545/4 + 41.645/5)	GER	1:23,190
6.	Christian Niccum/Dan Joye (41.602/6 + 41.689/6)	USA	1:23,291
7.	Chris Moffat/Mike Moffat (41.675/7 + 41.723/7)	CAN	1:23,398
8.	Tobias Schiegl/Markus Schiegl (41.727/8 + 41.801/8)	AUT	1:23,528
9.	Gerhard Plankensteiner/Oswald Haselrieder (41.789/9 + 41.860/9)	ITA	1:23,649
10.	Wladislaw Juschakow/Wladimir Matschnutin (41.798/10 + 41.948/11)	RUS	1:23,746

Reihenfolge: Gesamtzeit (Laufzeiten/Platz)

Leitner. Mit dem dritten Platz hatte das Duo aus Königssee und Berchtesgaden den deutschen Rodlern im Whistler Sliding Centre einen tollen Abschluss beschert. »Unsere Athleten können Vancouver erhobenen Hauptes verlassen. Besonders die Männer lagen über dem Soll«, bilanzierte der deutsche Sportdirektor Thomas Schwab.

André Florschütz und Torsten Wustlich mussten sich im Whistler Sliding Centre dagegen mit Rang fünf begnügen. Eine »kleine Enttäuschung« für das Doppel aus Friedrichroda und Oberwiesenthal, das noch vor vier Jahren in Turin Silber gewonnen hatte und in diesem Jahr nach dem Sieg in der Weltcup-Gesamtwertung nach der Goldmedaille greifen wollte. Die Fortsetzung ihrer Karriere ließen sie in Vancouver noch offen.

Für Leitner/Resch stand dagegen nach zwölf gemeinsamen Jahren auf dem Schlitten die Trennung »ohne Wenn und Aber« fest. Mit einer tollen Aufholjagd und einem Lauf mit vollem Risiko rasten die Olympiasieger von 2002 im letzten Rennen ihrer Karriere in Lauf zwei noch vom fünften auf den dritten Platz. »Es ist schön, dass wir unseren Frieden mit Olympia gemacht haben. Wir sind durch viele Höhen und Tiefen gegangen. Bronze ist für uns wie Gold«, sagte Resch.

Die Vertreter aus Lettland, im täglichen Rodelgeschäft eher unauffällige Mitfahrer, sind regelmäßig bei Olympia in Top-Form. War es 2006 Martins Rubenis mit Bronze im Einsitzer, sorgten im Eiskanal von Vancouver die Brüder Andris und Juris Sics für die große Überraschung. Die Begeisterung der lettischen Teambetreuer kannte keine Grenzen.

Andreas und Wolfgang Linger konnten im Whistler Sliding Centre nicht nur ihren Titel von 2006 in Turin verteidigen, sondern sorgten am sechsten Wettkampftag in Vancouver endlich für das erste Gold des österreichischen Olympia-Teams. Ihre Teamkollegen, die Rodel-Cousins Tobias und Markus Schiegl mussten dagegen im ersten Lauf erfahren, dass die Hochgeschwindigkeitsbahn trotz der Vorsichtsmaßnahmen – Start vom Juniorenstart und Verkürzung der Strecke um 245 Meter sowie um drei auf elf Kurven – noch extrem anspruchsvoll war. Im ersten Lauf kamen sie in der Zielkurve in große Schwierigkeiten und krachten in die Bande. Das Duo blieb jedoch zum Glück unverletzt und konnte den Wettkampf fortsetzen. Mehr als Platz acht sprang bei ihrer fünften Olympia-Teilnahme jedoch nicht heraus.

Die Österreicher Andreas und Wolfgang Linger konnten ihren Olympia-Sieg von 2006 wiederholen. Das war im Doppelsitzer zuvor nur 1976 und 1980 den Deutschen Hans Rinn und Norbert Hahn gelungen.

Bronze durch Martins Rubenis 2006 im Einsitzer war die erste Olympia-Medaille für Lettland überhaupt. Im Eiskanal des Whistler Sliding Centre folgten jetzt die Brüder Juris und Andris Sics (großes Bild) mit Silber im Doppelsitzer.

Bob, Zweier, Frauen

Kanadischer Doppelsieg

Den Zuschauern stockte der Atem, die deutschen Kolleginnen schlugen im Ziel entsetzt die Hände vors Gesicht: Als Anschieberin Romy Logsch bei Tempo 140 um kurz vor vier Uhr deutscher Zeit aus dem Bob Deutschland II geschleudert wurde und hilflos durch die Eisrinne flog, wurden die schlimmsten Erinnerungen wach. Viele hatten wieder die Bilder des tödlichen Unfalls des georgischen Rodlers vor Augen. Zur Erleichterung aller kam Logsch glücklicherweise mit leichten Verletzungen davon – einer Fußverletzung, Prellungen sowie Verbrennungen am linken Arm und am Rücken. Dass damit der Traum von einer Zweierbob-Olympiamedaille für Logsch und Cathleen Martini geplatzt war, geriet zur Nebensache.

Der Zweierbob war auf die rechte Seite gekippt und in atemberaubendem Tempo mehrere hundert Meter Richtung Ziel gerutscht. Pilotin Martini, die in der extrem gefährlichen Kurve 13 (»Fifty-Fifty«) die Kontrolle über den Schlitten verloren hatte, kam mit dem Schrecken davon. Doch der Schock saß tief. Mit weichen Knien wurde sie von einem Helfer aus der Bahn geführt. Bei der anschließenden Untersuchung im Zielbereich brach sie in Tränen aus.

»Als ich aufgestanden bin und gemerkt habe, dass kein Knochen kaputt ist, war ich einfach nur froh. Nach so einem Sturz denkt man nicht über Medaillen nach«, sagte Logsch. Als sie sich dann wieder etwas erholt hatte, verneigte sie sich vor den Zuschauern.

»Wenn wir zur Ruhe kommen, wird es sicherlich an einigen Stellen schmerzen. Aber im Moment tut es mehr innerlich weh. Ich bin auf Risiko gefahren, habe versucht, alles rauszuholen, konnte es aber nicht mehr retten«, erklärte Martini, die vor dem letzten Lauf auf Rang vier liegend noch alle Chancen auf Bronze hatte.

Die Anschieberin von Martinis Dauerrivalin Sandra Kiriasis, Christin Senkel, schlug angesichts der schrecklichen Bilder auf der Leinwand die Hände vors Gesicht. Frauen-Bundestrainer Wolfgang

Kaillie Humphries und Heather Moyse beglückwünschen sich gegenseitig zu Gold. Es war die erste kanadische Medaille im Zweierbob der Frauen.

Die ersten beiden Durchgänge verliefen ohne Zwischenfälle, Stürze gab es dann erst wieder im letzten Lauf. Betroffen war der deutsche Bob mit Cathleen Martini, die sichtlich geschockt war.

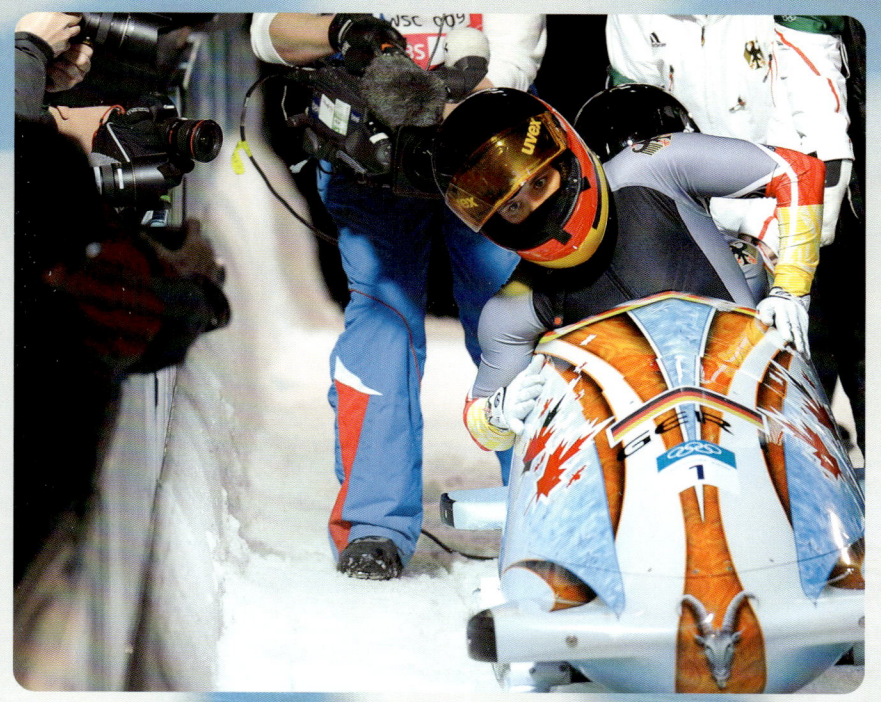

Nicht zufrieden: Sandra Kiriasis konnte ihren Olympiasieg von 2006 nicht wiederholen.

Hoppe schrie entsetzt auf. Kiriasis stellte später in einer ersten Analyse trocken fest: »Sie hat sich nicht festgehalten, sonst fliegt man da nicht raus.« Die Turin-Olympiasiegerin, die bei der Olympia-Premiere für Frauenbob 2002 in Salt Lake City Silber und vier Jahre später in Turin Gold gewonnen hatte, belegte mit Christin Senkel beim Doppelsieg der Kanadierinnen Kaillie Humphries/Heather Moyse und Helen Upperton/Shelley-Ann Brown nur den vierten Platz. »Ich bin über meine Leistung enttäuscht, nicht über Platz vier. Das war nicht olympiawürdig«, gab die Winterbergerin offen zu und ließ auch nicht den Heimvorteil der Kanadierinnen gelten. »Ich stelle mich hier an wie der erste Mensch. Es ist unglaublich, dass wir mit dieser Riesengrütze immer noch so schnell sind.«

Claudia Schramm (Oberhof) und Bremserin Janine Tischer (Meiningen) wurden Siebte. Die Schweizer Bob-Steuerfrauen Fabienne Meyer und Sabina Hafner schafften nach schwachem Auftakt eine Steigerung und beendeten den olympischen Wettkampf auf den Rängen zehn und zwölf.

Zweierbob, Frauen

Da saßen sie noch beide im Schlitten: Cathleen Martini und Romy Logsch mussten ihre Medaillenhoffnungen nach einem Sturz in Kurve 13 sausen lassen.

Statistik

Bob, Zweier, Frauen
24.2.2010, Whistler Sliding Centre, Bahnlänge 1450 m

1.	Kaillie Humphries/Heather Moyse (53,19/1 + 53,01/1 + 52,85/1 + 53,23/2)	CAN	3:32,28
2.	Helen Upperton/Shelley-Ann Brown (53,50/4 + 53,12/3 + 53,34/3 + 53,17/1)	CAN	3:33,13
3.	Erin Pac/Elana Meyers (53,28/2 + 53,05/2 + 53,29/2 + 53,78/8)	USA	3:33,40
4.	Sandra Kiriasis/Christin Senkel (53,41/3 + 53,23/4 + 53,58/6 + 53,59/5)	GER	3:33,81
5.	Bree Schaaf/Emily Azevedo (53,76/7 + 53,33/5 + 53,56/5 + 53,40/3)	USA	3:34,05
6.	Shauna Rohbock/Michelle Rzepka (53,73/6 + 53,36/6 + 53,53/4 + 53,44/4)	USA	3:34,06
7.	Claudia Schramm/Janine Tischer (53,65/5 + 53,57/7 + 53,81/7 + 53,65/6)	GER	3:34,68
8.	Esme Kamphuis/Tine Veenstra (53,81/8 + 53,59/9 + 54,09/11 + 53,65/6)	NED	3:35,14
9.	Anastasia Skulkina/Jelena Doronina (54,38/15 + 53,64/10 + 54,08/10 + 53,83/10)	RUS	3:35,93
10.	Fabienne Meyer/Hanne Schenk (54,04/10 + 54,27/12 + 54,00/9 + 53,82/9)	SUI	3:36,13
12.	Sabina Hafner/Caroline Spahni (54,18/12 + 54,70/18 + 53,87/8 + 54,09/12)	SUI	3:36,84
DQ:	Cathleen Martini/Romy Logsch (GER) (53,28/2 + 53,32/5 + 53,39/4 + gestürzt)		

Bob, Zweier, Männer

Die Bob-Welt verneigt sich vor André Lange

Die Bob-Welt verneigte sich ehrfurchtsvoll vor dem besten Piloten aller Zeiten. »André ist der Größte und wird immer ein Bob-Hero bleiben«, urteilte Christoph Langen, selbst zweimaliger Olympiasieger und achtmaliger Weltmeister, nachdem André Lange zu seinem historischen vierten Olympiagold gerast war. Der umjubelte Pilot stand nach seiner Goldfahrt in die schwarz-rot-goldene Fahne eingehüllt in der Eisrinne. Im Arm sein Anschieber Kevin Kuske, der den Lange-Bob mit seinen 108 Kilogramm bei allen vier Olympiasiegen »auf Tempo« gebracht hatte. Immer wieder brüllte der Oberhofer seine Freude über den großen Triumph im Zweier vor seinem Teamkollegen Thomas Florschütz heraus. »Viermal Gold ist einfach nur geil!«

Vier Olympiasiege – das hatte vor Lange noch kein Bob-Pilot geschafft. Er überholte damit den bisher mit drei Goldmedaillen führenden Meinhard Nehmer (1976: Zweier und Vierer, 1980: Vierer). »Ich bin überwältigt. André Lange ist ein echtes Vorbild. Er hat zu Recht unsere Fahne getragen und ist eines der Gesichter dieser Spiele«, sagte DOSB-Generalsekretär Michael Vesper.

Untrennbar im Bob (kleines Foto) und auf dem Siegerpodest (großes Foto): »Fahnenträger« André Lange hatte bei all seinen vier Goldmedaillen im kleinen Schlitten (2006 und 2010) und im Vierer (2002 und 2006) stets Anschieber Kevin Kuske an seiner Seite.

Statistik

Bob, Zweier, Männer
21.2.2010, Whistler Sliding Centre, Bahnlänge 1450m

1.	André Lange/Kevin Kuske (51,59/2 + 51,72/1 + 51,57/1 + 51,77/1)	GER	3:26,65
2.	Thomas Florschütz/Richard Adjei (51,57/1 + 51,85/2 + 51,62/2 + 51,83/2)	GER	3:26,87
3.	Alexander Subkow/Alexej Wojewoda (51,79/5 + 52,02/3 + 51,80/3 + 51,90/3)	RUS	3:27,51
4.	Ivo Rüegg/Cedric Grand (51,76/4 + 52,18/6 + 51,92/5 + 51,99/6)	SUI	3:27,85
5.	Pierre Lueders/Jesse Lumsden (51,94/7 + 52,12/5 + 51,87/4 + 51,94/5)	CAN	3:27,87
6.	Steven Holcomb/Curtis Tomasevicz (51,89/6 + 52,04/4 + 51,98/7 + 52,03/7)	USA	3:27,94
7.	Dimitri Abramowitsch/Sergej Prudnikow (52,03/8 + 52,40/8 + 52,11/8 + 51,92/4)	RUS	3:28,46
8.	Edgars Maskalans/Daumants Dreiskens (52,16/9 + 52,32/7 + 52,17/9 + 52,43/11)	LAT	3:29,08
9.	Karl Angerer/Gregor Bermbach (52,23/11 + 52,43/10 + 52,19/10 + 52,44/13)	GER	3:29,29
10.	John Napier/Steven Langton (52,28/12 + 52,45/11 + 52,31/12 + 52,36/10)	USA	3:29,40
18.	Jürgen Loacker/Christian Hackl (52,55/16 + 52,86/17 + 52,73/19 + 52,64/17)	AUT	3:30,78

DQ: Wolfgang Stampfer/Jürgen Mayer (AUT)

Reihenfolge: Gesamtzeit
(Laufzeiten/Platz)

Auf den Punkt konzentriert

Bei seiner Goldfahrt im umstrittenen Eiskanal im Whistler Sliding Centre spielte der achtmalige Weltmeister seine großen Qualitäten aus: unglaubliches Fahrgefühl, eiserne Nerven und perfektes Material.

Vier saubere Fahrten zauberte der verheiratete Familienvater in den Eiskanal. Da musste auch Thomas Florschütz bei einem Rückstand von 0,22 Sekunden seinen Hut ziehen. »Wir können uns nichts vorwerfen. Wir hatten keine Chance. Die anderen Teams werden sich aber wohl noch mehr an den Kopf greifen. Für sie war es völlig aussichtslos«, sagte Florschütz nach seiner tollen Leistung mit Anschieber Richard Adjei, einem ehemaligen Footballer.

»Jeder Olympiasieg hat seine eigene Geschichte. 2002 waren wir jung und wollten die Welt erobern. In Turin hatten wir schon sehr viele Vorschusslorbeeren. Dieser Sieg war jetzt umso schwerer, weil die Erwartungshaltung so hoch war«, erklärte Hobby-Motorradfahrer Lange, der sich selber als »Speed-Junkie« outete und einräumte, »einige Punkte in Flensburg« zu haben.

Aufgrund des nahenden Abschieds kam dann selbst bei der zumeist chancenlosen Konkurrenz ein wenig Wehmut auf. »Es war eine Ehre, mit ihm zusammen gefahren zu sein«, lobte Ivo Rüegg, der mit Platz vier für große Enttäuschung im Schweizer Lager gesorgt hatte. Doch Lange blieb hart: »Das war definitiv mein letzter Zweier-Lauf. Jetzt kommt noch der Vierer. Dann ist es vorbei«, erklärte er, obwohl auch ihm schon in diesem Moment klar war, »dass die Wehmut kommen wird. Hoffentlich aber erst am kommenden Wochenende.«

Der Schweizer Pilot Daniel Schmid verzichtete auf den ersten Olympiastart seiner Karriere. Die Gesundheit sei ihm wichtiger, als lebensmüde die Bahn runterzudonnern, sagte Schmid. Sein Anschieber Jürg Egger hatte bei dem Sturz leichte Verletzungen an der Halswirbelsäule erlitten. Auch sein Teamkollege, Europameister Beat Hefti, konnte wegen einer leichten Gehirnerschütterung und Prellungen nach einem Trainingsunfall nicht an den Start gehen.

Ein Thüringer und ein Rheinländer sorgen im Eiskanal mit Platz zwei hinter dem Duo Lange/Kuske für den ersten deutschen Doppelerfolg seit 1984: Pilot Thomas Florschütz mit Anschieber Richard Adjei.

In Training und Wettkampf hatte es zahlreiche Stürze gegeben. André Lange kam dagegen gut mit dem Hochgeschwindigkeitskurs zurecht.

Zweierbob, Männer

Bob, Vierer, Männer
Lange(s) Partynacht

Schlusspunkt einer langen Karriere: André Lange auf seiner letzten Dienstfahrt. Im Whistler Sliding Centre holte der Thüringer zum Abschluss seiner Karriere nach Gold im Zweier noch einmal Silber im Vierer.

Nach der letzten Ausfahrt Whistler kamen dem besten Bobpiloten aller Zeiten die Tränen. »Ich bin froh und traurig zugleich, dass es vorbei ist.« André Lange fühlte sich in diesem Moment trotz der Silbermedaille als Gewinner, auch wenn es im letzten Rennen seiner glanzvollen Karriere nicht zur fünften Goldmedaille bei Olympischen Winterspielen gereicht hatte. »Ich habe in den vergangenen 17 Jahren viel erreicht. Viel besser kann man einfach nicht abtreten.«

Im Eiskanal von Whistler zeigte Lange noch einmal, was ihn als Pilot ausgezeichnet hatte: Nervenstärke, saubere Fahrlinien und ein hohes Konzentrationsvermögen. Mit Bestzeit fing er im letzten Lauf noch Lokalmatador Lyndon Rush ab und sicherte sich mit nur einer Hundertstelsekunde Vorsprung Silber. Lediglich Steven Holcomb war mit seinem »Night Train« dank des besseren Materials und vier konstanter Fahrten zu stark für den »Thüringen Express« und holte für die USA das erste Vierer-Gold seit 1948.

Bei der Siegerehrung überkamen Lange erneut die Gefühle. »Mir ging durch den Kopf, dass es das letzte Mal sein würde. Ich werde diese Momente vermissen«, sagte er sichtlich bewegt. Dabei störte es ihn auch nicht, dass er erstmals bei Olympia nicht ganz oben auf dem Podium stand und nach den Olympiasiegen 2002 in Salt Lake City und 2006 in Turin den Hattrick in der Königsklasse verpasst hatte. Warum auch? Ein paar Tage zuvor war er schließlich Olympiasieger im kleinen Schlitten geworden.

Vier Olympiasiege, acht WM-Titel, achtmal EM-Gold – die Bilanz des André Lange verdient einen Eintrag in das Guinness-Buch der Rekorde. Kein Wunder, dass Langes Anschieber mit Kevin Kuske an der Spitze sowie die Verantwortlichen des Bob- und Schlittensportverbandes für Deutschland (BSD) den Ausnahmepiloten noch einmal zur Fortsetzung seiner Laufbahn drängen wollten.

Doch Lange, der im zweiten Lauf nur mit Glück und Geschick einen Sturz verhindert hatte, ließ sich nicht umstimmen. »Mit acht Jahren habe ich als Rodler begonnen. Ich bin 28 Jahre so einen Berg runtergerutscht, irgendwann muss Schluss sein«, sagte er und blickte schon einmal in die

Verlass auf die Intuition: Olympiasieger Steven Holcomb (USA) wäre vor ein paar Jahren wegen einer chronischen Krankheit fast erblindet, besaß nur noch 25 Prozent Sehkraft, ehe eine Operation sein Augenlicht rettete.

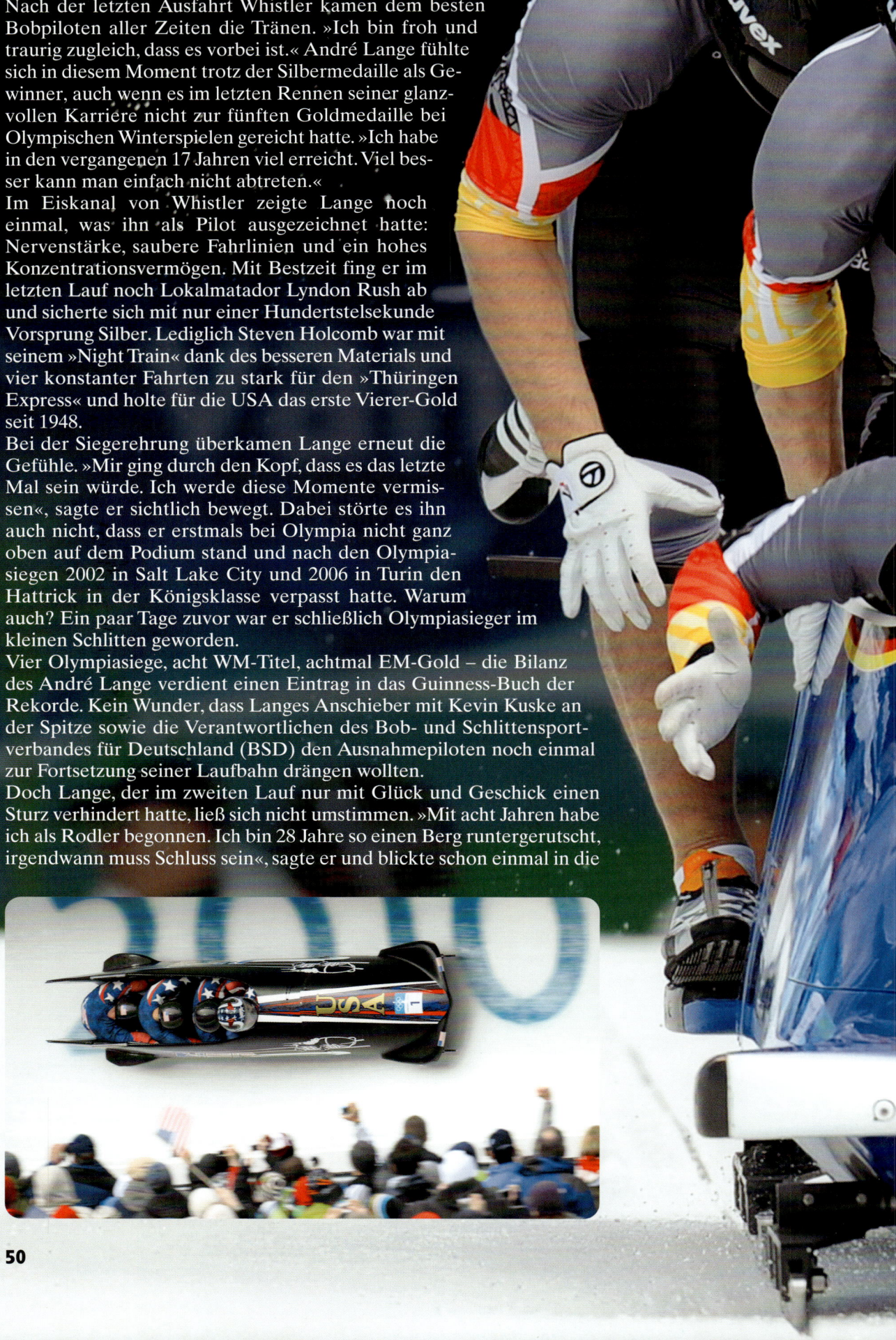

Viererbob, Männer

Zukunft. »Ich gehe aus einer rosaroten Sportlerwelt ins Leben. Das wird nicht einfacher.« Thomas Florschütz (Riesa) wurde mit seiner Crew mit deutlichem Abstand Vierter. Der dritte deutsche Pilot Karl Angerer (Königssee) belegte zum Abschluss der Bob-Wettbewerbe Rang sieben. Weit in den Geschichtsbüchern der Eidgenossen zurückblättern muss man dagegen, um ein ähnlich schlechtes Ergebnis wie 2010 zu entdecken. 1964 in Innsbruck waren die Schweizer Bobstars letztmals ohne olympisches Edelmetall geblieben. Nachdem schon das Duo Rüegg/Grand im Zweierbob Bronze um minimale 0,34 Sekunden verpasst hatte, fiel auch der Vierer von Ivo Rüegg – 2007 immerhin Weltmeister in St. Moritz – am zweiten Tag noch vom vierten auf den sechsten Rang zurück.

Fühlen sich trotz Rang zwei wie Sieger: André Lange, Alexander Rödiger, Kevin Kuske und Martin Putze (von links).

Statistik

Bob, Vierer, Männer
26./27.2.2010, Whistler Sliding Centre, Bahnlänge 1450 m

1. USA 1 — 3:24,46
(Steven Holcomb, Justin Olsen, Steve Mesler, Curtis Tomasevicz)
(50,89/1 + 50,86/1 + 51,19/1 + 51,52/3)

2. Deutschland 1 — 3:24,84
(André Lange, Alexander Rödiger, Kevin Kuske, Martin Putze)
(51,14/3 + 51,05/3 + 51,29/3 + 51,36/1)

3. Kanada 1 — 3:24,85
(Lyndon Rush, Chris Le Bihan, David Bissett, Lascelles Brown)
(51,12/2 + 51,03/2 + 51,24/2 + 51,46/2)

4. Deutschland 2 — 3:25,58
(Thomas Florschütz, Ronny Listner, Richard Adjei, Andreas Barucha)
(51,14/3 + 51,36/7 + 51,45/4 + 51,63/6)

5. Kanada 2 — 3:25,60
(Pierre Lueders, Justin Kripps, Jesse Lumsden, Neville Wright)
(51,27/6 + 51,29/6 + 51,50/5 + 51,54/4)

6. Schweiz 1 — 3:25,71
(Ivo Rüegg, Thomas Lamparter, Beat Hefti, Cedric Grand)
(51,31/8 + 51,13/4 + 51,70/8 + 51,57/5)

7. Deutschland 3 — 3:26,06
(Karl Angerer, Alex Mann, Andreas Bredau, Gregor Bermbach)
(51,18/5 + 51,41/10 + 51,70/8 + 51,77/9)

8. Russland 3 — 3:26,13
(Jewgeni Popow, Dennis Moiseytschenkow, Andrej Jurkow, Alexej Kirejew)
(51,49/10 + 51,16/5 + 51,67/7 + 51,81/11)

9. Italien 1 — 3:26,25
(Simone Bertazzo, Samuele Romanini, Danilo Santarsiero, Mirko Turri)
(51,57/13 + 51,38/8 + 51,62/6 + 51,68/7)

9. Russland 1 — 3:26,25
(Dmitri Abramowitsch, Roman Oreschnikow, Dmitri Stepuschkin, Sergej Prudnikow)
(51,32/9 + 51,40/9 + 51,78/11 + 51,75/8)

Reihenfolge: Gesamtzeit
(Laufzeiten/Platz)

Skeleton, Frauen und Männer

Kopfüber ins Glück: Silber für Szymkowiak, Bronze für Huber

Historischer Moment: Kerstin Szymkowiak und Anja Huber eroberten für Deutschland die ersten Olympia-Medaillen im Skeleton. Die 32-jährige Szymkowiak von der RSG Hochsauerland raste im schnellsten Eiskanal der Welt zu Silber, Europameisterin Huber (Berchtesgaden) holte nach toller Aufholjagd im letzten Durchgang Bronze. Nur die britische Olympiasiegerin Amy Williams war am Ende zu stark für die beiden deutschen Frauen. »Das ist ein historischer Moment«, befand auch Bundestrainer Jens Müller, der seine erfolgreichen Frauen im Zieleinlauf zuvor strahlend in Empfang genommen hatte. Szymkowiak konnte ihr Glück kaum fassen: »Das ist krass. Bronze wäre schon super gewesen. Aber jetzt sind es sogar zwei Medaillen. Das ist der Hammer«, freute sich die WM-Dritte. Huber fügte hinzu: »Ich bin einfach super glücklich. Es war mein ganz großes Ziel, eine Medaille zu holen.« Weltmeisterin Marion Trott (Oberhof) musste sich mit Rang acht begnügen. Szymkowiak lag nach vier Läufen mit ihrem Schlitten »Ice Tiger« 0,56 Sekunden hinter Williams, die das erste Einzel-Gold bei Winterspielen seit 30 Jahren für Großbritannien holte. Anja Huber hatte am Ende einen Rückstand von 0,72 Sekunden. Nach dem dritten Lauf war Huber noch Fünfte gewesen, kämpfte sich aber noch nach vorne. Dabei profitierte die 26-Jährige von einem Patzer der kanadischen Favoritin Mellisa Hollingsworth im letzten Lauf.

Vize-Weltmeisterin Williams behauptete ihre Führung nach dem ersten Tag vor 12 000 Zuschauern und gewann erstmals olympisches Gold. Die Britin ließ sich auch von einem Protest des US-Teams gegen ihren »aerodynamischen« Helm nicht aus der Ruhe bringen. Dem Einspruch hatten sich am ersten Tag fünf weitere

Statistik

Skeleton, Frauen
19.2.2010, Whistler Sliding Centre, Bahnlänge 1450 m

1. Amy Williams — GBR — 3:35,64
(53,83/1 + 54,13/2 + 53,68/1 + 54,00/4)
2. Kerstin Szymkowiak — GER — 3:36,20
(54,15/3 + 54,11/1 + 53,91/5 + 54,03/5)
3. Anja Huber — GER — 3:36,36
(54,17/4 + 54,21/4 + 54,10/8 + 53,88/2)
4. Noelle Pikus-Pace — USA — 3:36,46
(54,30/7 + 54,21/4 + 53,88/3 + 54,07/6)
5. Mellisa Hollingsworth — CAN — 3:36,60
(54,18/5 + 54,17/3 + 53,81/2 + 54,44/11)
6. Shelley Rudman — GBR — 3:36,69
(54,66/11 + 54,26/6 + 53,95/7 + 53,82/1)
7. Amy Gough — CAN — 3:37,01
(54,14/2 + 54,78/11 + 53,92/6 + 54,17/7)
8. Marion Trott — GER — 3:37,11
(54,53/9 + 54,53/9 + 53,88/3 + 54,17/7)
9. Maya Pedersen — SUI — 3:37,51
(54,53/9 + 54,83/12 + 54,24/9 + 53,91/3)
10. Emma Lincoln-Smith — AUS — 3:37,63
(54,28/6 + 54,41/7 + 54,54/11 + 54,40/10)

Reihenfolge: Gesamtzeit
(Laufzeiten/Platz)

Historische Medaillen, fröhliche Medaillengewinnerinnen: Anja Huber (links) und Kerstin Szymkowiak (rechts) freuen sich über Bronze und Silber. Es waren die ersten Olympia-Medaillen im Skeleton für Deutschland.

Lokalmatador Jon Montgomery konnte Martins Dukurs die Goldmedaille im letzten Lauf noch abjagen und bescherte den kanadischen Gastgebern das vierte Gold in Vancouver. Der 30-Jährige lag nach vier Läufen sieben Hundertstelsekunden vor dem Letten, der vor dem letzten Durchgang noch in Führung lag. Bronze holte sich der Russe Alexander Tretjakow.

Disqualifiziert wurde der Kanadier Michael Douglas. Grund: Der 38-Jährige hatte die Kufen-Abdeckung bei seinem Schlitten nicht rechtzeitig entfernt. »Die Kufen waren drei Minuten zu spät unbedeckt«, sagte die strenge Jury in einer Stellungnahme. Laut Regelwerk müssen die Kufen 45 Minuten vor dem Wettkampf freiliegen.

Jon Montgomery sicherte mit nur sieben Hundertstelsekunden Vorsprung die vierte Goldmedaille der Olympia-Gastgeber in Vancouver. Sie war gleichzeitig auch die insgesamt vierte Olympia-Medaille im Skeleton für Kanada.

Nationen angeschlossen. Der Weltverband FIBT wies ihn allerdings sofort zurück.

Die Schweizerin Maya Pedersen, mit ihrem Trainer Snorre Pedersen verheiratet und in Norwegen lebend, beendete das letzte Rennen ihrer erfolgreichen Karriere versöhnlich. Die 37-jährige Olympiasiegerin von 2006 und Weltmeisterin von 2001 und 2005 erreichte im vierten Durchgang die drittbeste Laufzeit und schob sich noch von Rang elf auf Rang neun.

Deutsche Männer gehen leer aus

Die deutschen Männer gingen auf dem olympischen Hochgeschwindigkeitskurs hingegen leer aus. Frank Rommel (Zella-Mehlis) verbuchte als Siebter das beste Resultat des deutschen Trios beim Sieg des Kanadiers Jon Montgomery. Sandro Stielicke (Winterberg) wurde Zehnter, Michi Halilovic (Königssee) kam auf den 13. Platz.

Statistik

Skeleton, Männer
19.2.2010, Whistler Sliding Centre, Bahnlänge 1450 m

1. Jon Montgomery (52,60/2 + 52,57/1 + 52,20/1 + 52,36/1)	CAN	3:29,73
2. Martins Dukurs (52,32/1 + 52,59/2 + 52,28/2 + 52,61/2)	LAT	3:29,80
3. Alexander Tretjakow (52,70/3 + 53,05/7 + 52,30/3 + 52,70/5)	RUS	3:30,75
4. Tomass Dukurs (52,94/7 + 52,88/4 + 52,62/6 + 52,69/4)	LAT	3:31,13
5. Zach Lund (53,04/9 + 52,85/3 + 52,57/5 + 52,81/8)	USA	3:31,27
6. Kristan Bromley (52,91/6 + 52,89/5 + 52,70/8 + 52,80/7)	GBR	3:31,30
7. Frank Rommel (52,90/5 + 53,25/11 + 52,55/4 + 52,70/5)	GER	3:31,40
8. Matthias Guggenberger (52,75/4 + 53,02/6 + 53,03/13 + 53,01/10)	AUT	3:31,81
9. Jeff Pain (53,03/8 + 53,18/9 + 53,00/11 + 52,65/3)	CAN	3:31,86
10. Sandro Stielicke (53,18/12 + 53,24/10 + 52,64/7 + 53,02/11)	GER	3:32,08
13. Michi Halilovic (53,09/10 + 53,87/18 + 52,92/10 + 53,24/15)	GER	3:33,12
16. Pascal Oswald (53,77/17 + 53,68/16 + 53,00/11 + 53,30/17)	SUI	3:33,75

Reihenfolge: Gesamtzeit (Laufzeiten/Platz)

Augen auf und durch: Kerstin Szymkowiak auf ihrer Fahrt zu Olympia-Silber (großes Bild).

Skeleton, Frauen/Männer

Mission erfüllt: Team Kanada nach dem Gewinn der für das Land wichtigsten Goldmedaille. Die Eishockeycracks besiegten im Finale die USA, im Viertelfinale hatten sie Russland mit Alexander Ovechkin (kleines Bild) geschlagen.

vancouver 2010

Eishockey

Besser hätten die Olympischen Winterspiele für Gastgeber Kanada nicht enden können: Unbeschreiblicher Jubel im Canada Hockey Place, als das Team Kanada die letzte und für das Land wichtigste Goldmedaille gewonnen hatte – die im Eishockey der Männer. Und das gegen »Erzfeind« USA. Damit war der Triumph des kanadischen Eishockey komplett, denn auch die Frauen waren zwei Tage zuvor Olympiasieger geworden – ebenfalls gegen die USA. Darüber hinaus tilgten die Männer die Schmach der Niederlage aus der Vorrunde, als sie von den USA noch besiegt worden waren.

Die Europäer hatten im Gegensatz zu 2006 gegen die NHL-Profis keine Chance. Damals hatten Schweden (Gold), Finnland (Silber) und Tschechien (Bronze) die Medaillen unter sich aufgeteilt. Finnland nahm 2010 immerhin Bronze mit nach Hause. Deutschlands Männer schieden nach vier Niederlagen in Folge sang- und klanglos aus, die Schweizer erreichten immerhin das Viertelfinale, in dem dann gegen die USA Endstation war.

IOC-Präsident Jacques Rogge erntete Kritik – die Fans feierten.

Eishockey, Frauen

Nach Gold für Kanada: Eishockey-Königin kritisiert IOC

Als sich Hayley Wickenheiser mit dem Gold-Hattrick zur Eishockey-Königin gekrönt hatte, legte sie sich mit dem mächtigsten Mann der Sportwelt an. »So etwas passiert, wenn man nur alle vier Jahre einmal kurz auf die Sportart schaut«, sagte die Kanadierin nach dem 2:0 (2:0, 0:0, 0:0)-Finalsieg gegen die USA an IOC-Präsident Jacques Rogge gerichtet. Der »Herr der Ringe« hatte nur wenige Stunden zuvor offen mit dem Rauswurf des Frauen-Eishockeys aus dem olympischen Programm gedroht.

»Es wäre schön, wenn solche Leute selbst für einen Aufschwung sorgen würden«, forderte Wickenheiser, die beste Spielerin der Welt, und verkniff sich nur mit Mühe weitere Spitzen gegen den Chef des Internationalen Olympischen Komitees. Rogge hatte angesichts der erdrückenden Dominanz der Dauer-Finalisten, die auf ihrem Weg ins Endspiel gegen die bemitleidenswerte Konkurrenz 86 Tore geschossen hatte, eine größere Leistungsdichte gefordert: »Ich persönlich würde dem Frauen-Eishockey die Zeit geben, besser zu werden. Aber ohne Entwicklung können wir nicht weitermachen.« Mit ihrer ausgelassenen Feier zum dritten

Statistik

Eishockey, Frauen
13.–25.2.2010, Canada Hockey Place
Endspiel:
CAN – USA (2:0, 0:0, 0:0) 2:0
1:0 Poulin (13:55), 2:0 Poulin (16:50)

Spiel um Platz 3:
FIN – SWE (0:0, 2:1, 0:1, 1:0) n.V. 3:2
1:0 Pelttari (24:24), 1:1 Rooth (32:24), 2:1 Karvinen (36:02),
2:2 Rundqvist (45:09), 3:2 Rautamäki (62:33)

HF:
CAN – FIN (2:0, 1:0, 2:0) 5:0
USA – SWE (2:0, 3:1, 4:0) 9:1

Spiel um Platz 5:
SUI – RUS (0:1, 1:0, 0:0, 0:0, 1:0) n.P. 2:1

Spiel um Platz 7:
CHN – SVK (0:1, 1:0, 2:0) 3:1

PR: SUI – CHN 6:0, RUS – SVK 4:2

Vorrunde Gruppe A: SWE – SUI 3:0, CAN – SVK 18:0, SUI – CAN 1:10, SWE – SVK 6:2, CAN – SWE 13:1, SVK – SUI 2:5

Gruppe A
1. Kanada	3	3	0	0	41:2	9
2. Schweden	3	2	0	1	10:15	6
3. Schweiz	3	1	0	2	6:15	3
4. Slowakei	3	0	0	3	4:29	0

Vorrunde Gruppe B: USA – CHN 12:1, FIN – RUS 5:1, RUS – USA 0:13, FIN – CHN 2:1, USA – FIN 6:0, CHN – RUS 1:2

Gruppe B
1. USA	3	3	0	0	31:1	9
2. Finnland	3	2	0	1	7:8	6
3. Russland	3	1	0	2	3:19	3
4. China	3	0	0	3	3:16	0

Reihenfolge in den Tabellen: Spiele, Siege, Siege nach Verlängerung/Penaltyschießen, Niederlagen nach Verlängerung/Penaltyschießen, Niederlagen, Tore, Punkte

Kanadas Fans waren völlig aus dem Häuschen.

Die Schweizerinnen belegten am Ende Platz fünf, wobei sie in der Platzierungsrunde mit 6:0 gegen China gewannen.

Eishockey, Frauen

Olympiasieg nach 2002 und 2006 mit Bier- und Champagner-Duschen auf dem Eis verspielten die Kanadierinnen dann jedoch weiteren Kredit beim IOC. »Das ist nicht das, was wir sehen wollen. Wenn sie so in der Kabine feiern wollen, ist das ihre Sache, aber nicht in der Öffentlichkeit«, sagte IOC-Exekutiv-Direktor Gilbert Felli und kündigte eine Untersuchung an.

Wahrscheinlich ließen sich die Kanadierinnen von der berauschenden Atmosphäre im mit exakt 16 805 Zuschauern gefüllten Canada Hockey Place mitreißen. Auch Eishockey-Legende Wayne Gretzky und das kanadische Männerteam waren begeistert. »Es hat Spaß gemacht zuzuschauen«, so Torhüter Roberto Luongo.

Wickenheiser nutzte die Gunst der Stunde und rührte kräftig die Werbetrommel für ihre in die Kritik geratene Sportart. »Ich habe so viel Talent gesehen, so viel Power«, sagte die beste Torschützin (16) und Scorerin (46) der Olympia-Geschichte. »Ich kann es gar nicht erwarten zu sehen, wie stark die Mädels in zehn Jahren sind.«

Noch aber ist die 31-jährige Wickenheiser, die bei der Eröffnungsfeier den Olympischen Eid sprechen durfte, das Gesicht des Frauen-Eishockeys. Zwar war sie im Finale nicht mit Scorerpunkten beteiligt, doch ihre Ruhe und Übersicht war für ihr Team Gold wert. »Wenn sie auf dem Eis steht, werden wir anderen sicherer«, erklärte die erst 18-jährige Marie-Philip Poulin, die mit ihrem Doppelpack (14. und 17. Minute) das Spiel entschied. Bronze sicherte sich im Spiel um Platz drei Finnland dank des 3:2 (0:0, 2:1, 0:1, 1:0) nach Verlängerung gegen Schweden. Das Team aus der Schweiz belegte Platz fünf. Deutschland hatte sich im Gegensatz zu 2006 nicht für die Spiele in Vancouver qualifizieren können.

Eishockey, Männer

Kanadas Stars sorgen für rauschende Abschlussparty

Kanadas Eishockey-Stars hielten dank ihres Superstars Sidney Crosby ihr Versprechen und erfüllten 34 Millionen Landsleuten mit dem wichtigsten Gold der Winterspiele den größten Olympia-Wunsch. Mit dem 3:2 (1:0, 1:1, 0:1, 1:0)-Sieg nach Verlängerung im Traumfinale gegen die USA gab das Team um den Stürmer der Pittsburgh Penguins den Startschuss für eine rauschende Abschlussparty im ganzen Land. Der 24-malige Eishockey-Weltmeister Kanada bescherte den Gastgebern nicht nur das 14. Gold in Vancouver, sondern krönte sich auch zum Rekord-Olympiasieger.

Den Siegtreffer erzielte »Chef« Crosby höchstpersönlich nach 7:40 Minuten der Verlängerung mit einem Schuss durch die Schoner von US-Torwart Ryan Miller. »Das ist unglaublich, ich habe einfach abgezogen. Ich weiß gar nicht, wie er reingegangen ist«, sagte Crosby, der nach dem »goldenen Tor« von seinen Mitspielern beinahe erdrückt wurde.

24,4 Sekunden vor Ende des dritten Drittels hatten zuvor die USA den Ausgleich erzielt. Mit dem achten Olympia-Triumph zog das Eishockey-Mutterland mit Rekordweltmeister Russland gleich. Die USA verpassten 30 Jahre nach dem »Miracle on Ice« in Lake Placid ihr drittes Gold nach 1960 und 1980. Bronze hatte bereits einen Tag zuvor Finnland durch ein 5:3 im kleinen Finale gegen die Slowakei gewonnen.

Jonathan Toews (13.) und Corey Perry (28.) verwandelten den Canada Hockey Place mit ihren Toren in ein Tollhaus. Lokalmatador Ryan Kesler von den Vancouver Canucks (33.) und Zach Parise von den New Jersey Devils (60.) glichen aus. Dennoch konnte die USA den ersten olympischen Heimsieg seit 1980, als eine Mannschaft aus unbekannten US-Collegespielern die übermächtige Sowjetunion entzaubert hatte, nicht verhindern.

Kanada übernahm mit dem Sieg beim größten Eishockey-Spektakel aller Zeiten wieder die Führung in der Weltrangliste. Für das Finale der Superlative, das meistgesehene Eishockey-Spiel der Fernsehgeschichte, hätten die Organisatoren nach eigenen Angaben 360 000 Karten verkaufen können. Spieler mit einem Jahresgehalt von insgesamt 200 Millionen US-Dollar (Kanada 123, USA 77) lieferten sich einen verbissenen Kampf um Gold.

In der Neuauflage des Endspiels von Olympia 2002 in Salt Lake City, das Kanada 5:2 gewonnen hatte, standen noch fünf Finalteilnehmer von damals auf dem Eis: Brian Rafalski und Chris Drury bei den USA, Scott Niedermayer, Chris Pronger und Jarome Iginla bei den Gastgeber. Torwart Martin Brodeur, vor acht Jahren einer der Helden für Kanada, sah auf der Bank zu, wie sein Kollege Roberto Luongo die Angriffe der Amerikaner abwehrte.

Die Entscheidung im Finale: Sidney Crosby (großes Bild) schießt in der Verlängerung das Tor zum 3:2 für Kanada gegen die USA.

Statistik

Eishockey, Männer
16.–28.2.2010, Canada Hockey Place

Endspiel
CAN – USA (1:0, 1:1, 0:1, 1:0) n.V. 3:2
Tore: 1:0 Toews (12:50), 2:0 Perry (27:13), 2:1 Kesler (32:44), 2:2 Parise (59:35), 3:2 Crosby (67:40)

Spiel um Platz 3
FIN – SVK (1:0, 0:3, 4:0) 5:3
Tore: 1:0 Salo (18:50), 1:1 Gaborik (29:56), 1:2 Hossa (35:38), 1:3 Demitra (38:45), 2:3 Hagman (45:06), 3:3 Jokinen (46:41), 4:3 Jokinen (48:41), 5:3 Filppula (59:49)

Halbfinale
USA – FIN (6:0, 0:0, 0:1) 6:1
Tore: 1:0 Malone (02:04), 2:0 Parise (06:22), 3:0 Johnson (08:36), 4:0 Kane (10:08), 5:0 Kane (12:31), 6:0 Stastny (12:46), 6:1 Miettinen (54:46)
CAN – SVK (2:0, 1:0, 0:2) 3:2
Tore: 1:0 Marleau (13:30), 2:0 Morrow (15:17), 3:0 Getzlaf (36:54), 3:1 Visnovsky (51:35), 3:2 Handzus (55:07)

Viertelfinale
USA – SUI (0:0, 0:0, 2:0) 2:0
Tore: 1:0 Parise (42:08), 2:0 Parise (59:48)
FIN – CZE (0:0, 0:0, 2:0) 2:0
Tore: 1:0 Hagman (53:34), 2:0 Filppula (58:25)
SVK – SWE (0:0, 3:2, 1:1) 4:3
Tore: 1:0 Gaborik (27:34), 2:0 Sekera (28:11), 2:1 Hornqvist (33:49), 2:2 Zetterberg (34:26), 3:2 Demitra (39:12), 4:2 Kopecky (49:01), 4:3 Alfredsson (49:39)
CAN – RUS (4:1, 3:2, 0:0) 7:3
Tore: 1:0 Getzlaf (02:21), 2:0 Boyle (12:09), 3:0 Nash (12:55), 3:1 Kalinin (14:39), 4:1 Morrow (18:18), 5:1 Perry (23:10), 6:1 Weber (24:07), 6:2 Afinogenow (24:46), 7:2 Perry (29:51), 7:3 Gonchar (31:40)

Vorrunde Gruppe A: USA – SUI 3:1, CAN – NOR 8:0, USA – NOR 6:1, CAN – SUI 3:2 n.P., SUI – NOR 5:4 n.V., CAN – USA 3:5

1. USA	3	3	0	0	14:5	9
2. Kanada	3	1	1	0	14:7	5
3. Schweiz	3	0	1	1	8:10	3
4. Norwegen	3	0	0	2	5:19	1

Vorrunde Gruppe B: RUS – LAT 8:2, CZE – SVK 3:1, SVK – RUS 2:1 n.P., CZE – LAT 5:2, LAT – SVK 0:6, RUS – CZE 4:2

1. Russland	3	2	0	1	13:6	7
2. Tschechien	3	2	0	1	10:7	6
3. Slowakei	3	1	1	0	9:4	5
4. Lettland	3	0	0	3	4:19	0

Vorrunde Gruppe C: SWE – GER 2:0, FIN – BLR 5:1, BLR – SWE 2:4, FIN – GER 5:0, GER – BLR 3:5, SWE – FIN 3:0

1. Schweden	3	3	0	0	9:2	9
2. Finnland	3	2	0	1	10:4	6
3. Weißrussland	3	1	0	2	8:12	3
4. Deutschland	3	0	0	3	3:12	0

Reihenfolge in den Tabellen: Spiele, Siege, Siege nach Verlängerung/Penaltyschießen, Niederlagen nach Verlängerung/Penaltyschießen, Unentschieden, Tore, Punkte

Oft ging es hart her, wie die Szene aus dem Gruppenspiel Kanada – Schweiz (3:2) beweist.

Deutschland konnte kein Spiel gewinnen. Finnlands Torwart Niklas Backstrom vereitelt beim 5:0-Sieg seiner Mannschaft eine Torchance von Marco Sturm.

Das Führungstor im Duell der Dollar-Millionäre erzielte ausgerechnet der Spieler mit dem geringsten Jahresgehalt. Jungstar Toews, der bei den Chicago Blackhawks nur das Einsteiger-Salär von 850 000 Dollar kassiert, überwand US-Torwart Ryan Miller im Nachschuss. Zum ersten Mal schoss der Lärmpegel im Canada Hockey Place in rekordverdächtige Höhe. Als Perry im zweiten Drittel nach Zuspiel von Ryan Getzlaf auf 2:0 erhöhte, schwoll der Jubel zum Orkan an. »Go Canada Go«-Rufe donnerten durch die Arena, die 18 000 vorwiegend kanadischen Fans hielt es nicht mehr auf den Sitzen.

Das 2:2 der Amerikaner kurz vor Ende der regulären Spielzeit ließ die Halle ruhiger werden. Sie wurde dann aber wieder zum Tollhaus, als Crosby mit seinem »Golden Goal« alles klarmachte.

Eishockey, Männer

59

Skip Markus Eggler führte das Schweizer Männer-Team zur Bronzemedaille.

Curling

Fast hätten die Curling-verrückten Kanadier den totalen Erfolg feiern können. Sowohl die Frauen als auch die Männer erreichten das Finale und galten bei ihren begeisterten Landsleuten als Favoriten. Dann jedoch herrschte blankes Entsetzen, als Frauen-Skip Cheryl Bernard das fest eingeplante Gold im Traumfinale gegen Schweden nach einem Patzer beim letzten Stein entglitt. Die Männer machten es besser und gewannen ihr Endspiel gegen Norwegen. Die Schweizer kämpften zweimal um Bronze. Bei den Männern gewann das Team um Markus Eggler durch ein 5:4 gegen Europameister Schweden die Medaille; den Frauen mit Skip Mirjam Ott blieb nach einer Niederlage gegen China Rang vier. Deutschland mit den Teams um Andy Kapp und Andrea Schöpp belegte jeweils Platz sechs.

Curling

Straßenfeger Curling

In Deutschland kleines Kino, bei Olympia ein Straßenfeger: Beim Curling geraten die Kanadier völlig aus dem Häuschen. Fans tanzen mit nacktem Oberkörper auf der Tribüne, La Ola rollt durch die Halle, es herrscht Stimmung wie bei uns im Fußballstadion. Vor den Fernsehschirmen fiebern beim »Eisschach« Millionen mit.

»Die Kulisse im Vancouver Centre ist überragend. Die ganze Halle schreit, man versteht die Wischkommandos überhaupt nicht. Das ist sensationell und absolut außergewöhnlich«, war Ralph Schneider, Sportdirektor des Deutschen Curling-Verbandes (DCV) beeindruckt. »Curling ist eben doch kein Altherrensport.« Wer kein Eishockey spielt, spielt in Kanada Curling.

Jeder Takeout, jeder Freeze, jeder Guard, den die Gastgeber setzen, wird frenetisch bejubelt. Zaunfahnen werden aufgehängt, die Fans bringen Kuhglocken, Rasseln und Tröten mit. Selbst eine der ohrenbetäubend lauten Vuvuzelas wurde gesichtet. Unter dem Dach des Centres klingt das, als würde eine Herde Elefanten heranstürmen.

Stella Heiß, Küken des deutschen Teams, nahm es wie Oliver Kahn. »Ich liebe es, wenn die alle gegen mich brüllen«, sagte die 17-Jährige, die mit den deutschen Frauen in der Vorrunde scheiterte. Skip Andrea Schöpp hätte sich allerdings mehr Fairness gewünscht. »Wenn ich einen überragenden Stein gespielt habe, war Totenstille. Bei der Kanadierin dagegen war ein Riesentheater«, sagte die siebenmalige Europameisterin. In der Tat: Wenn der letzte Stein geschoben ist, springen die Kanadier schon mal auf und singen voller Inbrunst die Nationalhymne. »Kein Vergleich zu Deutschland«, sagte Stella Heiß, »da sitzen ein paar Freunde und Verwandte. Ende.«

Schöpp sah positive Aspekte des Zuschauerbooms, bemängelte aber vor allem die mangelnde Fachkenntnis im Publikum. »30, 40, 50 Prozent der Leute hier sind, ich möchte nicht sagen ahnungslos, aber sicher keine Curling-Experten. Wären sie fair, würde es noch viel mehr Spaß machen.« Andy Kapp, Skip des deutschen Männerteams, bezeichnete die Stimmung schlicht als »fantastisch und einzigartig«.

Aber auch für die kanadischen Athleten, die eine Party-Atmosphäre beim Curlen gewohnt sind, bedeutete Vancouver eine neue Dimension. »Das ist mit meilenweitem Abstand das Beste, was ich bisher erlebt habe. Man muss die Mitspieler anschreien, obwohl sie nur zwei Meter entfernt sind«, erklärte Skip Cheryl Bernard. Wischkommandos wie »hurry, hurry« und »hard, hard« sind auf Distanz nicht zu verstehen. Es ist hoffnungslos. Die Kanadierinnen hatten deshalb auf Handzeichen umgestellt.

Volle Konzentration beim deutschen Frauen-Team (von links): Stella Heiß, Skip Andrea Schöpp und Mélanie Robillard.

Entsetzen beim Frauen-Finale

Blankes Entsetzen beim Finale der Frauen: Fassungslos starrten mehr als 5000 kanadische Fans auf das Eis, auf dem »ihrem« Skip Cheryl Bernard das fest eingeplante Gold im Traumfinale gegen Schweden entglitten war. Ausgerechnet »The Last Shot« Bernard, die Frau mit der einzigartigen Präzision beim letzten Stein, hatte zum zweiten Mal gepatzt. Das war einmal zuviel. »Ich hatte es in der Hand und habe es vermasselt. Diesen Moment werde ich nie vergessen«, sagte die 43-Jährige aus Calgary. 6:7 nach Zusatzend hieß es nach mehr als drei Stunden gegen die Skandinavierinnen um Erfolgs-Skip Anette Norberg, die wie schon 2006 in Turin die strahlende Gewinnerin war. Auf der Tribüne jubelte die kleine schwedische Gemeinde und mit ihr das schwedische Königspaar Carl Gustav und Silvia.

Dagegen sorgten Kanadas Männer um Skip Kevin Martin für die erwartete Goldmedaille. Das Team feierte vor 5380 Zuschauern im ausverkauften Vancouver Centre einen souveränen 6:3-Erfolg gegen Weltmeister Norwegen mit Skip Thomas Ulsrud. Bronze hatte sich zuvor der EM-Zweite Schweiz (Markus Eggler) durch ein 5:4 gegen Europameister Schweden (Niklas Edin) gesichert.

Skip Kevin Martin von Olympiasieger Kanada beobachtet im Finale gespannt die Gegner aus Norwegen.

Das deutsche Männerteam beim Match gegen die USA (von links): Andy Lang, Andreas Kempf, Holger Höhne und Skip Andy Kapp.

Statistik

Curling, Frauen
16.–26.2.2010, Vancouver Olympic Centre

Finale
SWE – CAN 7:6
Schweden spielte mit Eva Lund, Cathrine Lindahl, Anne Le Moine, Kajsa Bergström, Skip Anette Norberg, Kanada spielte mit Susan O'Connor, Carolyn Darbyshire, Cori Bartel, Kristie Moore, Skip Cheryl Bernard

SWE	0	0	2	0	2	0	0	0	2	1	
CAN	0	1	0	1	0	1	2	0	1	0	0

Spiel um Platz 3
CHN – SUI 12:6

Halbfinale
CAN – SUI 6:5
SWE – CHN 9:4

Vorrunde »jeder gegen jeden«
Ergebnisse (u.a.): GER – RUS 9:5, CAN – SUI 5:4, GER – USA 6:5, SWE – SUI 8:7 n.V., CHN – SUI 8:6, CAN – GER 6:5 n.V., GBR – GER 7:4, SUI – RUS 8:5, GER – CHN 7:9 n.V., DEN – SUI 7:8, GER – DEN 5:6, GBR – SUI 6:10, GER – JPN 7:6, SUI – JPN 10:4, SUI – GER 4:2, SWE – GER 8:7, SUI – USA 10:3

1. Kanada	9	8	1
2. Schweden	9	7	2
3. China	9	6	3
4. Schweiz	9	6	3
5. Dänemark	9	4	5
6. Deutschland	9	3	6
7. Großbritannien	9	3	6
8. Japan	9	3	6
9. Russland	9	3	6
10. USA	9	2	7

Reihenfolge in der Tabelle: Spiele, Siege, Niederlagen

Curling, Männer
16.–27.2.2010, Vancouver Olympic Centre

Finale
CAN – NOR 6:3
Kanada spielte mit John Morris, Marc Kennedy, Ben Hebert, Adam Enright, Skip Kevin Martin, Norwegen spielte mit Torger Nergaard, Christoffer Svae, Haavard Vad Petersson, Thomas Loevold, Skip Thomas Ulsrud

CAN	0	1	0	1	1	0	2	0	1		
NOR	0	0	0	0	0	2	0	1	0	–	

Spiel um Platz 3
SUI – SWE 5:4

Halbfinale
NOR – SUI 7:5
CAN – SWE 6:3

Vorrunde »jeder gegen jeden«
Ergebnisse (u.a.): GER – USA 7:5, SUI – DEN 6:5, CAN – GER 9:4, SWE – GER 6:3, SUI – USA 7:6 n.V., NOR – GER 7:4, SUI – GBR 4:3, NOR – SUI 7:4, GER – SUI 7:6, GER – FRA 9:4, SUI – CHN 9:5, DEN – GER 9:5, CAN – SUI 6:4, GER – CHN 7:6, SUI – SWE 7:3, GBR – GER 8:2, SUI – FRA 6:2

1. Kanada	9	9	0
2. Norwegen	9	7	2
3. Schweiz	9	6	3
4. Großbritannien	9	5	4
5. Schweden	9	5	4
6. Deutschland	9	4	5
7. Frankreich	9	3	6
8. China	9	2	7
9. Dänemark	9	2	7
10. USA	9	2	7

Reihenfolge in der Tabelle: Spiele, Siege, Niederlagen

Curling, Frauen/Männer

Freude über Bronze sieht anders aus (kleines Foto): Das deutsche Paar Aljona Savchenko und Robin Szolkowy mit ihrem Trainer Ingo Steuer (links).

»Goldfinger« Yu-Na Kim verzauberte die Fans. Die 19 Jahre alte Dollarmillionärin, die in ihrer Heimat wie ein Popstar gefeiert, hofiert, aber auch von den Medien gejagt wird, zeigte eine perfekte Kür. Sie gewann das erste olympische Gold bei Winterspielen für Südkorea abseits von Eisschnelllauf und Shorttrack.

Eiskunstlauf

Die Eiskunstlauf-Wettbewerbe im Pacific Coliseum erlebten sportlich-historische Momente. Am Ende verteilten sich die vier Goldmedaillen mit Korea, China, Kanada und den USA auf vier verschiedene Nationen. Europa spielte bei der Medaillenvergabe in Vancouver – anders als noch in Turin 2006 – nur eine untergeordnete Rolle.

Russland stellte erstmals seit 1960 keinen einzigen Olympiasieger. Für Deutschland liefen Aljona Savchenko und Robin Szolkowy auf Rang drei. Eigentlich ein Grund zur Freude. Aber wenn man mit Gold liebäugelt, kann Bronze einen »bitteren Beigeschmack« bekommen.

Und dann folgte der wohl berührendste Moment der Spiele: Die Kanadierin Joannie Rochette vollbrachte nur wenige Tage nach dem Tod ihrer Mutter eine wahre Energieleistung – sportlich wie psychisch. Sie bewältigte Kurzprogramm und Kür bravourös und widmete anschließend die Bronzemedaille ihrer Mutter. Für sie selbst schien die Medaille keine Bedeutung zu haben. Vielleicht aber war für sie die Offenheit, mit der sie mit dem Schicksal umging, ein erster Schritt der Verarbeitung ...

Rührte zu Tränen: Joannie Rochette (großes Bild) widmete ihre Bronzemedaille ihrer verstorbenen Mutter.

Eiskunstlaufen, Frauen

Ein Füllhorn voller Emotionen

Begeisterung über Yu-Na Kim, aber Bewunderung für Joannie Rochette – die Olympiasiegerin aus Südkorea und die kanadische »Siegerin der Herzen« wurden vom Publikum gleichermaßen mit Emotionen überschüttet.
Was an einem historischen Eiskunstlauf-Abend in Vancouver zu erstaunlichen Reaktionen führte: Die sonst so coole koreanische Weltmeisterin verließ tränenüberströmt das Eis. Auf der anderen Seite konnte die Kanadierin

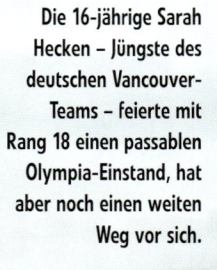

Die 16-jährige Sarah Hecken – Jüngste des deutschen Vancouver-Teams – feierte mit Rang 18 einen passablen Olympia-Einstand, hat aber noch einen weiten Weg vor sich.

vier Tage nach dem plötzlichen Herztod ihrer Mutter Therese (55) schon wieder ein wenig lächeln. Ganz Kanada litt mit ihr. »Ich danke meiner Mom, dass sie mir so viel Kraft gegeben hat. Ich glaube, sie wäre stolz auf mich gewesen. Diese Bronzemedaille ist auch für sie«, sagte Rochette, die zwei Tage nach ihrem fehlerfreien Kurzprogramm auch in der Kür fast ohne Patzer blieb und anschließend unsagbar erleichtert war: »In zehn Jahren werde ich wissen, dass es die richtige Entscheidung war, bei Olympia zu starten.« Das ausgelassene Feiern überließ die 24-jährige Rochette lieber Yu-Na Kim und deren zahllosen Fans in der Heimat. In Südkoreas Hauptstadt Seoul stand der Verkehr zur Mittagszeit für fünf Minuten still. Zehntausende jubelten anschließend über den Triumph von Kim, deren makellose Kür der Grundstein zu einer Bestmarke war. 228,56 Punkte hatte noch nie eine Eiskunstläuferin erreicht, selbst die zweitplatzierte Japanerin Mao Asada (205,50)

Weinen und Lächeln, Glück und Trauer – der olympische Wettkampf im Eiskunstlaufen der Frauen bot die komplette Palette. Yu-Na Kim (Mitte) vergießt Glückstränen über Gold, die Konkurrentinnen Mao Asada und Joannie Rochette mussten sich abgeschlagen mit Silber und Bronze zufrieden geben.

Eiskunstlauf, Frauen

und auch Rochette (202,64) wurden deklassiert.

Warum Kim Emotionen wie noch nie in ihrer Karriere offenbarte, wusste die 19-Jährige nicht zu erklären: »Es waren wohl einfach freudige Gefühle.« Ihre Kür musste sie den 11 771 Zuschauern nicht erklären. Sie war nicht mehr und nicht weniger als ein hinreißendes Kunstwerk, kongenial begleitet vom Concerto in F von George Gershwin.

Mit 22 Jahren Verspätung durfte sich auch ihr Trainer Brian Orser als wichtigster Helfer Kims auf dem Weg zum Olympiasieg betrachten. »Ich fühle mich zwar als Teil ihrer sensationellen Vorstellung, aber es ist definitiv ihre Goldmedaille«, sagte der Kanadier, der bei den Spielen 1988 in Calgary den »Battle of the Brians« gegen Brian Boitano aus den USA verloren hatte und sich seinerzeit mit der Silbermedaille begnügen musste.

Orser beendete nach seiner »Olympia-Niederlage« seine Karriere. Ob sein millionenschwerer Schützling überhaupt noch Wettkämpfe bestreiten mag, wird die Zukunft zeigen. In Kanada gab sich Kim unschlüssig: »Den wichtigsten Wunsch meines Lebens habe ich mir erfüllt. Jetzt werde ich das kurz genießen und dann entscheiden, wie es weitergeht.«

»Olympia-Küken« Hecken will Aufwärtstrend fortsetzen

Versöhnlich endeten die Olympischen Spiele für Sarah Hecken, die mit ihren gerade 16 Jahren noch einen weiten Weg an die Spitze vor sich hat. Die deutsche Meisterin aus Mannheim verbesserte sich zwar mit einer passablen Kür vom 23. auf den 18. Platz, doch von der Weltspitze war die jüngste deutsche Olympia-Teilnehmerin noch ein gutes Stück entfernt. »Ich wollte eine gute Kür zeigen, das ist mir fast gelungen. So gesehen habe ich mein wichtigstes Ziel erreicht«, will die EM-16. den Aufwärtstrend weiter fortsetzen. Olympiasiegerin Kim war für Hecken allerdings schier unerreichbar: Die Asiatin sammelte allein in der Kür (150,06) mehr Zähler als »Olympia-Küken« Hecken insgesamt.

Nur Rang 15: Die Schweizerin Sarah Meier enttäuschte.

Statistik

Eiskunstlauf, Frauen
23./25.2.2010, Pacific Coliseum

1.	Yu-Na Kim	KOR	1/1	228,56
2.	Mao Asada	JPN	2/2	205,50
3.	Joannie Rochette	CAN	3/3	202,64
4.	Mirai Nagasu	USA	6/5	190,15
5.	Miki Ando	JPN	4/6	188,86
6.	Laura Lepistö	FIN	10/4	187,97
7.	Rachael Flatt	USA	5/8	182,49
8.	Akiko Suzuki	JPN	11/7	181,44
9.	Alena Leonowa	RUS	8/10	172,46
10.	Xenia Makarowa	RUS	12/9	171,91
15.	Sarah Meier	SUI	15/14	152,81
18.	Sarah Hecken	GER	23/15	143,94

Evan Lysacek
hatte zwar keinen
Vierfachsprung im Programm,
gewann jedoch das siebte
Olympia-Gold für die USA im
Eiskunstlaufen der Herren.
Es war das erste seit
Brian Boitano 1988.

Eiskunstlaufen, Männer

Kunst besiegt Sport Lysacek vor Pluschenko

Der neue Eiskunstlauf-Olympiasieger Evan Lysacek begann gerade, mit feuchten Augen und stolzem Blick die US-Flagge zu schwenken, da verließ sein Vorgänger Jewgeni Pluschenko bereits wutentbrannt die Eisfläche des Pacific Coliseum. »Ich war überzeugt davon, dass es zum Sieg gereicht hätte«, beurteilte der blonde Russe seine eigene Leistung und schüttelte nur verständnislos den Kopf.

Wie ein trotziges Kind wollte der Europameister nicht wahrhaben, dass ihm der sonnenbankgegerbte Kalifornier mit der Familienpackung Gel im Haar »sein goldenes Comeback« nach fast dreieinhalbjähriger Pause vermasselt hatte. Lysacek hatte als erster Läufer der letzten Startgruppe eine nahezu fehlerfreie Kür vorgelegt – allerdings ohne Vierfachsprung – und seinen Rivalen damit immens unter Druck gesetzt. Und der Top-Favorit zeigte Nerven, hatte bei zwei Sprüngen Landeprobleme und verspielte damit seinen knappen Vorsprung aus dem Kurzprogramm.

Vor 11 689 Zuschauern taxierten die Preisrichter die getragene Eleganz Lysaceks höher als die wuchtige Dynamik Pluschenkos, dessen nach wie vor einzigartige Kombination aus vierfachem und dreifachem Toe-Loop eingeschlossen. Und sich dafür zu entschuldigen, sah Weltmeister Lysacek keinen Anlass: »Ein vierfacher Sprung ist natürlich ein schwieriges Element, aber eben auch nur ein Bestandteil einer kompletten Kür.«

Statistik

Eiskunstlauf, Männer
16./18.2.2010, Pacific Coliseum

1.	Evan Lysacek	USA	2/1	257,67
2.	Jewgeni Pluschenko	RUS	1/2	256,36
3.	Daisuke Takahashi	JPN	3/5	247,23
4.	Stéphane Lambiel	SUI	5/3	246,72
5.	Patrick Chan	CAN	7/4	241,42
6.	Johnny Weir	USA	6/6	238,87
7.	Nobunari Oda	JPN	4/7	238,54
8.	Takahiko Kozuka	JPN	8/8	231,19
9.	Jeremy Abbott	USA	15/9	218,96
10.	Michal Brezina	CZE	9/11	216,73
21.	Viktor Peifer	AUT	23/20	175,93
22.	Stefan Lindemann	GER	17/23	171,98

Reihenfolge: Platz Kurzprogramm/Kür, Gesamtpunktzahl

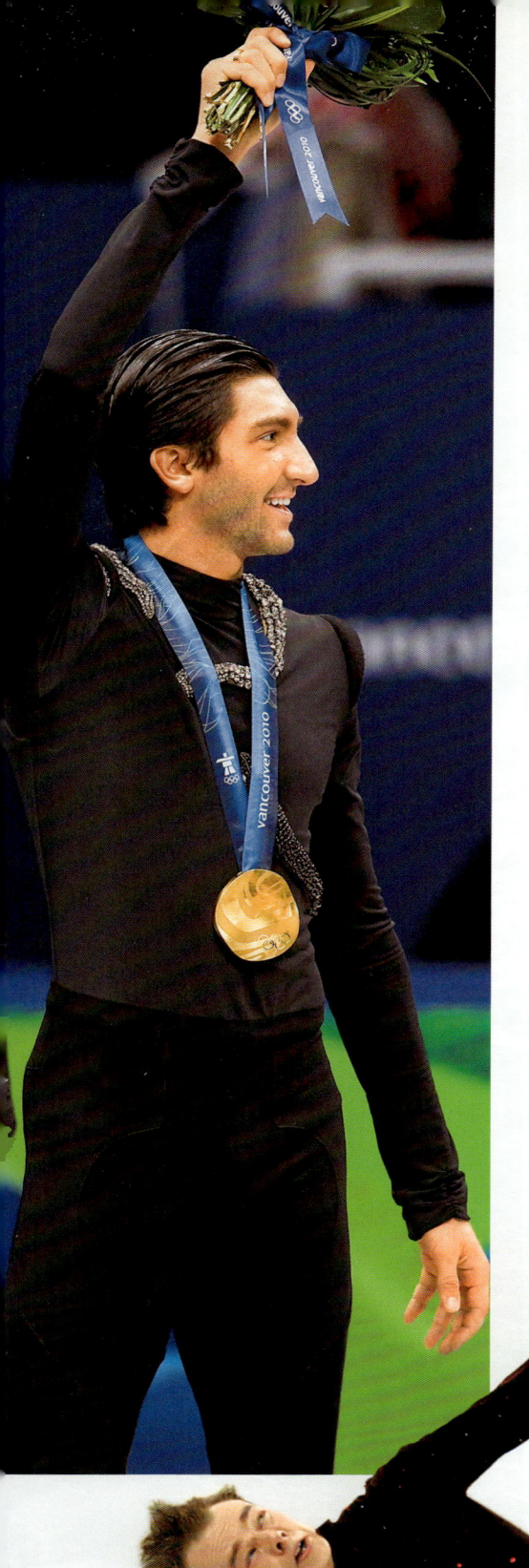

Im olympischen Eiskunstlauf-Turnier der Herren hatte die Kunst den Sport besiegt. Da prallten zwei Kufenwelten aufeinander, diesmal mit dem besseren Ende für den Künstler Lysacek. Der Sportler Pluschenko sah sich aber ungeachtet seiner Niederlage als moralischer Sieger: »Ich bin nur ein einfacher Eiskunstläufer. Aber ich denke, die Entwicklung muss immer weitergehen. Dreifache Sprünge habe ich schon als Zwölfjähriger gemacht.«

Lysacek hingegen zog sich zum Feiern mit seinem Trainer Frank Carroll zurück, nicht ohne vorher den Senior der arrivierten Eiskunstlauftrainer über den grünen Klee zu loben: »Von ihm habe ich nicht nur das Eiskunstlaufen, sondern auch das Siegen gelernt.«

Jewgeni Pluschenko konnte seinen Gold-Triumph von Turin 2006 nicht wiederholen. Der dreimalige Weltmeister, der mit einem knappen Vorsprung aus dem Kurzprogramm in die Kür gegangen war, landete am Ende hinter dem neuen Olympiasieger Evan Lysacek (großes Bild) aus den USA nur auf Rang zwei.

Verletzter Lindemann 22.

Eine solche Mentalität möchte in Zukunft auch Stefan Lindemann seinen Schützlingen vermitteln. Geplagt von Rückenschmerzen und Achillessehnenbeschwerden schloss der Berliner seine mehr als zehnjährige internationale Karriere mit Rang 22 ab. Der sechsmalige deutsche Meister hatte mehrere Höchstschwierigkeiten seines Programms zur Filmmusik »Hancock« auslassen müssen, darunter auch den vierfachen Toe-Loop. Eine Wirbelblockade am Morgen vor dem Wettkampf hatte sogar den Start infrage gestellt, doch mit Schmerzmitteln, einer Spritze und physiotherapeutischer Betreuung ging er trotzdem an den Start. »Das ist schon ein bisschen unbefriedigend, aber ich war immerhin noch einmal bei Olympia dabei«, sagte der 29-Jährige, der nahtlos die Seiten wechseln und Trainer werden will.

Stéphane Lambiel verpasste als Vierter mit hauchdünnem Rückstand auf den Japaner Daisuke Takahashi seinen zweiten olympischen Podestplatz nach der Silbermedaille in Turin 2006. Dem Schweizer, der nach einem Fehler bei der Kombination im Kurzprogramm auf Rang fünf liegend zwar noch nicht alle Hoffnungen auf eine Medaille streichen musste, gelang eine gute, aber keine sehr gute Kür. Zu sehr auf die Höchstschwierigkeiten seiner »Traviata-Kür« fokussiert, kamen Lambiels künstlerische und tänzerische Fähigkeiten nicht wie sonst zum tragen.

Der Rücken schmerzte, die Achillessehne zwickte und der Kopf dröhnte – nicht als strahlender Held, sondern als schwer gepeinigter Athlet schlich Stefan Lindemann nach der letzten Kür seiner Karriere im Pacific Coliseum von Vancouver schweißgebadet vom Eis.

Eiskunstlaufen, Paarlaufen

Tränen, Trauer und kein Trost

Aljona Savchenko weinte bitterlich in den Katakomben des Pacific Coliseum, doch ihr Trainer Ingo Steuer dachte gar nicht daran, das blonde Häufchen Elend zu trösten. Er setzte seine ganz persönlichen Prioritäten. »Das Gold ist weg, alles andere ist egal«, brach es aus dem Coach heraus. Und es klang fast so, als hätte ihn sein Weltmeisterpaar bis auf die Knochen blamiert.

Die Bronzemedaille in der olympischen Paarlauf-Entscheidung von Vancouver für die gebürtige Ukrainerin und ihren Partner Robin Szolkowy – dies wollte Steuer gar nicht verbergen – kam für den extrem ehrgeizigen Coach einer sportlichen Katastrophe gleich. Und während die kleine Aljona leise weiterschluchzte, lamentierte der 43-Jährige weiter: »Es ist so traurig, dass man das, was auf dem Tablett liegt, nicht genommen hat. Wir hätten es einfach machen müssen.«

Steuer sah sich um die Früchte seiner jahrelangen Arbeit gebracht und hatte den Sündenbock schnell ausgemacht. »Mit dem Doppelaxel hätten wir gewonnen«, analysierte der Ex-Weltmeister das für ihn so frustrierende Ergebnis und schob damit nicht zum ersten Mal Szolkowy den Schwarzen Peter zu. Der 30-Jährige war zwar bei diesem Sprung gestürzt, doch auch seine Partnerin blieb beileibe nicht ohne Patzer, dies allerdings war Steuer keine Erwähnung wert. Umgekehrt hatten beide Athleten in der Vergangenheit in der Debatte um Steuers Stasi-Tätigkeit stets zu ihrem Trainer gehalten.

Anders als in den Vorjahren konnten die beiden Chemnitzer dem enormen Leistungsdruck nicht standhalten, die Konkurrenz aus China erwies sich schlicht und ergreifend als nervenstärker. Im vierten Anlauf holten sich die Ex-Weltmeister Xue Shen und Hongbo Zhao (216,57 Punkte) vor ihren Landsleuten Qing Pang und Jian Tong (213,31) die ersehnte Goldmedaille, Savchenko/Szolkowy sammelten 210,60 Zähler.

Ende der russischen Dominanz: Auch Vera Basarowa und Juri Larionow konnten als Elfte nicht verhindern, dass Russland erstmals seit 1960 ohne Medaille im Paarlaufen blieb. Die russischen Paare belegten am Ende die Plätze vier, sieben und elf.

Gequältes Lächeln bei der Siegerehrung: Bronze war nur ein schwacher Trost für das deutsche Paar, das Gold angepeilt hatte. Oben Robin Szolkowys Sturz beim Doppelaxel.

Statistik

Eiskunstlauf, Paarlaufen

14./15.2.2010 Pacific Coliseum

1. Xue Shen/Hongbo Zhao	CHN	1/2	216,57
2. Qing Pang/Jian Tong	CHN	4/1	213,31
3. Aljona Savchenko/Robin Szolkowy	GER	2/3	210,60
4. Yuko Kawaguti/Alexander Smirnow	RUS	3/7	194,77
5. Dan Zhang/Hao Zhang	CHN	5/4	194,34
6. Jessica Dube/Bryce Davison	CAN	6/6	187,11
7. Maria Muchortowa/Maxim Trankow	RUS	8/5	185,79
8. Tatjana Wolososchar/Stanislaw Morosow	UKR	9/8	181,78
9. Anabelle Langlois/Cody Hay	CAN	7/9	179,97
10. Amanda Evora/Mark Ladwig	USA	10/10	171,92
15. Anais Morand/Antoine Dorsaz	SUI	13/17	144,42
17. Maylin Hausch/Daniel Wende	GER	17/15	138,74

Reihenfolge: Platzierung Kurzprogramm/Kür, Gesamtpunktzahl

China beendet russische Dominanz im Paarlauf

Die ungewohnt hohe Fehlerquote, die die beiden Sachsen schon den ganzen olympischen Winter begleitet hatte, wurde ihnen auch in Kanada zum Verhängnis. Die Goldmedaillengewinner aus China hingegen wackelten nur leicht bei einer Hebung, präsentierten den 11 350 Zuschauern im Pacific Coliseum ansonsten aber ein nahezu makelloses Programm.

Xue Shen und Hongbo Zhao erfüllten sich bei ihrem Comeback nach zweijähriger Pause ihren sportlichen Traum und setzten ihrer Karriere nach drei WM-Titeln sowie Olympia-Bronze 2002 und 2006 jetzt in Kanada die Krone auf. Seinen ganz privaten Traum will das Ehepaar aus Harbin nun in einer anderen Disziplin in die Tat umsetzen. »Jetzt ist es Zeit, ein Baby zu bekommen«, sagte Hongbo Zhao, mit 36 Jahren der älteste Eiskunstläufer in Vancouver, und zwinkerte dabei seiner Gattin zu.

Xue Shen und Hongbo Zhao feierten mit ihrem ersten Olympiasieg ein erfolgreiches Comeback nach zweijähriger Pause. Qing Pang und Jian Tong (oben) vervollständigten den chinesischen Doppelerfolg.

Nach Platz zwei im Kurzprogramm zu »Send in the Clowns« schien Gold für Aljona Savchenko und Robin Szolkowy noch möglich.

Mit ihrer Goldmedaille beendeten Xue Shen und Hongbo Zhao auch die lange osteuropäische Dominanz im Paarlaufen. Zuletzt hatten Barbara Wagner/Robert Paul aus Kanada 1960 die russisch-sowjetische Dominanz gebrochen.

Für das junge Schweizer Paar Anais Morand und Antoine Dorsaz, das ebenfalls in Chemnitz von Ingo Steuer trainiert wird, folgte auf eine gute Leistung im Kurzprogramm die Ernüchterung. Sie fielen nach Rang 17 in der Kür um zwei Positionen zurück und beendeten ihr Olympia-Debüt auf dem 15. Platz. Das zweite deutsche Paar, die deutschen Meister Maylin Hausch und Daniel Wende aus Oberstdorf und Essen, belegte mit 138,74 Punkten Platz 17 unter 20 Paaren.

Die US-Amerikaner Meryl Davis und Charlie White freuen sich über Silber hinter Tessa Virtue und Scott Moir aus Kanada. Privat sind beide Paare gut befreundet und trainieren bei den gleichen Trainern.

Der Olympiasieg der beiden Kanadier in Vancouver beendete nicht nur die Durststrecke bei den Gastgebern, sondern auch die fast vier Jahrzehnte während europäische Dominanz im Eistanz. Denn hinter den Olympiasiegern holten ihre Trainingskollegen Meryl Davis und Charlie White aus den USA die Silbermedaille. Für die beiden jungen Paare war es die erste Olympia-Teilnahme, aber während die Kanadier immerhin schon 2009 WM-Dritte und 2008 WM-Zweite waren, hatten die

Eistanz

Aus dem Sandkasten zu Gold

Aus dem Sandkasten zum Olympiasieg: Nach 13 gemeinsamen Jahren von Kindesbeinen an erreichten Tessa Virtue und Scott Moir das goldene Ziel und genossen die grandiose Atmosphäre im Pacific Coliseum in vollen Zügen. »Die Arbeit der vergangenen Monate, es hat sich alles ausgezahlt«, sagte Moir und reckte theatralisch die Arme gen Hallendach. Knapp 12 000 Zuschauer, darunter IOC-Präsident Jacques Rogge, spendeten begeisterten Beifall.

Statistik

Eiskunstlauf, Eistanz
19./21./22.2.2010, Pacific Coliseum

1. Tessa Virtue/Scott Moir (42,74 /2 + 111,15/1 + 110,42/1)	CAN	221,57
2. Meryl Davis/Charlie White (41,47/3 + 108,55/2 + 107,19/2)	USA	215,74
3. Oxana Domnina/Maxim Schabalin (43,76/1 + 106,60/3 + 101,04/3)	RUS	207,64
4. Tanith Belbin/Benjamin Agosto (40,83/4 + 103,33/4 + 99,74/4)	USA	203,07
5. Federica Faiella/Massimo Scali (39,88/5 + 100,06/5 + 99,11/5)	ITA	199,17
6. Isabelle Delobel/Olivier Schoenfelder (37,99/6 + 96,67/7 + 97,06/6)	FRA	193,73
7. Nathalie Pechalat/Fabian Bourzat (36,13/9 + 96,12/6 + 94,37/7)	FRA	190,49
8. Sinead Kerr/John Kerr (37,02/8 + 93,78/8 + 92,23/9)	GBR	186,01
9. Jana Chochlowa/Sergej Nowizki (37,18/7 + 92,75/9 + 93,11/8)	RUS	185,86
10. Alexandra Zaretski/Roman Zaretski (34,38/10 + 89,62/10 + 90,64/10)	ISR	180,26
18. Christina Beier/William Beier (30,31/16 + 76,73/18 + 72,91/18)	GER	149,64

Reihenfolge: Gesamtpunktzahl
(Pflichttanz/Platz, Originaltanz/Platz, Kür/Platz)

Begeisterten ihr Heim-Publikum im Pacific Coliseum und beendeten die europäische Dominanz im Eistanzen: Tessa Virtue und Scott Moir.

Amerikaner bei Welt-Titelkämpfen zuvor noch nie einen Podestplatz erreicht.

Den russischen Weltmeistern Oxana Domnina und Maxim Schabalin blieb nur der dritte Platz. Ihr umstrittener, angeblich politisch-unkorrekter Aboriginal-Tanz kostete sie schon vor der Kürentscheidung die ersehnte Goldmedaille. Noch während der EM im Januar hatten sich australische Ureinwohner durch die Darbietung der Russen in ihren religiösen Gefühlen verletzt gefühlt. In Vancouver gab es zwar keine Proteste, dafür aber müden Applaus der Zuschauer und niedrige Bewertungen der Preisrichter – die Chance auf den Olympiasieg war vorzeitig dahin.

Tessa Virtue und Scott Moir dagegen, die mit 20 und 22 Jahren jüngsten Eistanz-Olympiasieger, versetzten ihre Landsleute mit einer überragenden Kür fast in Extase. Zu Gustav Mahlers nicht gerade leicht verdaulicher Symphonie Nr. 5 wirbelten die ehemaligen Junioren-Weltmeister über das Eis, dass sich so mancher Betrachter an die legendären Engländer Jayne Torvill und Christopher Dean erinnert fühlte. »Sie haben damals die Tür zu modernem Eistanz geöffnet, aber wir sind noch nicht wie sie«, relativierte Moir allzu kühne Vergleiche. Aber auf dem besten Weg dorthin, denn viermal die Höchstnote zehn gab es seit Einführung des neuen Wertungssystems vor sechs Jahren noch nie.

Für Moir sind die Leistungssprünge im Eistanz nach langer Stagnation auch ein Resultat der neuen Vorschriften bezüglich der Notenvergabe: »Unser Sport ist viel glaubwürdiger geworden. Es wird exakt bewertet, was man macht. Und wenn man damit nicht einverstanden ist, kann man das nachlesen und zu Hause noch mehr üben.«

Keinen schlechten Job auf dem Eis machten bei ihrem Olympia-Debüt auch die deutschen Meister Christina und William Beier, auch wenn die beiden Dortmunder mehr mit ihrer Leistung als mit ihrem 18. Platz zufrieden waren. »Für uns war es eine Comeback-Saison, im kommenden Winter geht es mit höheren Ansprüchen weiter«, erklärte William.

»Nur« Bronze für die Russen Oxana Domnina und Maxim Schabalin. Nach »missglücktem« Originaltanz war Gold für sie nicht mehr in Reichweite.

Die Tschechin Martina Sablikova war die erfolgreichste Kufenflitzerin.

Happy-End im letzten Wettbewerb – die deutschen Goldmädels (von links): Katrin Mattscherodt, Anni Friesinger-Postma, Stephanie Beckert und Daniela Anschütz-Thoms.

Eisschnelllauf

Beim allerletzten Eisschnelllauf-Wettbewerb der XXI. Olympischen Winterspiele gab es dann doch noch Gold für Deutschland: Die Frauen gewannen die Teamverfolgung mit minimalem Vorsprung vor Japan. Davor lag allerdings ein Wechselbad der Gefühle: Im Halbfinale stürzte Anni Friesinger-Postma kurz vor dem Ziel, rettete aber auf dem Bauch liegend den Sieg gegen die USA über die Ziellinie. Im Finale setzte sie dann aus, und Stephanie Beckert, Daniela Anschütz-Thoms sowie Katrin Mattscherodt liefen zu Gold.

Die erst 21 Jahre alte Beckert holte bei ihren ersten Olympischen Spielen auch noch zwei Silbermedaillen über 3000 m und 5000 m. Die Erfurterin wurde nur von Doppel-Olympiasiegerin Martina Sablikova aus Tschechien übertroffen, die zur erfolgreichsten Kufenflitzerin im Richmond Oval avancierte. Über 500 m trug Jenny Wolf mit Silber eine weitere Medaille für Deutschland bei.

Dagegen blieben Deutschlands Eisschnellläufer ohne Edelmetall. Über 10 000 m der Männer spielte sich ebenfalls eine ungeheure Geschichte ab: Der haushohe Favorit Sven Kramer aus den Niederlanden, der bereits die 5000 m gewonnen hatte, wurde von seinem Trainer Gerard Kemkers beim Bahnwechsel auf die falsche Spur geschickt und dafür trotz seines Sieges disqualifiziert.

Eisschnelllauf 500 m Frauen
»Mit Silber kann ich leben«

Kanadas 1000-m-Weltmeisterin Christine Nesbitt (großes Bild) holte sich in Vancouver auch Olympia-Gold auf der gleichen Strecke.

Jenny Wolf hat dem Druck nicht standgehalten und die angekündigte olympische Goldmedaille verpasst. Die 31 Jahre alte Berlinerin musste sich in einem Wimpernschlagfinale im 500-m-Rennen mit Silber hinter Sprint-Weltmeisterin Sang-Hwa Lee aus Südkorea zufrieden geben. Damit blieb der Weltrekordlerin (37,00) nach drei WM-Titeln in Folge und jahrelanger Dominanz auf der Sprintstrecke der Aufstieg zum Eisschnelllauf-Olymp versagt. Wolf, die schon nach dem ersten Durchgang sechs Hundertstelsekunden hinter Lee gelegen hatte, konnte im zweiten Lauf nicht mehr kontern und lag am Ende fünf Hundertstelsekunden hinter der Südkoreanerin. Bronze gewann Wolfs vermeintlich schärfste Konkurrentin Beixing Wang aus China.
»Jetzt ist es eben Silber, aber damit kann ich leben. Ich habe nun meine Olympiamedaille, die wollte ich immer haben. Und es wird auch sicher die Zeit kommen, in der ich mich noch mehr darüber freue.«

Jenny Wolf freute sich auch über Silber.

Die fehlenden Hundertstelsekunden hatte sie im ersten Lauf verloren, »da habe ich ein bisschen neben mir gestanden. Im zweiten Lauf habe ich gezeigt, was ich draufhabe, aber insgesamt war ich leider ein wenig zu langsam.«
Die Berlinerin hatte schon Monate vor den Spielen in Vancouver eine unmissverständliche Gold-Prognose (»Ich müsste schon eine Menge falsch machen«) abgegeben. Im ersten Durchgang war dann die ohnehin schon gewaltige Spannung vor dem Start noch einmal gestiegen. Im Lauf zuvor stürzte die Niederländerin Annette Gerritsen, Wolf und Lee mussten wegen der Eisreparatur minutenlang am Start verharren. Dann unterlief der Südkoreanerin zudem noch ein Fehlstart. Die Disqualifikation nach einem zweiten Fehlstart hätte auch Wolf getroffen.
Doch zunächst hielten die Nerven, allerdings war Wolf auf den ersten 100 Metern nicht so dominant wie gewohnt. In 10,26 Sekunden nahm sie Lee nur acht Hundertstelsekunden ab. Die Südkoreanerin holte ihre Gegnerin nach einem Klasselauf in der zweiten Kurve ein und ging mit sechs Hundertstelsekunden Vorsprung in die Entscheidung. »Es lief eigentlich gar nicht so schlecht. Es ist noch alles drin. Jetzt muss ich halt die Innenkurve meines Lebens laufen«, erklärte Wolf zwischen den beiden Läufen – doch es reichte nicht. Noch bei der WM im Vorjahr an selber Stelle war Wolf von Platz zwei zu Gold gestürmt.

Die haushohe Favoritin Jenny Wolf (rechts) hatte am Ende gegen die erst 20 Jahre alte Sprint-Weltmeisterin Sang-Hwa Lee aus Südkorea das Nachsehen.

Statistik

Eisschnelllauf, 500 m, Frauen
16.2.2010, Richmond Olympic Oval

1.	Sang-Hwa Lee	KOR	76,09	(38,249/1 + 37,850/2)
2.	Jenny Wolf	GER	76,14	(38,307/2 + 37,838/1)
3.	Beixing Wang	CHN	76,63	(38,487/3 + 38,144/3)
4.	Margot Boer	NED	76,87	(38,511/4 + 38,365/4)
5.	Sayuri Yoshii	JPN	76,99	(38,566/6 + 38,432/5)
6.	Heather Richardson	USA	77,17	(38,698/9 + 38,477/6)
7.	Shuang Zhang	CHN	77,33	(38,530/5 + 38,807/13)
8.	Peiyu Jin	CHN	77,45	(38,686/8 + 38,771/11)
9.	Hyon-Suk Ko	PRK	77,47	(38,893/15 + 38,577/7)
10.	Christine Nesbitt	CAN	77,57	(38,881/13 + 38,694/8)
11.	Monique Angermüller	GER	77,59	(38,761/10 + 38,830/14)
28.	Judith Hesse	GER	78,84	(39,357/23 + 39,486/30)

Reihenfolge: Gesamtzeit/Punkte (Zeit 1. Lauf/Platz + Zeit 2. Lauf/Platz)

Eisschnelllauf 1000 m Frauen
Friesinger–Postmas Stolperlauf

Debakel für Anni Friesinger-Postma: Die 16-malige Eisschnelllauf-Weltmeisterin kam im olympischen 1000-m-Rennen nach einem Stolperlauf nicht über den 14. Platz hinaus. Es war die mit Abstand schlechteste Platzierung in ihren bislang elf olympischen Rennen. Die 33-Jährige verpasste nach einer verkorksten Saison mit Kniebeschwerden, Knöchelproblemen und Schweinegrippe bei ihrem ersten Auftritt im Richmond Oval die anvisierte Medaille um 99 Hundertstelsekunden. So musste die zweimalige Olympiasiegerin auf die 1500 m hoffen.

Gold in der Heimat: Christine Nesbitt.

Rang 14 war für Anni Friesinger-Postma die mit Abstand schlechteste Platzierung in ihren bislang elf olympischen Rennen.

Top-Favoritin Christine Nesbitt holte unterdessen die erste kanadische Goldmedaille in Richmond. Die Weltmeisterin setzte sich in 1:16,56 Minuten mit zwei Hundertstelsekunden Vorsprung vor Annette Gerritsen aus den Niederlanden und deren Teamkollegin Laurine van Riessen (1:16,72) durch. Beste Deutsche war Friesinger-Postma, weil auch die Berlinerin Monique Angermüller (1:18,17) auf Rang 22 bitter enttäuschte. Jenny Wolf, deren Turbo erwartungsgemäß nur für eine Runde zündete, lief nach ihrer 500-m-Silbermedaille über den langen Sprint auf den 17. Platz (1:17,91). Das Trio sorgte damit für die schlechteste deutsche Platzierung in einem 1000-m-Frauenrennen in der Olympiageschichte und die schlechteste insgesamt seit Sapporo 1972.

»Vor der zweiten Kurve kam ich aus dem Rhythmus, da war eigentlich alles vorbei«, sagte Friesinger-Postma. »Bei Olympia musst du fehlerfrei bleiben und darfst dir nichts erlauben. Ich muss mir die Bilder noch einmal genau anschauen, um zu wissen, was da schiefgelaufen ist.«

Friesinger-Postma war aufgrund ihrer schwachen Weltcup-Ergebnisse bereits im zweiten Paar der zweiten Startgruppe gegen ihre alte Rivalin Jennifer Rodriguez aus den USA angetreten. Sie ging auf schwer zu laufendem »Arbeiter-Eis« das Rennen ordentlich an, doch eingangs der zweiten Kurve unterlief ihr der entscheidende Fehler. Sie verlor die Balance und musste sich erst wieder unter Kontrolle bringen, bevor sie weiterlief – das Ende aller Hoffnungen. Als sie im Ziel ihre Zeit (1:17,71) sah, schüttelte sie kurz mit dem Kopf und stützte enttäuscht die Hände auf die Knie.

Friesinger-Postma hatte sich seit ihrer Ankunft in Richmond so verhalten, als hätte sie ihr Ergebnis vorausgeahnt. Die 33-Jährige, die in den vorolympischen Weltcups als beste Platzierung Rang fünf erreicht hatte, verpackte in fast jede ihrer »Wasserstandsmeldungen« auch eine Rückzugsmöglichkeit, falls es doch nicht zum angestrebten Edelmetall reichen sollte. Auch Bundestrainer Markus Eicher war zurückhaltend geblieben – und lag damit richtig …

Statistik

Eisschnelllauf, 1000 m, Frauen
18.2.2006, Richmond Oval

1.	Christine Nesbitt	CAN	17	1:16,56
2.	Annette Gerritsen	NED	16	1:16,58
3.	Laurine van Riessen	NED	13	1:16,72
4.	Kristina Groves	CAN	18	1:16,78
5.	Nao Kodaira	JPN	15	1:16,80
6.	Margot Boer	NED	18	1:16,94
7.	Jennifer Rodriguez	USA	11	1:17,08
8.	Ireen Wüst	NED	12	1:17,28
9.	Heather Richardson	USA	12	1:17,37
10.	Hege Bokko	NOR	2	1:17,43
14.	Anni Friesinger-Postma	GER	11	1:17,71
17.	Jenny Wolf	GER	3	1:17,91
22.	Monique Angermüller	GER	17	1:18,17

Reihenfolge: Startpaar/Zeit

Eisschnelllauf, 1500 m, Frauen

Kein Happy End für Friesinger-Postma

Konnte ihr Glück kaum fassen: Ireen Wüst (kleines Bild).

Die Tschechin Martina Sablikova lief über 1500 m zu Bronze und über 3000 m gar zu Gold.

Es war ihr letztes olympisches Einzelrennen, aber kein von Erfolg gekröntes. Drei Tage nach ihrem bitteren 14. Platz über 1000 m kam Weltmeisterin Anni Friesinger-Postma im 1500-m-Rennen, das die Niederländerin Ireen Wüst nach dem 3000-m-Gold in Turin mit ihrem zweiten Olympiasieg vor der kanadischen Favoritin Kristina Groves und Tschechin Martina Sablikova krönte, nicht über Rang neun hinaus. Dabei hatte die Inzellerin nach ihrem »Stolperlauf« über 1000 m noch demonstrativ optimistisch angekündigt: »Ich weiß um das Potenzial, das ich habe, und die 1500 m kann ich auch etwas taktischer angehen. Das kommt mir entgegen.«

Doch die Realität sah anders aus. Friesinger-Postma lief zwar im Gegensatz zu ihrem ersten Auftritt ein technisch sauberes Rennen, doch auf der letzten Runde fehlte ihr die Kraft, um noch einmal richtig anzugreifen. Es folgten noch sieben Paare, und sie belegte schon jetzt nur den zweiten Platz hinter der Niederländerin Annette Gerritsen. Als sie die Zeit sah, zuckte sie nur ratlos mit den Schultern. Und auch die Erfurterin Daniela Anschütz-Thoms konnte den Medaillenfluch nicht brechen. Anni Friesinger-Postma, die im vergangenen März in Richmond nach einer Disqualifikation von Groves den WM-Titel über 1500 m gewonnen hatte, konnte wegen ihrer zahlreichen gesundheitlichen Rückschläge im Olympia-Winter kein einziges Mal mit ihren Teamkolleginnen trainieren.

Ihrem Debakel in den Einzelstarts folgten heiße Diskussionen: Bundestrainer Markus Eicher, ehemaliger Privattrainer der 33-Jährigen, stellte nach der zweiten schwachen Vorstellung Friesinger-Postmas im Richmond Oval öffentlich die Tauglichkeit der 16-maligen Weltmeisterin und zweimaligen Olympiasiegerin für das noch ausstehende Teamrennen infrage.

Völlig am Ende: Monique Angermüller

Statistik

Eisschnelllauf, 1500 m, Frauen
21.2.2010, Richmond Olympic Oval

1. Ireen Wüst	NED	15	1:56,89
2. Kristina Groves	CAN	17	1:57,14
3. Martina Sablikova	CZE	16	1:57,96
4. Margot Boer	NED	14	1:58,10
5. Nao Kodaira	JPN	13	1:58,20
6. Christine Nesbitt	CAN	18	1:58,33
7. Annette Gerritsen	NED	8	1:58,46
8. Jekaterina Schischowa	RUS	12	1:58,54
9. Anni Friesinger-Postma	GER	11	1:58,67
10. Daniela Anschütz-Thoms	GER	15	1:58,85
13. Monique Angermüller	GER	13	1:59,46
22. Isabell Ost	GER	10	2:01,69
28. Anna Rokita	AUT	6	2:02,67

Reihenfolge: Startpaar, Zeit

Ein lächelndes Siegertrio: Stephanie Beckert (links), Martina Sablikova (Mitte) und Kristina Groves (rechts).

Nach dem Silberlauf folgte für Stephanie Beckert der Medien-Marathon.

Eisschnelllauf, 3000 m, Frauen

Selbst »Wunder-Gunda« verneigt sich vor Stephanie Beckert

Als Stephanie Beckert zu einem gewaltigen Freudensprung ansetzte, verneigte sich sogar ihr Idol. Die große Gunda Niemann-Stirnemann jubelte auf der Tribüne des Richmond Oval mit und fasste Beckerts Schlussspurt zu Silber im 3000-m-Rennen mit einem Wort zusammen: »sensationell«. Für Beckert begann nach ihrem grandiosen Olympia-Debüt ein Medien-Marathon, den die schüchterne 21-Jährige etwas angespannt, aber mit Bravour meisterte. »Das alles ist der Wahnsinn«, sagte die Erfurterin immer wieder, »so richtig glauben kann ich es noch nicht.«

Nur die tschechische Top-Favoritin Martina Sablikova war zu stark für Beckert gewesen. Nicht aber die Kanadierin Kristina Groves, die im direkten Duell vor der Schlussrunde noch eine Sekunde Vorsprung hatte. Beckert verdrängte die Konkurrentin mit ihrem Turbo-Finish noch auf den Bronzerang. »Ich habe gezittert, aber es hat noch gereicht«, sagte Beckert mit Stolz in der Stimme.

Wenige Meter weiter stand Daniela Anschütz-Thoms und versuchte vergeblich, Wut und Fassungslosigkeit über die drei Hundertstel, die ihr zu Bronze fehlten, zu unterdrücken. Diesmal lag die 35 Jahre alte Team-Olympiasiegerin bis zur letzten Runde auf Silberkurs, erwartete »nach einem Super-rennen« eine Zwei oder eine Drei auf der Anzeigetafel zu sehen – »es war die Vier, und das war unglaublich bitter.« Noch am Abend bei der Pressekonferenz im Deutschen Haus, als sie mit versteinerter Miene neben ihrer strahlenden Trainingspartnerin saß, sprach sie von einem »schwarzen Tag«.

Doch auch DESG-Präsident Gerd Heinze verlor Anschütz-Thoms bei aller Freude über Beckert nicht aus den Augen. »Natürlich ist das grandios, was Stephanie geleistet hat. Aber mein Respekt für Daniela ist genauso groß.« Derweil begann in Erfurt bereits die große Party im Hause Beckert, der größten Talentschmiede des deutschen Eisschnelllaufs. Vater Detlef, Mutter Angela und vier ihrer fünf Geschwister gratulierten am Telefon. Ihr Bruder Patrick, der bereits am Samstag über 5000 m sein Olympia-Debüt gefeiert (Platz 22) hatte, konnte sie persönlich beglückwünschen. Auch die 15-jährige Jessica und der 13-jährige Pedro gehören bereits zum Top-Nachwuchs in Deutschland. »Alle sind wahnsinnig stolz und glücklich zu Hause. Ich vermisse sie sehr«, sagte Beckert, die ein Poster von Rekord-Weltmeisterin Niemann-Stirnemann im Zimmer hängen hat. »Stephanie ist unsere Zukunft«, hatte DESG-Boss Heinze schon vor den Spielen gesagt. Auch Siegerin Sablikova sieht Beckert längst als Bedrohung Nummer eins: »Stephanie ist großartig, und ich glaube, sie wird auch über 5000 Meter meine größte Rivalin sein.«

Statistik

Eisschnelllauf, 3000 m, Frauen
14.2.2010, Richmond Olympic Oval

1.	Martina Sablikova	CZE	11	4:02,53
2.	Stephanie Beckert	GER	13	4:04,62
3.	Kristina Groves	CAN	13	4:04,84
4.	Daniela Anschütz-Thoms	GER	14	4:04,87
5.	Clara Hughes	CAN	12	4:06,01
6.	Masako Hozumi	JPN	11	4:07,36
7.	Ireen Wüst	NED	14	4:08,09
8.	Maren Haugli	NOR	12	4:10,01
9.	Nancy Swider-Peltz	USA	8	4:11,16
10.	Renate Groenewold	NED	8	4:11,25
13.	Katrin Mattscherodt	GER	9	4:13,72

Reihenfolge: Startpaar, Zeit

Riesensatz nach dem Gold: Martina Sablikova. Stephanie Beckert (links) und Clara Hughes schauen staunend zu. Beckert (großes Bild) überzeugte bei ihrem Olympiadebüt und freute sich mit Trainer Stephan Gneupel (unten).

Eisschnelllauf, 5000 m, Frauen

Beckerts zweiter Silber-Streich

Sensationsgold knapp verpasst, aber erneut Silber gewonnen: Stephanie Beckert krönte sich mit ihrer zweiten Einzelmedaille zur erfolgreichsten deutschen Eisschnellläuferin bei den olympischen Wettkämpfen im Richmond Olympic Oval. Die erst 21 Jahre alte Erfurterin musste sich nach einem grandiosen Endspurt über 5000 m wie schon im 3000-m-Rennen nur der tschechischen Top-Favoritin Martina Sablikova geschlagen geben. Die Weltrekordlerin siegte damit als erste Läuferin seit Claudia Pechstein 2002 bei Winterspielen auf beiden Langstrecken. 0,48 Sekunden fehlten, und Beckert wäre die jüngste deutsche Eisschnelllauf-Olympiasiegerin seit 30 Jahren geworden. Ihre Erfurter Teamkollegin Daniela Anschütz-Thoms verpasste dagegen nach ihrem bitteren vierten Platz über 3000 m auch die letzte Chance auf eine Einzel-Medaille bei Winterspielen – sie wurde erneut Vierte. Diesmal fehlten der 35 Jahre alten Team-Olympiasiegerin allerdings fast drei Sekunden auf die Bronzemedaille, die Turin-Olympiasiegerin Clara Hughes gewann. Die Berlinerin Katrin Mattscherodt wurde disqualifiziert,

Statistik

Eisschnelllauf, 5000 m, Frauen

24.2.2010, Richmond Olympic Oval

1.	Martina Sablikova	CZE	8	6:50,91
2.	Stephanie Beckert	GER	7	6:51,39
3.	Clara Hughes	CAN	5	6:55,73
4.	Daniela Anschütz-Thoms	GER	8	6:58,64
5.	Maren Haugli	NOR	6	7:02,19
6.	Kristina Groves	CAN	7	7:04,57
7.	Masako Hozumi	JPN	5	7:04,96
8.	Jilleanne Rookard	USA	3	7:07,48
9.	Shiho Ishizawa	JPN	6	7:12,23
10.	Jorien Voorhuis	NED	2	7:13,27

DQ: Katrin Mattscherodt (GER)

weil sie gleich in der ersten Kurve die Begrenzung überschritten hatte und bilanzierte nüchtern: »Shit happens.« Beckert, die sofort nach der Entscheidung ihre Eltern in Erfurt anrief, war dagegen überglücklich. »Ich kann es noch gar nicht fassen«, sagte sie und trauerte der Goldmedaille nicht hinterher. »Es war zwar am Ende ganz knapp, aber ich bin überglücklich mit meiner Silbermedaille. Martina ist einfach wieder unglaublich gut gelaufen.«
Die als ZDF-Expertin tätige »Jahrhundert«-Eisschnellläuferin Gunda Niemann-Stirnemann attestierte Beckert nach dem Lauf »das Rennen ihres Lebens«. Bruder Patrick Beckert rang fast nach Worten. »Das ist Wahnsinn, aber sie trainiert auch unglaublich«, erklärte der 19-Jährige, der über 5000 m in Vancouver Rang 22 belegte. »Ich habe es ihr von Herzen gegönnt.«

Eisschnelllauf, Teamverfolgung, Frauen

Goldenes Happy End nach Slapstick-Einlage

Die verrückteste Szene der Spiele war das Vorspiel zum goldenen Happy End: Anni Friesinger-Postma klatschte auf das Eis, rutschte auf dem Bauch der Ziellinie entgegen, ruderte verzweifelt mit den Armen, verrenkte den Körper, schleuderte ihr rechtes Bein nach vorne und trommelte wütend auf die Bahn. Zwei Stunden nach dieser Slapstick-Einlage im Halbfinale der Teamverfolgung kämpfte sie mit der Goldmedaille um den Hals gegen Freudentränen an, nachdem der letzte Akt des unglaublichen Eis-Spektakels ohne sie über die Bühne gegangen war.
Die erschöpfte Friesinger-Postma fieberte im Innenraum des Richmond Oval mit, als »Lokomotive« Stephanie Beckert, Daniela Anschütz-Thoms und Katrin Mattscherodt nach einer grandiosen Aufholjagd in einem Wimpernschlag-Finale den Olympiasieg mit zwei Hundertstelsekunden Vorsprung vor Japan perfekt machten – die Jubelorgie in Schwarz-Rot-Gold konnte beginnen. »Ich dachte, ich hätte den Mädels alles kaputtgemacht«, sagte Friesinger-Postma und schüttelte immer wieder fassungslos den Kopf.
Wenige Meter weiter in den Katakomben der Eishalle brach Daniela Anschütz-Thoms plötzlich in Tränen aus. »Ich kann nicht mehr«, sagte sie mit stockender Stimme. »Ich fange gerade an zu begreifen, was hier überhaupt passiert ist.« Für beide »Golden Girls«, die schon vor vier Jahren in Turin mit dem Team triumphiert hatten, waren es die letzten Olympischen Spiele.
Auch die sonst so coole Stephanie Beckert brauchte lange, um zu fassen, in welchen Krimi sie da hineingeraten war. »Ich habe im Finale gesehen, dass wir schon 1,7 Sekunden zurücklagen – unglaublich, dass es letztendlich doch noch gereicht hat«, sagte die 21-Jährige. Sie war es gewesen, die mit einem unglaublichen Endspurt über zwei Runden Anschütz-Thoms und Mattscherodt förmlich ins Ziel gezogen hatte.

Statistik

Eisschnelllauf, Teamverfolgung, Frauen
26./27.2.2010, Richmond Olympic Oval

1. Deutschland — 3:02,82
(Daniela Anschütz-Thoms, Stephanie Beckert, Katrin Mattscherodt, Anni Friesinger-Postma)
2. Japan — 3:02,84
(Masako Hozumi, Nao Kodaira, Maki Tabata)
3. Polen — 3:03,73
(Katarzyna Bachleda-Curus, Katarzyna Wozniak, Luiza Zlotkowska)
4. USA — 3:05,30
(Catherine Raney-Norman, Jennifer Rodriguez, Jilleanne Rookard, Nancy Swider-Peltz jr.)
5. Kanada — 3:01,41
6. Niederlande — 3:02,04
7. Russland — 3:06,47
8. Südkorea — 3:06,96

HF: GER 3:03,55 – USA 3:03,78, JPN 3:02,73 – POL 3:02,92
VF: JPN 3:02,89 – KOR 3:07,45, POL 3:02,90 – RUS 3:04,86, GER 3:01,95 – NED 3:03,38, USA 3:02,19 – CAN 3:02,24

Szenen einer Teamverfolgung: Sturz von Anni Friesinger-Postma im Halbfinale, trotzdem Einzug ins Finale. Und dann die Goldmedaille für die deutschen Frauen.

Eisschnelllauf, Frauen

Tae-Bum Mo feiert das erste olympische Gold auf dem großen Oval für Südkorea. Die beiden Japaner Keiichiro Nagashima und Joji Kato gewannen Silber und Bronze.

Eisschnelllauf, 500 m, Männer

Geburtstagskind gewinnt »Chaos-Rennen«

Gold zum Geburtstag ist zum Anbeißen: Koreas Sprint-Champion Tae-Bum Mo.

Der südkoreanische Sprinter Tae-Bum Mo hat sich mit seinem Triumph im olympischen »Chaos-Rennen« über 500 m an seinem 21. Geburtstag selbst das schönste Geschenk gemacht. Der WM-Achte holte Gold dank zwei zweiten Plätzen in beiden Läufen und bescherte damit der Shorttrack-Nation Südkorea auf dem großen Oval das erste olympische Gold.

Silber ging an den Japaner Keiichiro Nagashima, der in der Addition beider Läufe 16 Hundertstelsekunden Rückstand auf Mo hatte. Bronze gewann Nagashimas Landsmann Joji Kato.

Da zeitweise alle drei Eismaschinen – unter anderem aufgrund technischer Probleme – ausgefallen waren, wurde der erste Durchgang für etwa 90 Minuten unterbrochen. Nach heftigen Diskussionen der Verantwortlichen wurde das Rennen vor den Augen von IOC-Präsident Jacques Rogge zwar fortgesetzt, die Eisqualität ließ aber weiter zu wünschen übrig.

Die deutschen Starter Nico Ihle (Chemnitz) und Samuel Schwarz (Berlin) schlugen sich für ihre Verhältnisse achtbar und belegten die Plätze 18 und 23 unter insgesamt 29 Startern. 1000-m-Experte Schwarz war erst in letzter Sekunde ins Starterfeld für den kurzen Sprint gerückt.

Den ersten Durchgang, der nach zehn Paaren aufgrund der Pannenserie der Eismaschinen unterbrochen werden musste, hatte noch der Finne Mika Poutala dominiert. Der WM-Vierte fiel jedoch durch einen elften Platz im zweiten Rennen noch bis auf Rang fünf zurück.

Statistik

Eisschnelllauf, 500 m, Männer
15.2.2010, Richmond Olympic Oval

1.	Tae-Bum Mo	KOR	69,82	(34,923/2 + 34,906/2)
2.	Keiichiro Nagashima	JPN	69,98	(35,108/6 + 34,876/1)
3.	Joji Kato	JPN	70,01	(34,937/3 + 35,076/5)
4.	Kang-Seok Lee	KOR	70,041	(35,053/4 + 34,988/3)
5.	Mika Poutala	FIN	70,044	(34,863/1 + 35,181/11)
6.	Jan Smeekens	NED	70,21	(35,160/12 + 35,051/4)
7.	Fengtong Yu	CHN	70,23	(35,116/7 + 35,120/7)
8.	Jamie Gregg	CAN	70,26	(35,142/9 + 35,126/8)
9.	Jeremy Wotherspoon	CAN	70,282	(35,094/5 + 35,188/12)
10.	Zhongqi Zhang	CHN	70,288	(35,175/14 + 35,113/6)
18.	Nico Ihle	GER	71,07	(35,532/19 + 35,539/18)
23.	Samuel Schwarz	GER	71,51	(35,795/24 + 35,715/21)

Reihenfolge: Gesamtzeit/Punkte
(Zeit 1. Lauf/Platz + Zeit 2. Lauf/Platz)

Eisschnelllauf, 1000 m, Männer

»Shorttrack ist meine Geliebte, die 400-m-Bahn meine Ehefrau«

Weltrekordler und Top-Favorit Shani Davis aus den USA hat das Kunststück vollbracht, als erster Eisschnellläufer der Geschichte einen Olympiasieg über 1000 m zu wiederholen. Vier Jahre nach seinem Triumph von Turin als erster afro-amerikanischer Eisschnelllauf-Olympiasieger setzte sich der 27 Jahre alte Weltmeister im Richmond Oval in Bahnrekordzeit von 1:08,94 Minuten knapp vor 500-m-Olympiasieger Tae-Bum Mo aus Südkorea (1:09,12) und seinem Landsmann Chad Hedrick (1:09,32) durch. Samuel Schwarz (1:10,45) aus Berlin überzeugte als bester Deutscher auf Platz 16. Nicht optimal lief es für Nico Ihle (1:11,04) aus Chemnitz, der über Rang 25 nicht hinauskam.

Nach dem Chaos um die Eismaschinen beim 500-m-Sprint der Männer traten erneut Probleme auf. Diesmal gab es aufgrund von Schwierigkeiten mit der Zeitmess-Elektronik vor der ersten Eispause Verzögerungen. Ottavio Cinquanta, Präsident des Eislauf-Weltverbandes ISU, war auf der Ehrentribüne neben IOC-Präsident Jacques Rogge sichtlich unwohl zumute. Die Eisfläche war dagegen in einem guten Zustand. Erstmals kam während eines Rennens die Ersatz-Eismaschine zum Einsatz, die nach den Elektronikmängeln an den anderen »Zambonis« aus dem 1000 km entfernten Calgary nach Richmond gebracht worden war.

Davis, der vor den Winterspielen alle vier Weltcup-Rennen über den langen Sprint gewann, ist einer der schillerndsten Figuren im Eisschnelllauf-Zirkus. Der achtmalige Weltmeister lebt in Chicago und pendelt zum Training zu den Eisbahnen in Salt Lake City und Milwaukee. Vom Verband US Speedskating hat er sich nach zahlreichen Differenzen abgewandt, einen festen Coach oder ein Team hat er nicht. Deshalb verweigerte er in Richmond – wie vor vier Jahren in Turin – einen Start für die Teamrennen.

Seinen eleganten Laufstil und seine herausragende Kurventechnik verdankt er seinen Erfahrungen als Shorttracker. 2006 vor den Winterspielen in Turin verpasste er in der Qualifikation nur knapp einen Doppelstart. »Shorttrack ist meine Geliebte, die 400-m-Bahn meine Ehefrau. Ich brauche beide, um glücklich zu sein«, sagte Davis.

»Auf meinem Handy waren 41 SMS. Vielleicht ist ja eine von ihm«, sagte Shani Davis nach seiner Titelverteidigung über 1000 m. Vor vier Jahren hatte Obama, damals Senator von Illinois, dem ersten afro-amerikanischen Eisschnelllauf-Olympiasieger in Turin am Telefon gratuliert.

Statistik

Eisschnelllauf, 1000 m, Männer
17.2.2010, Richmond Olympic Oval

1. Shani Davis	USA	19	1:08,94
2. Tae-Bum Mo	KOR	16	1:09,12
3. Chad Hedrick	USA	16	1:09,32
4. Stefan Groothuis	NED	12	1:09,45
5. Mark Tuitert	NED	18	1:09,48
6. Simon Kuipers	NED	13	1:09,65
7. Nick Pearson	USA	12	1:09,79
8. Mika Poutala	FIN	17	1:09,85
9. Kyou-Hyuk Lee	KOR	17	1:09,92
10. Trevor Marsicano	USA	14	1:10,11
16. Samuel Schwarz	GER	10	1:10,45
25. Nico Ihle	GER	15	1:11,04

Reihenfolge: Startpaar, Zeit

Oranje obenauf: Mark Tuitert lässt sich nach seinem Gold-Lauf von rund 3000 Fans feiern (großes Bild).

Eisschnelllauf, 1500 m, Männer
Tuitert statt Davis

Nicht Top-Favorit Shani Davis aus den USA, sondern der Niederländer Mark Tuitert hatte im Rennen über 1500 m den »Schlittschuh vorn« und gewann überraschend Gold. Der 29 Jahre alte WM-Neunte lief unter dem Jubel von etwa 3000 Oranje-Fans in 1:45,57 Minuten Bahnrekord und verhinderte damit Davis' zweites Gold im Richmond Oval nach dessen 1000-m-Triumph. Der US-Superstar musste sich vor dem Norweger Havard Bokko mit Silber begnügen.

Weltrekordler Davis verpasste aber nicht nur sein persönliches drittes olympisches Gold, sondern auch den Eintritt in einen erlauchten Kreis: Insgesamt drei Goldmedaillen bei Winterspielen – Davis hatte bereits in Turin den Olympiasieg über 1000 m geholt – haben erst zehn Eisschnellläufer erreicht.

Für Tuitert war es die zweite olympische Medaille nach Bronze mit dem Team 2006.

Der Berliner Samuel Schwarz, nach der krankheitsbedingten Abreise des Erfurters Robert Lehmann einziger deutscher Starter, konnte die schlechte Bilanz der DESG-Männer nicht verbessern.

Statistik
Eisschnelllauf, 1500 m, Männer
20.2.2010, Richmond Olympic Oval

	Name	Land		Zeit
1.	Mark Tuitert	NED	17	1:45,57
2.	Shani Davis	USA	19	1:46,10
3.	Havard Bokko	NOR	17	1:46,13
4.	Iwan Skobrew	RUS	16	1:46,42
5.	Tae-Bum Mo	KOR	14	1:46,47
6.	Chad Hedrick	USA	18	1:46,69
7.	Simon Kuipers	NED	10	1:46,76
8.	Mikael Flygind Larsen	NOR	12	1:46,77
9.	Denny Morrison	CAN	16	1:46,93
10.	Enrico Fabris	ITA	15	1:47,02
32.	Samuel Schwarz	GER	3	1:50,07

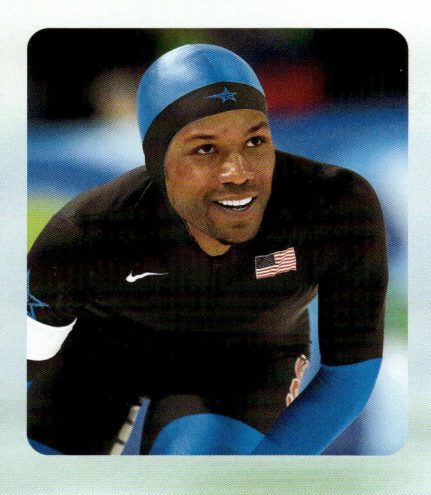

Reihenfolge: Startpaar, Zeit

Ein geschlagener 1000-m-Olympiasieger Shani Davis (links) und sein siegreicher Kontrahent Mark Tuitert (rechts), der mit einem Kuss belohnt wurde.

Eisschnelllauf, 5000 m, Männer
Erster Streich!

Vor vier Jahren hatte sein Fehler das niederländische Team Gold im Mannschaftswettbewerb gekostet. Jetzt legte Superstar Sven Kramer in mit 7600 Zuschauern ausverkauften Richmond Oval von Vancouver das Trauma von Turin ab. Der Niederländer bescherte der Eisschnelllauf-Nation Nummer eins am ersten olympischen Wettkampftag das 25. Olympiagold und die 79. Medaille bei Winterspielen. Sein 5000-m-Gold war gleichzeitig die 76. niederländische Medaille, die auf das Konto der Kufenflitzer geht.

Eisschnelllauf, Männer

Entschlossen zu Olympia-Gold: Sven Kramer aus den Niederlanden (links).

Robert Lehmann (rechts) blieb nur der vorletzte Rang.

Nachdem Sven Kramer endlich auf dem Olymp angekommen war, stürmte er gleich weiter auf die Tribüne. Der beste Eisschnellläufer der Welt fiel nach seinem Triumph seinen Eltern Yep und Elly in die Arme. Danach holte er sich einen dicken Kuss von Freundin Naomi van As ab, die als Hockey-Olympiasiegerin von Peking das Gold-Gefühl schon kannte.

Olympiagold war die einzige Plakette, die ihm noch fehlte. Mit dem Titel von Vancouver konnte Sven Kramer seinen olympischen Medaillensatz nach Silber (5000 m) und Bronze (Team) in Turin 2006 nun komplettieren.

Das Richmond Oval war fest in niederländischer Hand: Rund 4500 Oranje-Fans unter den 7600 Zuschauern, darunter auch Kronprinz Willem Alexander mit Familie sowie Regierungschef Jan Peter Balkenende, sangen begeistert »Sveni bedankt!«. Für das Jahrhunderttalent Kramer aus dem Kufen-Mekka Heerenveen war es der erste Streich, auf den weitere folgen sollten. Dass er nach Gold über 5000 m auch den Thron der Winterspiele von »Svencouver« besteigen könnte, war dem zwölfmaligen Weltmeister klar. »Mal sehen, was die 10 000 Meter und das Teamrennen noch so bringen«, sagte er mit einem breiten Lächeln.

Doch ein Selbstläufer waren die 5000 m auch für den seit 20 Rennen unbezwungenen Friesen nicht. »Es hat mich fast umgebracht. Es war eines der härtesten, aber auch der besten Rennen, die ich je gelaufen bin«, sagte der 23-Jährige überglücklich. Doch es war eine eindrucksvolle Demonstration der Stärke, mit der Kramer das Rennen souverän in olympischer Rekordzeit von 6:14,60 Minuten gewann.

Für eine Sensation sorgte Seung-Hoon Lee, der quasi aus dem Nichts Silber holte. Erst im vergangenen Jahr war der Südkoreaner von den Shorttrackern auf die Langbahn gewechselt, tauchte erstmals zu Beginn der Saison im Weltcup auf und schaffte dort einen fünften Platz als bestes Ergebnis. Selbst Superstar Kramer hatte Lee erschreckt: »Als der Koreaner lief, dachte ich, das kann doch nicht wahr sein.«

Ähnliches muss auch den deutschen Startern durch den Kopf geschossen sein, die das schlechteste deutsche Ergebnis seit 50 Jahren ablieferten. Acht Jahre nach der Bronzemedaille des Dresdners Jens Boden in Salt Lake City enttäuschten bei schweren Eisbedingungen der Münchner Marco Weber auf Rang 23 und Robert Lehmann als 26. und Vorletzter auf ganzer Linie. Nur der erst 19 Jahre alte Olympia-Debütant Patrick Beckert rief mit Rang 22 sein Potenzial ab. Am meisten freute sich darüber seine Schwester Stephanie Beckert: »Er ist ein Wahnsinnsrennen gelaufen.«

Statistik

Eisschnelllauf, 5000 m, Männer

13.2.2010, Richmond Olympic Oval

1.	Sven Kramer	NED	11	6:14,60
2.	Seung-Hoon Lee	KOR	12	6:16,95
3.	Iwan Skobrew	RUS	13	6:18,05
4.	Havard Bokko	NOR	14	6:18,80
5.	Bob de Jong	NED	12	6:19,02
6.	Alexis Contin	FRA	10	6:19,58
7.	Enrico Fabris	ITA	13	6:20,53
8.	Henrik Christiansen	NOR	10	6:24,80
9.	Jan Blokhuijsen	NED	7	6:26,30
10.	Sverre Haugli	NOR	6	6:27,05
22.	Patrick Beckert	GER	4	6:36,02
23.	Marco Weber	GER	9	6:36,45
24.	Roger Schneider	SUI	1	6:39,29
26.	Robert Lehmann	GER	1	6:43,77

Reihenfolge: Startpaar, Zeit

Eisschnelllauf, 10 000 m, Männer

Kramer-Drama:
Eigener Trainer raubt das Gold

Nach dem Desaster: disqualifizierter Sven Kramer und sein Trainer Gerard Kemkers.

Superstar Sven Kramer rammte wutentbrannt seinen Schlittschuh ins Eis, riss die Sportbrille vom Kopf und warf sie in Richtung seines Trainers. Gerard Kemkers senkte leichenblass den Kopf und wollte vor Scham am liebsten in der Eisbahn des Richmond Oval versinken – das Kramer-Drama hatte seinen Höhepunkt erreicht.

Weil Kemkers durch einen verhängnisvollen Irrtum im 10 000-m-Lauf einen Wechselfehler des Superstars verursacht hatte, wurde erstmals in der Geschichte der Winterspiele der eigentliche Sieger eines Eisschnelllauf-Wettkampfes disqualifiziert. Und ausgerechnet den Liebling der kufenverrückten Niederländer erwischte es. Ganz Oranje stand unter Schock. »Ich bin gekommen, um ein Fest zu feiern. Jetzt weint mein Herz«, sagte Kronprinz Willem Alexander, der das Unfassbare gemeinsam mit seiner Familie auf der Ehrentribüne erlebte.

Bei Kilometer sieben passierte es. Kramer lief auf der Gegengeraden seinem Trainer entgegen und wollte korrekterweise auf die Außenbahn wechseln, doch Kemkers rief Kramer »Innen!« zu und wies ihn hektisch in die falsche Richtung. Der 23-Jährige wurde unsicher, vertraute seinem Coach und ließ sich aufs Glatteis führen. »Verdammt noch mal, was für ein Arschloch. Er weist mich in die falsche Kurve«, sagte der völlig konsternierte Kramer kurz nach dem Zieleinlauf zu Oranje-Teamchef Henk Gemser, und Millionen an den Fernsehschirmen hörten mit.

Vom Malheur profitierte der Südkoreaner Seung-Hoon Lee, der eigentlich vier Sekunden langsamer als Kramer war und später das Offensichtliche aussprach: »Keine Frage, dieser Olympiasieg ist mehr als glücklich.«

Nach Kramers Missgeschick auf dem Treppchen (von links): Iwan Skobrew (Silber), Seung-Hoon Lee (Gold) und Bob de Jong (Bronze).

Statistik

Eisschnelllauf, 10 000 m, Männer
23.2.2010, Richmond Oval

1. Seung-Hoon Lee	KOR	5	12:58,55
2. Iwan Skobrew	RUS	8	13:02,07
3. Bob de Jong	NED	7	13:06,73
4. Alexis Contin	FRA	6	13:12,11
5. Havard Bokko	NOR	7	13:14,92
6. Sverre Haugli	NOR	2	13:18,74
7. Henrik Christiansen	NOR	3	13:25,65
8. Jonathan Kuck	USA	2	13:31,78
9. Arjen van de Kieft	NED	5	13:33,37
10. Marco Weber	GER	6	13:35,73

Reihenfolge: Startpaar, Zeit

Als sich Kramer etwas beruhigt hatte, beschrieb er den Verlauf der Dinge nach Kemkers' Fehler aus seiner Sicht. Etwa drei Runden vor Rennende habe er seine Freundin, die Hockey-Olympiasiegerin Naomi van As, auf der Tribüne entdeckt, das Gesicht in den Händen vergraben. »Da habe ich gedacht: Wahnsinn, hast du doch falsch gewechselt? Als ich dann im Ziel die Reaktion des Publikums sah, wusste ich endgültig, dass hier etwas nicht stimmt.« Der schockierte Kemkers, der Kramer nach nur einer halben Runde Auslauf endgültig aufklärte, nahm sofort alle Schuld auf sich. »Für mich bricht eine Welt zusammen«, sagte der Coach, der Kramer seit Herbst 2005 betreut. »Ich hatte noch ein Prozent Hoffnung, dass er nicht disqualifiziert würde. Deshalb habe ich ihn nicht aus dem Rennen genommen.«

Zwei Stunden nach dem Lauf sprachen sich Kramer und Kemkers, 5000-m-Bronzegewinner 1988 in Calgary, im Hotel aus. »Ich hoffe, dass unsere Beziehung so stark ist, dass ich mir über eine Trennung keine Sorgen machen muss. Sven hat sich wie ein reifer Erwachsener verhalten«, erklärte Kemkers im Anschluss. In Kramer hingegen brodelte es. »Ein verkehrter Wechsel im wichtigsten Rennen meines Lebens – das ist Scheiße. Jeder kann mal Fehler machen, aber dieser hier ist sehr teuer. Ich will eigentlich nicht anderen Menschen die Schuld in die Schuhe schieben, aber ich kann nicht anders. Natürlich hat unsere Beziehung Schaden genommen«, sagte Kramer, um dann doch wie unter Zwang hinzuzufügen: »Letztlich bin ich aber selbst verantwortlich.«

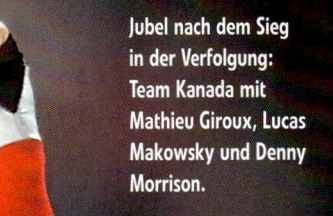

Jubel nach dem Sieg in der Verfolgung: Team Kanada mit Mathieu Giroux, Lucas Makowsky und Denny Morrison.

Eisschnelllauf, Teamverfolgung, Männer
Kanada gewinnt Team-Gold

Goldener Abschluss für die kanadischen Eisschnellläufer im Richmond Olympic Oval: Das Trio Mathieu Giroux, Lucas Makowsky und Denny Morrison setzte sich im Finale der Teamverfolgung mit 21 Hundertstelsekunden Vorsprung gegen den WM-Dritten USA durch und sicherte sich damit den Olympiasieg. Bei der Premiere vor vier Jahren in Turin hatte das kanadische Männerteam im Finale gegen Italien noch das Nachsehen gehabt. Bronze hatten sich zuvor im Rennen um Platz drei die Niederländer mit Superstar Sven Kramer gegen Norwegen gesichert. Ein deutsches Team hatte sich nicht für diesen Wettbewerb qualifizieren können.

Statistik
Eisschnelllauf, Teamverfolgung, Männer
26./27.2.2010, Richmond Olympic Oval

1. Kanada		3:41,37
(Mathieu Giroux, Lucas Makowsky, Denny Morrison)		
2. USA		3:41,58
(Chad Hedrick, Jonathan Kuck, Brian Hansen, Trevor Marsicano)		
3. Niederlande		3:39,95
(Jan Blokhuijsen, Sven Kramer, Mark Tuitert, Simon Kuipers)		
4. Norwegen		3:40,50
(Havard Bokko, Henrik Christiansen, Mikael Flygind Larsen, Fredrik van der Horst)		
5. Südkorea		3:48,60
6. Italien		3:54,39
7. Schweden		3:46,18
8. Japan		3:49,11

HF: CAN 3:42,22 – NOR 3:43,44, USA 3:42,71 – NED 3:43,11
VF: CAN 3:42,38 – ITA 3:46,35, NOR 3:43,66 – KOR 3:43,69, USA 3:44,25 – JPN 3:48,15, NED 3:44,25 – SWE 3:46,40

Shorttrack, Frauen

China dankt Wang

Kämpfte verbissen, ging volles Risiko, stürzte und schied aus: Aika Klein (großes Bild).

Vor vier Jahren in Turin war es die Chinesin Meng Wang, die mit ihrem Sieg über 500 m verhinderte, dass alle Frauentitel nach Südkorea gingen. In Vancouver stand die 24-Jährige nun erneut im Mittelpunkt, führte ihre Nation mit ihren drei Goldmedaillen in den Shorttrack-Himmel, den Landsfrau Yang Zhou mit dem vierten Gold über 1500 m in leuchtendem Blau erstrahlen ließ. Südkorea indes musste sich nach drei Gold- und einer Silbermedaille in Turin diesmal mit einer Silber- und zwei Bronzemedaillen zufrieden geben.

Bei ihrem Triumph profitierten die Chinesinnen allerdings auch von der Disqualifikation ihrer Erzrivalinnen aus Südkorea im 3000-m-Staffelrennen. Jene hatten im Pacific Coliseum das 3000-m-Rennen gewonnen und feierten bereits, als die Disqualifikation ausgesprochen wurde – Nutznießer war China.

In rund 8200 Kilometer Entfernung reagierte ein wütender Südkoreaner in Seoul auf die Disqualifikation mit einer Bombendrohung.

Die dortige Polizei verhaftete den 35-Jährigen, der nach der Entscheidung eines australischen Schiedsrichters die Sprengung der australischen Botschaft angekündigt hatte. Der nur als »Kim« identifizierte Täter hatte seine Drohung per SMS an die südkoreanische U-Bahn-Gesellschaft KORAIL geschickt und konnte dadurch ausfindig gemacht werden. Australiens Botschaft wurde vorübergehend evakuiert, angesichts der ergebnislosen Suche nach einem Sprengsatz allerdings nach 40 Minuten wieder freigegeben.

Fontana holt Europas einziges Edelmetall

Einmal mehr hatten die Shorttrackerinnen aus Europa der asiatischen und amerikanischen Übermacht nichts entgegenzusetzen. Lediglich die Italienerin Arianna Fontana schaffte als Dritte über 500 m den Sprung auf das Siegerpodest. Es war nicht nur das einzige Edelmetall für die Athletinnen aus Europa, sondern auch die erste Medaille für Italien überhaupt bei olympischen Frauen-Wettbewerben im Shorttrack.

Die Deutschen gingen dagegen erwartungsgemäß leer aus. Nach Rang 28 über 500 m war Aika Klein aus Rostock im 1000-m-Viertelfinale gestürzt und ausgeschieden.

Statistik

Shorttrack, 500 m, Frauen
17.2.2010, Pacific Coliseum

1.	Wang Meng	CHN	43,048
2.	Marianne St-Gelais	CAN	43,707
3.	Arianna Fontana	ITA	43,804
4.	Jessica Gregg	CAN	44,204
5.	Zhou Yang	CHN	B-Finale
6.	Kalyna Roberge	CAN	
7.	Katherine Reutter	USA	
8.	Lee Eun-Byul	KOR	

VL: 28. Aika Klein (GER) 45,186

Shorttrack, 1000 m, Frauen
26.2.2010, Pacific Coliseum

1.	Meng Wang	CHN	1:29,213
2.	Katherine Reutter	USA	1:29,324
3.	Seung-Hi Park	KOR	1:29,379
DQ	Yang Zhou	CHN	
4.	Ha-Ri Cho	KOR	B-Finale
5.	Kalyna Roberge	CAN	
6.	Jessica Gregg	CAN	
7.	Tatiana Borodulina	AUS	

VL: 16. Aika Klein (GER), 22. Veronika Windisch (AUT)

Shorttrack, 1500 m, Frauen
20.2.2010, Pacific Coliseum

1.	Yang Zhou	CHN	2:16,993
2.	Eun-Byul Lee	KOR	2:17,849
3.	Seung-Hi Park	KOR	2:17,927
4.	Katherine Reutter	USA	2:18,396
5.	Ha-Ri Cho	KOR	2:18,831
6.	Erika Huszar	HUN	2:19,251
7.	Evgenia Radanova	BUL	2:19,411
8.	Tania Vicent	CAN	2:23,035

VL: 25. Veronika Windisch (AUT).
DQ Aika Klein (GER/im Vorlauf)

Shorttrack, 3000-m-Staffel, Frauen
24.2.2010, Pacific Coliseum

1. China WR 4:06,610
   (Linlin Sun, Meng Wang, Hui Zahng, Yang Zhou)
2. Kanada 4:09,137
   (Jessica Gregg, Kalyna Roberge, Marianne St-Gelais, Tania Vicent)
3. USA 4:14,081
   (Allison Baver, Alyson Dudek, Lana Gehring, Katherine Reutter)
DQ Südkorea

4. Niederlande B-Finale
   (Jorien ter Mors, Annita van Doorn, Sanne van Kerkhof, Maaike Vos)
5. Ungarn
   (Rozsa Darasz, Bernadett Heidum, Erika Huszar, Andrea Keszler)
6. Italien
   (Cecilia Maffei, Lucia Peretti, Martina Valcepina, Katia Zini)
7. Japan
   (Ayuko Ito, Hiroko Sadakane, Yui Sakai, Biba Sakurai)

Goldig und immer gut geschliffen: die Kufen beim Shorttrack (rechts oben).

Südkoreas Frauen, hier Eun-Byul Lee (links) und Seung-Hi Park, gaben ihre Vormachtstellung an die Erzrivalen aus China ab.

Shorttrack, Männer
Ohno auch ohne Gold obenauf

US-Shorttrack-Superstar Apolo Anton Ohno schrieb mit seiner achten Olympia-Medaille endgültig Sportgeschichte. Nach Silber über 1500 m und Bronze über 1000 m ließ der Mann mit dem Kinnbart im 5000-m-Staffelrennen zum Abschluss nochmals Bronze folgen und damit Eisschnelllauf-Legende Bonnie Blair hinter sich. »Apolo 8« ist nun der größte Medaillensammler Amerikas bei Winterspielen und zog deshalb mehr Aufmerksamkeit auf sich als Südkoreas Doppel-Olympiasieger Jung-Su Lee. »Ich bin einfach ein Athlet, der sich bei seinen dritten Winterspielen die Seele aus dem Leib rennt. Ich wollte hierher kommen, Herz und Seele in diese Spiele investieren«, erklärte Ohno und fügte bescheiden hinzu: »Jede Medaille ist eine große Ehre.« Mit unglaublicher Akribie hat er seine dritten Olympischen Spiele in Angriff genommen. Wer hört, dass sein früherer Spitzname »Dickerchen« (Chunky) war, sieht heute fassungslos einen topfitten Vorzeige-Athleten, der seinen Körperfett-Anteil mit radikaler Diät und Training sogar auf einen niedrigeren Wert als den von Schwimm-Superstar Michael Phelps gedrückt hat. 900 Kilometer lief Ohno in den letzten Wochen vor dem Olympia-Start auf seinem Laufband – dabei hatte er gerade eine Schweinegrippe-Erkrankung auskuriert. »Das war sehr hart«, berichtete er Journalisten. »Das kann sich niemand vorstellen.«

Im Jahre 2007, bevor er den Entschluss fasste, nach einer Pause wieder mit dem Sport zu beginnen, setzte Ohno noch andere Prioritäten. Er siegte in der TV-Show »Dancing on Ice«. Apolo Anton Ohnos langes Haar, neben dem Bart sein Markenzeichen, lässt sich der Multi-Millionär von einem der Star-Friseure des Planeten stylen: seinem Vater. Yuki Ohno, der seinen Sohn als Alleinerziehender großzog, ist Ohnos Fixstern im System. Und aus »Apolo 8« kann ja auch immer noch 9, 10 oder elf werden … »Ich sage niemals nie, denn ich liebe diesen Sport.«

Hamelins »Liebes-Attacke«

Nach seinem Doppel-Gold innerhalb von 50 Minuten entlud Charles Hamelin seine Freude in einer »Liebes-Attacke«: Der Shorttracker stürmte auf Freundin Marianne St-Gelais zu, küsste die zweimalige Olympia-Zweite überschwänglich und gab ihr mehrmals liebevoll einen Klaps auf den Po. Mit seinen zwei Olympiasiegen am letzten Wettkampftag der Kurven-Flitzer hatte er aber nicht nur seine Liebste, sondern das ganze shorttrackverrückte Kanada glücklich gemacht.

Der Kinnbart ist sein Markenzeichen, sein Name verleitet zu Wortspielen, doch vor allem ist er ein Superstar – auch ohne olympisches Gold in Vancouver: Apolo Anton Ohno (großes Bild, Mitte). Das Duo Charles Hamelin (ganz links) und Jung-Su Lee (2. v.l.) enteilte der Konkurrenz. Beide gewannen jeweils zwei Mal Gold.

»Das waren die zwei größten Rennen meines Lebens. Es war fantastisch, einfach fantastisch«, sagte Hamelin nach seinen Siegen über 500 m und im 5000-m-Staffelrennen mit dem kanadischen Team. Seine öffentlichen Liebesbeweise für St-Gelais, die ebenfalls Shorttrackerin ist, waren ihm alles andere als peinlich: »Ich bin so glücklich, dass ich diesen Augenblick mit ihr teilen konnte. Das war einer der größten Momente in meinem Leben.«

Zwölf Medaillen, drei Nationen

Nur drei Nationen teilten die insgesamt zwölf Medaillen der vier Shorttrack-Wettbewerbe bei den Männern unter sich auf. Dabei hatten die Südkoreaner mit zwei Goldmedaillen durch Jung-Su Lee (1000 m und 1500 m), dem mit drei Medaillen erfolgreichsten männlichen Shorttracker der Spiele von Vancouver, und drei zweiten Plätzen am Ende die Nase vorn. Kanada folgte dank Hamelin mit zwei Gold- und einer Bronzemedaille, Ohno führte die USA auf Rang drei (0/1/3). Die Deutschen gingen dagegen wie erwartet leer aus. Immerhin erreichte Tyson Heung am letzten Tag das B-Finale über 500 m und durfte sich am Ende über Gesamtplatz fünf freuen.

US-Superstar Apolo Anton Ohno (rechts) brüllte sich nach seiner Disqualifikation über 500 m den Frust von der Seele.

Für Stefan Praus (links) war über 1500 m im B-Finale Schluss.

Statistik

Shorttrack, 500 m, Männer
26.2.2010, Pacific Coliseum

1.	Charles Hamelin	CAN	40,981
2.	Si-Bak Sung	KOR	41,340
3.	Francois-Louis Tremblay	CAN	46,366
4.	Yoon-Gy Kwak	KOR	42,123
5.	Tyson Heung	GER	B-Finale
6.	Jon Eley	GBR	
7.	Ho-Suk Lee	KOR	
DQ	Apolo Anton Ohno	USA	
DQ	Olivier Jean	FRA	

VF: 18. Robert Seifert (GER)

Shorttrack, 1000 m, Männer
20.2.2010, Pacific Coliseum

1.	Jung-Su Lee	KOR	1:23,747
2.	Ho-Suk Lee	KOR	1:23,801
3.	Apolo Anton Ohno	USA	1:24,128
4.	Charles Hamelin	CAN	1:24,329
5.	Francois Hamelin	CAN	1:25,206

VL: 13. Tyson Heung (GER) 1:25,938, 22. Paul Herrmann (GER) 1:26,739

Shorttrack, 1500 m, Männer
14.2.2010, Pacific Coliseum

1.	Jung-Su Lee	KOR	2:17,611
2.	Apolo Anton Ohno	USA	2:17,976
3.	J. R. Celski	USA	2:18,053
4.	Jean Oliver	CAN	2:18,806
5.	Si-Bak Sung	KOR	2:45,010
11.	Sebastian Praus	GER	B-Finale

VL: 23. Tyson Heung (GER), 32. Paul Herrmann (GER)

Shorttrack, 5000-m-Staffel, Männer
26.2.2010, Pacific Coliseum

1.	Kanada	6:44,224
	(Charles Hamelin, Francois Hamelin, Olivier Jean, Francois-Louis Tremblay)	
2.	Südkorea	6:44,446
	(Si-Bak Sung, Jung-Su Lee, Ho-Suk Lee, Yoon-Gy Kwak)	
3.	USA	6:44,498
	(Apolo Anton Ohno, J.R. Celski, Travis Jayner, Jordan Malone)	
4.	China	6:44,630
5.	Frankreich	6:51,566
6.	Großbritannien	B-Finale
7.	Deutschland	
	(Paul Herrmann, Tyson Heung, Sebastian Praus, Robert Seifert)	

Königin der XXI. Winterspiele: Die Norwegerin Marit Björgen.

Sie kam, siegte und lächelte: Olympia-Debütantin Magdalena Neuner avancierte zur erfolgreichsten Biathletin der Spiele. Zwei goldene und eine silberne Medaille waren ihre Ausbeute.

Nordische Wettbewerbe

Die Geschichte der nordischen Ski-Wettbewerbe schrieben altbekannte Routiniers wie Simon Ammann (Schweiz) und Marit Björgen (Norwegen) sowie eine Olympia-Debütantin aus Deutschland: Magdalena Neuner.

Im Biathlon behielten die deutschen Skijägerinnen mit insgesamt fünf Medaillen ihre Vormachtstellung, dagegen lieferten die Männer ihr schlechtestes Ergebnis seit 1968 ab. Sie mussten ohne eine einzige Medaille abreisen. Österreichs Biathleten dagegen holten zwei Silbermedaillen.

Das Skispringen dominierte der Schweizer Simon Ammann mit jeweils Gold auf der Normal- und Großschanze – sein dritter und vierter Olympiasieg. Das deutsche Team schaffte mit Platz zwei im Teamspringen hinter Österreich einen versöhnlichen Abschluss.

Das galt auch für die Kombinierer, die in den Einzelwettbewerben ohne Chance waren, aber im Teamwettbewerb Bronze gewannen. Gold ging an Österreich.

Unbestrittener Star in den Langlauf-Wettbewerben war Marit Björgen mit insgesamt drei goldenen sowie je einer silbernen und bronzenen Medaille. Zufrieden sein konnte das deutsche Team mit insgesamt fünf Medaillen, darunter die nicht erwartete goldene im Teamsprint der Frauen.

König der Skispringer: Simon Ammann. Der Schweizer gewann beide Goldmedaillen im Einzelspringen. Insgesamt hat er jetzt vier – olympischer Rekord im Lager der Springer!

Anastazia Kuzmina war vom russischen Verband wegen »Perspektivlosigkeit« ausgemustert worden. Für ihre neue Heimat Slowakei gewann sie Gold im Biathlon-Sprint ...

Biathlon Frauen 7,5 km Sprint

Neuner mit Silber glücklich

Magdalena Neuner hatte Silber um den Hals und Tränen in den Augen. »Das war die emotionalste Medaillenzeremonie meiner Karriere. Ich habe schon als Kind von einer Olympiamedaille geträumt, und ich bin froh, jetzt dieses große Ding um den Hals zu haben«, sagte die 23 Jahre alte Olympia-Debütantin nach der Ehrung auf der Medal Plaza in Whistler. Silber glänzte für die sechsmalige Weltmeisterin im Biathlon da schon fast wie Gold. Im Sprintrennen über 7,5 km hatte sie den Sieg nur um 1,5 Sekunden verfehlt. 1,5 km vor dem Ziel lag die große Favoritin noch mit einer Sekunde in Front, am Ende musste sie sich knapp Überraschungssiegerin Anastazia Kuzmina aus der Slowa-

kei geschlagen geben. Während die gebürtige Russin Kuzmina zum ersten Gold für die Slowakei bei Winterspielen lief und Marie Dorin aus Frankreich den dritten Rang belegte, enttäuschten die anderen deutschen Frauen. Simone Hauswald wurde 26., Andrea Henkel 27. und Kati Wilhelm 30.

Über das verpasste Gold ärgerte sich Neuner nicht. »Als die Fahne hochging wusste ich, dass sich all der Schweiß und die Schinderei gelohnt haben.« Mit einer Olympia-Medaille werde man schließlich »ein wenig zur Legende«.

Bundestrainer Uwe Müßiggang war »froh, dass eine aus unserer Mannschaft gleich ganz vorne dabei war« und trauerte dem verpassten goldenen Auftakt nicht nach. »Natürlich war Gold möglich, aber Lena hat bis zum letzten Zentimeter gekämpft und ist im Gegensatz zu vielen anderen ihrer Favoritenrolle gerecht geworden.«

Damit meinte Müßiggang nicht nur sein restliches Trio, das beim Schießen »deutlich zu viele Fehler« gemacht hatte, sondern auch die gescheiterten Russinnen sowie Schwedens Goldfavoritinnen Helena Jonsson und Anna Carin Olofsson-Zidek auf den Rängen 12 sowie 20.

Biathlon Frauen 10 km Verfolgung

Heißersehntes und historisches Gold für Neuner

Mit einem strahlenden Lächeln im Gesicht flog Magdalena Neuner auf den letzten Metern des Verfolgungsrennens der Ziellinie entgegen. »Ja, ich bin Olympiasiegerin, das ist einfach nur der Wahnsinn«, rief sie, nach-

Anastazia Kuzmina (vorn) und Magdalena Neuner beherrschten die ersten beiden Biathlon-Wettbewerbe – den Sprint und das Verfolgungsrennen. Beide gewannen je einmal Gold und einmal Silber.

Statistik

Biathlon, 7,5 km, Frauen
13.2.2010, Whistler Olympic Park

1. Anastazia Kuzmina	SVK	19	19:55,6	1
2. Magdalena Neuner	GER	31	19:57,1	1
3. Marie Dorin	FRA	10	20:06,5	0
4. Anna Bouligina	RUS	47	20:07,7	0
5. Elena Khrustalewa	KAZ	29	20:20,4	0
6. Marie Laure Brunet	FRA	67	20:23,3	0
7. Olga Saizewa	RUS	25	20:23,4	0
8. Darya Domratschewa	BLR	37	20:27,4	0
9. Teja Gregorin	SLO	44	20:29,2	0
10. Ann Kristin Aafedt Flatland	NOR	63	20:29,7	1
26. Simone Hauswald	GER	11	21:14,1	2
27. Andrea Henkel	GER	56	21:15,7	2
30. Kati Wilhelm	GER	38	21:27,2	3
56. Selina Gasparin	SUI	57	22:23,4	4

Reihenfolge: Startnummer, Zeit/Fehlschüsse

dem sie sich ihren großen Traum erfüllt hatte: »Ich habe zwar den letzten Schuss danebengezittert, aber ich wusste, dass es trotzdem reicht.« Es war eine historische Goldmedaille für das deutsche Team, das in der ewigen Medaillenliste der Winterspiele Russland als Nummer 1 ablöste.

Das Lob aus berufenem Munde ließ nicht lange auf sich warten. »Hut ab, Magdalena Neuner ist unglaublich. Phantastisch, mit welcher Nervenstärke und mit welchem Willen sie ihr Ziel umgesetzt hat.

Magdalena Neuner nach ihrer ersten olympischen Goldmedaille: Jubel bei der Zeremonie und Freude nach dem Ziel-Einlauf.

Aus diesem Holz sind Olympiasieger geschnitzt«, sagte DOSB-Präsident Thomas Bach und umarmte Biathlon-Chefcoach Uwe Müßiggang. »Aber meine Nerven haben gelitten.«

Im Ziel hatte Neuner 12,3 Sekunden Vorsprung auf Anastazia Kuzmina. Bronze gewann die Französin Marie Laure Brunet. Doppel-Olympiasiegerin Andrea Henkel (Großbreitenbach) belegte mit 1:24,5 Minuten Rückstand auf Neuner Platz zehn, die dreimalige Olympiasiegerin Kati Wilhelm (Zella-Mehlis) wurde Zwölfte, Simone Hauswald (Gosheim) kam als 16. ins Ziel.

Nachdem Neuner im 7,5 km Sprint bei ihrer Olympia-Premiere Gold noch um 1,5 Sekunden verpasst und hinter der Slowakin Anastazia Kuzmina »nur« Silber gewonnen hatte, diktierte sie das Verfolgungsrennen: Sie stürmte sofort wie der Teufel los und hatte Kuzmina schnell eingeholt. Beim ersten Schießen schossen die beiden Spitzenreiterinnen schnell, fast simultan und fehlerlos. So wuchs der Vorsprung der beiden auf das Verfolgerfeld auf über eine halbe Minute.

Beim zweiten Liegendschießen traf Neuner ähnlich schnell alle fünf Scheiben, während sich Kuzmina einen Fehler leistete. So lag die Deutsche bei Halbzeit der 10 km mit 25 Sekunden Vorsprung klar auf Goldkurs. Beim ersten Stehendschießen ließ Neuner eine Scheibe stehen, doch Kuzmina patzte ebenfalls, der Vorsprung blieb bestehen. Beim vierten Schießen war Neuner sehr schnell, der letzte Schuss ging aber daneben. So ging sie nur mit 6,2 Sekunden Vorsprung auf die Schlussrunde, den sie bis ins Ziel »verdoppelte« …

Statistik

Biathlon, 10 km Verfolgung, Frauen

16.2.2010, Whistler Olympic Park

1. Magdalena Neuner	GER	2	0:02	30:16,0/2
2. Anastazia Kuzmina	SVK	1	0:00	+12,3/2
3. Marie Laure Brunet	FRA	6	0:28	+28,3/0
4. Anna Carin Olofsson-Zidek	SWE	20	0:58	+39,4/1
5. Tora Berger	NOR	33	1:47	+51,2/0
6. Anna Bouligina	RUS	4	0:12	+52,1/1
7. Olga Saizewa	RUS	7	0:28	+1:04,3/2
8. Ann Kristin Aafedt Flatland	NOR	10	0:34	+1:17,3/1
9. Teja Gregorin	SLO	9	0:34	+1:22,6/2
10. Andrea Henkel	GER	27	1:20	+1:24,5/3
12. Kati Wilhelm	GER	30	1:32	+1:27,3/1
16. Simone Hauswald	GER	26	1:19	+1:42,6/4
48. Selina Gasparin	SUI	56	2:28	+5:37,5/5

Reihenfolge: Startnummer, Rückstand beim Start, Rückstand im Ziel/Fehlschüsse

Biathlon, Frauen

Auftakt zum Massenstart: Zu erkennen unter anderem die Siegerin Magdalena Neuner (Startnummer 2) und Bronzemedaillen-Gewinnerin Simone Hauswald (12). Die beiden Deutschen mit ihren Medaillen (unten).

Biathlon, 12,5 km Massenstart, Frauen

Neuner krönt sich zur Königin
Bronze für Hauswald

Laufwunder Magdalena Neuner krönte sich mit ihrem zweiten Biathlon-Gold zur Königin der Winterspiele von Vancouver. Mit einer grandiosen Schlussrunde in einem dramatischen Massenstart-Rennen wurde die 23-Jährige nach ihrem Triumph in der Verfolgung erneut Olympiasiegerin. Den deutschen Jubeltag im Sonnenschein von Whistler rundete Simone Hauswald mit Bronze ab, dazwischen schob sich nur die Russin Olga Saizewa.
»Ich habe vorher überhaupt nicht damit gerechnet, und – schwups – habe ich meine zweite Goldmedaille«, sagte Neuner überglücklich.

»Gold-Lena«

»Ja, ich bin Olympiasiegerin«, rief Magdalena Neuner, als sie das Verfolgungsrennen in Whistler gewonnen und sich damit ihren ganz großen Traum erfüllt hatte. Die 23-Jährige – nach ihren sechs WM-Titeln in den Jahren 2007 und 2008 als »Gold-Lena« tituliert – hatte vor Vancouver klar und selbstbewusst formuliert, dass sie bei ihren ersten Olympischen Spielen Gold gewinnen wolle. Nervenstark und souverän zog sie es durch.
Sie ließ sich durch den minimalen 1,5-Sekunden-Rückstand bei ihrer olympischen Premiere im Sprint nicht schocken, schlug im Verfolgungsrennen zurück und gewann dann auch noch das Massenstartrennen. Zwischendurch, im 15-km-Einzelrennen zwei Tage nach der ersten Goldmedaille, war sie »anfangs unkonzentriert«, erklärte die Wallgauerin. »Ich musste mich echt zusammenreißen. Dann ging's auch wieder, aber es war zu spät.« Am Ende blieb ihr nur Rang neun.
Zweimal Gold, einmal Silber lautete die Erfolgsbilanz – jetzt ist Magdalena Neuner auch bei Olympia »Gold-Lena«.

Hauswald, die schon bei der Blumenzeremonie im Skistadion von ihren Gefühlen überwältigt wurde, ließ auch bei der Medaillenvergabe ihren Emotionen freien Lauf und sang die Nationalhymne mit. »Ich habe ja schon geweint, als ich über die Ziellinie fuhr. Es war so ein schönes Rennen.«
DOSB-Präsident Thomas Bach verneigte sich vor seinen Athletinnen: »Die Mädels sind einfach phantastisch. Das war ein grandioser Schlussspurt.« Noch 7,3 Sekunden Rückstand hatte Neuner nach dem letzten Schießen auf Olga Saizewa gehabt, im Ziel waren es 5,5 Sekunden Vorsprung auf die Silbermedaillengewinnerin.
Die deutsche Kolonie auf der Tribüne

Statistik

Biathlon, 12,5-km-Massenstart, Frauen
21.2.2010, Whistler Olympic Park

1. Magdalena Neuner	GER	35:19,6/2	
2. Olga Saizewa	RUS	35:25,1/1	
3. Simone Hauswald	GER	35:26,9/2	
4. Olga Medwedzewa	RUS	35:40,8/0	
5. Teja Gregorin	SVK	35:49,0/1	
6. Darja Domratschewa	BLR	35:53,2/1	
7. Sandrine Bailly	FRA	36:02,0/2	
8. Anastazia Kuzmina	SLO	36:02,9/3	
9. Andrea Henkel	GER	36:13,5/1	
10. Helena Jonsson	SWE	36:15,9/2	
25. Kati Wilhelm	GER	38:37,7/5	

Reihenfolge: Zeit/Fehlschüsse

stimmte das Lied »So sehen Sieger aus« an, während Bundestrainer Uwe Müßiggang seine Sportlerinnen in den Arm nahm. »So sehen Champions aus. Beim letzten Stehendschießen haben die beiden extrem gut gearbeitet«, sagte der »Goldschmied.«

Das Rennen verlief äußerst spannend. Beim ersten Schießen leistete sich Neuner genau wie Kati Wilhelm und Andrea Henkel einen Fehler. Ohne Fehlschuss kam nur Simone Hauswald durch, die fortan als Spitzenreiterin das Tempo bestimmte. Auch beim zweiten Liegendschießen fielen bei Hauswald alle Scheiben, ebenso bei Magdalena Neuner, die als Achte mit 19 Sekunden Rückstand auf Spitzenreiterin Hauswald zurück auf die Strecke ging. Kati Wilhelm ließ dagegen gleich drei Scheiben stehen und büßte so frühzeitig die letzte Chance auf den ersehnten Podestplatz ein. »Ich will unbedingt eine Einzelmedaille«, hatte sie vorher gesagt.

Beim ersten Stehendschießen schoss Hauswald zweimal vorbei, Neuner patzte einmal, womit plötzlich Andrea Henkel auf Platz sechs die beste Deutsche war. Am Ende war Henkel mit ihrem Rennen aber alles andere als zufrieden: »Auf der Strecke ging gar nichts, zumindest sind die Scheiben heute gefallen.« Neuner und Hauswald holten bis zum finalen Stehendschießen wieder ein paar Sekunden auf. Beide gingen am Schießstand volles Risiko und schossen Null. Neuner machte sich auf die Jagd, holte Saizewa ein und ließ sie am Anstieg einfach stehen. Hauswald war zwischenzeitlich sogar Zweite, musste die Russin aber letztendlich doch wieder vorbeiziehen lassen.

Biathlon, 15 km, Frauen

Historische Medaillenpleite für erfolgsverwöhnte Deutsche

Nach einem Fehlschuss-Festival erlebten die erfolgsverwöhnten deutschen Biathletinnen eine historische Medaillenpleite: Erstmals in der Olympia-Geschichte gab es über 15 Kilometer kein Edelmetall für das Favoriten-Team. Während die dreimalige Olympiasiegerin Kati Wilhelm als Vierte, Andrea Henkel als Sechste und Magdalena Neuner als Zehnte am Podest vorbeischossen, stand Tora Berger im Sonnenschein von Whistler als umjubelte Siegerin und Gewinnerin von Norwegens 100. Goldmedaille bei Winterspielen im Mittelpunkt. Die Norwegerin feierte trotz einer Strafminute den größten Erfolg ihrer Karriere. 20,7 Sekunden hinter ihr holte die fehlerfreie Kasachin Jelena Chrustalewa überraschend Silber vor Darja Domratschewa aus Weißrussland. Wilhelm (ein Fehlschuss) hatte im Ziel 1:04,5 Minuten Rückstand auf die Siegerin und verpasste das Podest um mehr als eine halbe Minute. Neuner (drei Fahrkarten) kam trotz Laufbestzeit 1:49,3 Minuten hinter Berger ins Ziel.

Seit der Olympia-Premiere der Frauen im Jahr 1992 hatte es immer eine deutsche Medaille über 15 km gegeben, dieses Mal vergab das deutsche Team einen Podestplatz am Schießstand. Der läuferisch nicht so überzeugenden Kati Wilhelm kostete ein Fehler beim 15. Schuss den möglichen Sieg. »Ich habe lange gewartet, aber als der Schuss dann raus war, habe ich gedacht: Hättest du doch noch mal geatmet«, sagte Wilhelm. »Das sollte einer Athletin mit meiner Erfahrung eigentlich nicht mehr passieren – aber es ist halt passiert.«

Andrea Henkel büßte mit ihrer zweiten Fahrkarte im letzten Schuss alle Chancen ein und landete auf Platz sechs. »Die Medaille hat gefehlt, obwohl das ein gutes Team-Ergebnis war. Die Leistungen am Schießstand waren nicht gut genug«, räumte Bundestrainer Uwe Müßiggang ein.

Feierte den größten Erfolg ihrer Karriere: Einzelsiegerin Tora Berger. Kati Wilhelm (unten) rannte dagegen an einer Medaille vorbei.

Statistik

Biathlon, 15 km, Frauen
18.2.2010, Whistler Olympic Park

1. Tora Berger	NOR	2	40:52,8/1
2. Jelena Chrustalewa	KAZ	7	41:13,5/0
3. Darja Domratschewa	BLR	34	41:21,0/1
4. Kati Wilhelm	GER	52	41:57,3/1
5. Weronika Novakowska	POL	71	41:57,5/1
6. Andrea Henkel	GER	26	42:32,4/2
7. Agnieszka Cyl	POL	15	42:32,5/1
8. Oxana Chwostenko	UKR	3	42:38,6/0
9. Ludmilla Kalintschik	BLR	53	42:39,1/1
10. Magdalena Neuner	GER	18	42:42,1/3
29. Martina Beck	GER	54	44:12,0/2
40. Selina Gasparin	SUI	17	45:23,6/3

Reihenfolge: Startnummer, Zeit/Strafminuten

Zum letzten Mal zusammen in der Staffel (von links): Kati Wilhelm, Simone Hauswald, Martina Beck und Andrea Henkel. Das Quartett verabschiedete sich mit Bronze.

Biathlon Staffel Frauen

Bronze für Ü-30-Staffel bei letztem Auftritt

Ohne Doppel-Olympiasiegerin Magdalena Neuner verpassten die deutschen Biathletinnen das angepeilte Staffel-Gold in Whistler klar: Das deutsche Ü-30-Quartett musste sich Russland und Frankreich geschlagen geben und mit der Bronzemedaille begnügen. Trotzdem fuhr Schlussläuferin Andrea Henkel jubelnd über die Ziellinie.

»Ich freue mich für die Mädels«, sagte Neuner nach dem Rennen. »Jetzt hat wenigstens jede von uns eine Medaille, und wir können richtig zusammen feiern. Russland und Frankreich waren heute nicht zu schlagen. Ich bin froh, dass es so gelaufen ist. Olympia nimmt so ein positives Ende für uns alle.«

Auch DOSB-Präsident Thomas Bach war voll des Lobes: »Die Frauen haben mit fünf Medaillen ihr Soll erfüllt. Das ist ein herausragendes Ergebnis.« Bundestrainer Uwe Müßiggang sprach vom »besten Schießergebnis der ganzen Saison« und fügte hinzu: »Sehr schade, dass wir auf der Strecke nicht mithalten konnten. Es ist hypothetisch, zu behaupten, dass wir mit Magdalena besser gewesen wären. Alle haben fantastisch gearbeitet und ihr Bestes gegeben.«

Kati Wilhelm (33 Jahre), Simone Hauswald (30), Martina Beck (30) und Andrea Henkel (32) hatten nach vier Sechs-Kilometer-Teilstrecken 37,1 Sekunden Rückstand auf Gold. Alle vier Routiniers bestätigten nach der Medaillenübergabe den Rückzug von der Olympia-Bühne. Sicher scheint auch, dass die deutsche Staffel in dieser Besetzung nie wieder zusammen laufen wird und deshalb künftig nicht nur Neuner dringend gebraucht wird. Das deutete auch Müßiggang an: »Ich bin überzeugt, dass Lena eine feste Staffel-Größe in unserer Mannschaft wird.« Müßiggang hatte sich gegen Neuner entschieden, weil »in der Staffel die Schießleistung entscheidet«. Die etatmäßige Schlussläuferin Kati Wilhelm war überraschend auf der Startposition aufgeboten worden und kam zum ersten Schießen als Spitzenreiterin. Dann jedoch musste sie einmal nachladen und fiel weit zurück. Das Stehendschießen klappte dann perfekt, Wilhelm übergab mit nur noch 3,4 Sekunden Rückstand auf Spitzenreiter Frankreich als Dritte.

Massenstart-Bronzegewinnerin Simone Hauswald hatte danach die taktische Vorgabe von Müßiggang, »eine Lücke zu den anderen zu reißen«. Sie übernahm mit zwei makellosen Schießübungen auch die Spitze, bekam dann im einsetzenden Schneefall aber läuferisch Probleme. »Schießen war super, Laufen auch – aber wir sind mit dem Material nicht top«, sagte Hauswald danach.

Die für ihre Freundin Neuner ins Team gekommene Martina Beck leistete sich bei ihrem ersten Schießen einen Nachlader. Russland mit der 2006 des Dopings überführten Olga Medwedzewa ging in Führung, während die Französinnen zwei Strafrunden drehen mussten und weit zurückfielen. Auch beim zweiten Schießen musste Beck einmal nachladen und übergab mit 44,8 Sekunden Rückstand als Zweite an Andrea Henkel.

»Sie wollte unbedingt zum Schluss laufen. Das ist ein gutes Zeichen«, hatte Müßiggang gesagt. Henkel nahm einen Vorsprung von 24 Sekunden auf Platz vier mit auf die Schlussrunde, gab sich damit aber nicht zufrieden, sondern griff voll an. Zwei Nachlader beim letzten

Schießen kosteten allerdings die letzte »Minichance« auf Gold – auf der Schlussrunde zog dann auch noch Frankreich vorbei. »Die Französinnen hatten ein brutales Material«, war ihr Kommentar dazu.

Biathlon, Frauen

Statistik

Biathlon, 4 x 6 km, Frauen
23.2.2010, Whistler Olympic Park

1. Russland		1:09:36,3/0+5
Swetlana Slepzowa	17:24,4/0 + 0/0	
Anna Bogali-Titowez	17:17,3/0 + 0/2	
Olga Medwedzewa	17:27,7/0 + 0/0	
Olga Saizewa	17:26,9/0 + 0/3	
2. Frankreich		1:10:09,1/2+8
Marie Laure Brunet	17:22,6/0 + 0/2	
Sylvie Becaert	17:17,6/0 + 0/1	
Marie Dorin	18:34,2/2 + 2/4	
Sandrine Bailly	16:54,7/0 + 0/1	
3. Deutschland		1:10:13,4/0+5
Kati Wilhelm	17:26,0/0 + 0/1	
Simone Hauswald	17:16,2/0 + 0/2	
Martina Beck	18:12,0/0 + 0/0	
Andrea Henkel	17:19,2/0 + 0/2	
4. Norwegen		1:10:34,1/0+3
Liv Kjersti Eikeland	18:20,4/0 + 0/2	
Ann Kristin Aafedt Flatland	16:52,6/0 + 0/0	
Solveig Rogstad	18:21,2/0 + 0/0	
Tora Berger	16:59,9/0 + 0/1	
5. Schweden		1:10:47,2/0+3
Elisabeth Hogberg	17:46,7/0 + 0/1	
Anna Carin Olofsson-Zidek	17:25,9/0 + 0/0	
Anna Maria Nilsson	18:16,8/0 + 0/2	
Helena Jonsson	17:17,8/0 + 0/0	
6. Ukraine		1:11:08,2/0+8
Olena Pidhruschna	17:36,9/0 + 0/1	
Walj Semerenko	17:56,3/0 + 0/4	
Oxana Chwostenko	17:44,7/0 + 0/1	
Wita Semerenko	17:50,3/0 + 0/1	
7. Weißrussland		1:11:34,0/0+3
Ljudmila Kalinschik	17:40,0/0 + 0/2	
Darja Domraschewa	17:28,7/0 + 0/1	
Olga Kudraschowa	18:27,4/0 + 0/0	
Nadeschda Skardino	17:57,9/0 + 0/0	
8. Slowenien		1:12:02,4/0+6
Dijana Ravnikar	17:50,4/0 + 0/1	
Andreja Mali	18:18,2/0 + 0/2	
Tadeja Brankovic-Likozar	18:07,8/0 + 0/2	
Teja Gregorin	17:46,0/0 + 0/1	
9. China		1:12:16,9/0+8
10. Rumänien		1:12:32,9/0+7

Reihenfolge: Gesamtzeit/Strafrunden + Nachlader
Laufzeit/Strafrunden + Nachlader/Platz

Als hätte sie Platz drei vorausgeahnt: Simone Hauswald nach dem Einschießen (großes Bild). Die siegreichen Russinnen – Olga Saizewa bei der Zieldurchfahrt – beherrschten die Konkurrentinnen souverän.

Biathlon 10 km Sprint Männer

Der große Triumphator nach seinem Erfolg in der Verfolgung: Björn Ferry aus Schweden.

Deutsche Biathleten scheitern im Wetterchaos von Whistler

Profitierte im Sprint von seiner niedrigen Startnummer: Olympiasieger Vincent Jay aus Frankreich. In der Verfolgung kam noch eine Bronzemedaille dazu.

Die deutschen Biathleten haben bei ihrem schwächsten Olympia-Auftakt überhaupt im dichten Schneeregen von Whistler buchstäblich den Durchblick verloren. Im 10-km-Sprint, in dem bei teilweise katastrophalen äußeren Bedingungen nur die ersten zehn Starter eine reelle Siegchance hatten, landete Christoph Stephan (Oberhof) als bester Deutscher auf Platz 19. Der dreimalige Olympiasieger Michael Greis (Nesselwang) wurde 21. »Ich wusste schon am Start, dass da nichts geht«, sagte Stephan.

Gold gewann der glückliche Franzose Vincent Jay mit Startnummer 6 vor dem Mitfavoriten Emil Hegle Svendsen (Norwegen/Startnummer 10) und Außenseiter Jakov Fak (Kroatien/Startnummer 4). Jay hatte vor einem Jahr beim Olympiatest an gleicher Stelle seinen ersten Weltcupsieg gefeiert.

»Das war ein irreguläres Rennen, aber wir sind halt eine Outdoor-Sportart und hatten heute kein Glück«, sagte Bundestrainer Frank Ullrich. »Wir hatten bei diesen Bedingungen keine Chance, auch wenn der eine oder andere Fehler am Schießstand natürlich unnötig war. Christoph Stephan ist sehr gut gelaufen und hätte hier bei gutem Wetter ein großes Ding durchziehen können.«

Nur Michael Greis hatte sich in die erste Startgruppe einordnen lassen, doch seine 31 war schon viel zu hoch. Mit Start des Rennens begann es zu regnen, später zu schneien, die Bedingungen wurden im stumpfen Weiß nach hinten heraus immer schlechter, die Läufer blieben regelrecht stecken. Greis kam zwar noch mit einer guten Zwischenzeit zum Liegendschießen, ließ dann aber die letzte Scheibe stehen. »Es hat nicht sollen sein. Das war ein ganz schlechter Tag«, sagte der 33-Jährige, der aber wie seine drei Teamkollegen den Blick lieber nach vorne richten wollte.

Im Sprint von den widrigen Verhältnissen besiegt (unten), in der Verfolgung dann noch auf Platz fünf nach vorne gelaufen (rechte Seite unten): Michael Greis.

Beim Stehendschießen in Whistler, wo im dichten Schneeregen die Scheiben fast nicht mehr zu erkennen waren, hatte Greis wie so viele Favoriten keine Chance und kam mit 1:48,2 Minuten Rückstand auf Sieger Jay ins Ziel. Fünf Sekunden besser war mit großem Kampfgeist noch der weiter hinten gestartete Stephan. Die Hoffnungen von Andreas Birnbacher (Schleching/23.) und Arnd Peiffer (Clausthal-Zellerfeld/37.) verwirbelten trotz besserer Schießleistungen im dichten Schneeregen.

Statistik

Biathlon, 10 km Sprint, Männer
14.2.2010, Whistler Olympic Park

1.	Vincent Jay	FRA	6	24:07,8/0
2.	Emil Hegle Svendsen	NOR	10	24:20,0/1
3.	Jakov Fak	CRO	4	24:21,8/0
4.	Klemen Bauer	SLO	2	24:25,2/1
5.	Andrej Derysemlja	UKR	9	24:48,5/2
6.	Jean Philippe Leguellec	CAN	8	24:57,6/1
7.	Pavol Hurajt	SVK	14	25:15,0/1
8.	Björn Ferry	SWE	26	25:20,2/0
9.	Jeremy Teela	USA	13	25:21,7/2
10.	Iwan Tscheresow	RUS	5	25:25,9/2
11.	Simon Eder	AUT	42	25:32,2/0
12.	Christoph Sumann	AUT	7	25:32,7/2
13.	Thomas Frei	SUI	11	25:36,9/0
16.	Simon Hallenbarter	SUI	37	25:48,3/2
19.	Christoph Stephan	GER	58	25:51,1/1
21.	Michael Greis	GER	31	25:56,0/3
23.	Andreas Birnbacher	GER	70	26:06,4/1
26.	Matthias Simmen	SUI	66	26:11,5/1
34.	Dominik Landertinger	AUT	27	26:23,7/4
37.	Arnd Peiffer	GER	34	26:29,1/2
45.	Daniel Mesotitsch	AUT	54	26:45,3/2
69.	Benjamin Weger	SUI	81	27:43,6/3

Reihenfolge: Startnummer, Zeit/Fehlschüsse

Biathlon 12,5 km Verfolgung Männer

Sumanns Aufholjagd: »Sollte Ski einrahmen«

Als der Schwede Björn Ferry als Olympiasieger im Verfolgungsrennen gefeiert wurde, stand Michael Greis, der nach einer tollen Aufholjagd von Platz 21 des Sprint-Rennens als starker Fünfter ins Ziel gekommen war, mit leeren Händen daneben. Dagegen durfte sich Christoph Sumann aus Österreich über eine nicht erwartete Silbermedaille freuen. Der 34-jährige Steirer war »das Rennen seines Lebens gelaufen« und hatte sich von Platz 12 nach vorne geschoben. Bronze sicherte sich Sprint-Olympiasieger Vincent Jay aus Frankreich. Der Salzburger Simon Eder wurde knapp dahinter Vierter.

»Ein Traum ist in Erfüllung gegangen. Ich hatte perfektes Material: Ich sollte den Ski einrahmen und an die Wand hängen«, sagte Sumann im Ziel. Ebenfalls Jubel gab es bei Ferrys deutschem Trainer Wolfgang Pichler: »Heute war der Tag, an dem alles gepasst hat.«

In Jubel-Laune war das deutsche Team nicht, dennoch attestierte Männer-Bundestrainer Frank Ullrich Greis und Andreas Birnbacher (Platz 13) eine gute Leistung. »Speziell Michi und Andreas haben sich sehr gut präsentiert und bravourös gekämpft. Wir konnten nach dem Sprint-Ergebnis nur Schadensbegrenzung betreiben.« Greis, der schneller als der Olympiasieger war und die insgesamt zweitbeste Zeit des ganzen Rennens lief, sprach von einem »harten Rennen. Aber ich hatte einen guten Ski, und es ist gut zu wissen, dass man mithalten kann.« Der dreimalige Olympiasieger hatte die deutschen Chancen schon vor dem Start als gering eingeschätzt, schließlich waren im vorangegangenen Sprintrennen die vier deutschen Pechvögel vom einsetzenden Schneefall gebremst und weit nach hinten zurückgeworfen worden. »Da müssten die vorne Platzierten schon total vorbeiballern, wenn wir noch eine Chance haben wollen«, sagte Greis. Fast hätte es dennoch geklappt, denn erst sein einziger Fehler beim letzten Schießen kostete die Chance auf Bronze. Christoph Stephan wurde 30., Arnd Peiffer 37.

Holte für die Österreicher eine nicht erwartete Silbermedaille in der Verfolgung: Christoph Sumann.

Statistik

Biathlon, 12,5 km Verfolgung, Männer
16.2.2010, Whistler Olympic Park

1.	Björn Ferry	SWE	8	1:12	33:38,4/1
2.	Christoph Sumann	AUT	12	1:25	+16,5/2
3.	Vincent Jay	FRA	1	0:00	+28,2/2
4.	Simon Eder	AUT	11	1:24	+31,0/3
5.	Michael Greis	GER	21	1:48	+51,2/1
6.	Iwan Tscheressow	RUS	10	1:18	+51,2/2
7.	Ole Einar Björndalen	NOR	17	1:41	+51,4/2
8.	Emil Hegle Svendsen	NOR	2	0:12	+52,0/4
9.	Klemen Bauer	SLO	4	0:17	+55,4/5
10.	Sergej Sednew	UKR	22	1:49	+1:11,6/0
12.	Thomas Frei	SUI	13	1:29	+1:18,0/1
13.	Andreas Birnbacher	GER	23	1:59	+1:25,0/2
14.	Dominik Landertinger	AUT	34	2:16	+1:28,3/3
28.	Matthias Simmen	SUI	26	2:04	+2:16,6/3
30.	Christoph Stephan	GER	19	1:43	+2:23,9/4
37.	Arnd Peiffer	GER	37	2:21	+3:06,5/4
41.	Daniel Mesotitsch	AUT	45	2:38	+3:17,6/4
43.	Simon Hallenbarter	SUI	16	1:41	+3:29,5/6

Reihenfolge: Startnummer, Rückstand beim Start, Rückstand im Ziel/Fehlschüsse

Der Franzose Martin Fourcade (oben links) lag nach dem ersten Schießen im Massenstart-Rennen nur auf Platz 28 von 30, kämpfte sich dann aber auf den zweiten Platz hinter dem Russen Jewgeni Ustjugow (oben rechts) nach vorn.

Biathlon, 15 km Massenstart, Männer

Vierte Nullnummer für deutsche Fehlschützen

Viertes Rennen und wieder keine Medaille: Die deutschen Biathlon-Fehlschützen beendeten die olympischen Einzelrennen erstmals seit 1998 ohne Podestplatz. Vier Jahre nach seinem Goldlauf von Turin belegte Michael Greis im Massenstartrennen von Whistler nur Platz zehn, während der Russe Jewgeni Ustjugow seine Nachfolge als Olympiasieger antrat und vor dem Franzosen Martin Fourcade und dem Slowaken Pavol Hurajt gewann.

»Es sollte nicht sein, aber das Bemühen war da. Wenn Greis beim letzten Schießen die Null gebracht hätte, wäre ein Medaille drin gewesen. Aber hätte, wenn und aber hilft nicht«, sagte Bundestrainer Frank Ullrich enttäuscht. Sein Quartett leistete sich insgesamt zwölf Fehler am Schießstand – einfach zu viel. Greis kam nach drei Strafrunden mit 35 Sekunden Rückstand auf den fehlerfreien Ustjugow ins Ziel, der den größten Erfolg seiner Karriere feierte.

Besser schnitten da die Österreicher mit Christoph Sumann (4.), Daniel Mesotitsch (5.) und Dominik Landertinger (7.) ab, aber auch für sie reichte es nicht zur möglichen Medaille. Sumann, der nach dem letzten Schießen noch auf dem Bronze-Rang lag, wurde von Fourcade in der letzten Runde noch überholt.

1998 in Nagano hatten die deutschen Biathlon-Männer letztmals kein Edelmetall auf den damals nur zwei Einzelstrecken gewonnen. Danach rehabilitierte sich das Team um den viermaligen Olympiasieger Ricco Groß jedoch mit Staffel-Gold.

Das Ullrich-Quartett startete bei strahlendem Sonnenschein und Temperaturen um zehn Grad verhalten in das Rennen. Beim ersten Schießen blieben die am Schießstand in den Rennen zuvor eher unsicheren Deutschen dafür aber fehlerlos. Läuferisch konnten Greis und Co. mit den Besten mithalten, und auch beim zweiten Schießen machte nur Christoph Stephan einen Fehler.

Bei Halbzeit der Strecke ging Arnd Peiffer sogar in Führung. Zu diesem Zeitpunkt hatte der fünfmalige Olympiasieger Ole Einar Björndalen bereits drei Fehler geschossen und lag aussichtslos zurück. Am Ende landete der »große« Norweger mit sieben Schießfehlern abgeschlagen auf Rang 27. Beim dritten Schießen verschenkten die Deutschen dann jedoch ihre glänzende Ausgangsposition. Greis ließ eine Scheibe stehen und ging als Zwölfter mit 25 Sekunden Rückstand auf die Jagd, während Peiffer zweimal in der Strafrunde kreiseln musste. Es bildete sich eine fünfköpfige Spitzengruppe, Greis holte dahinter Sekunde um Sekunde auf. Beim vierten Schießen schoss er alles oder nichts – und büßte mit zwei Fehlern auch seine letzten Medaillenchancen ein.

Statistik

Biathlon, 15-km-Massenstart, Männer
21.2.2010, Whistler Olympic Park

1.	Jewgeni Ustjugow	RUS	35:35,7/0
2.	Martin Fourcade	FRA	35:46,2/3
3.	Pavol Hurajt	SVK	35:52,3/0
4.	Christoph Sumann	AUT	36:01,6/1
5.	Daniel Mesotitsch	AUT	36:05,9/3
6.	Iwan Tscheressow	RUS	36:09,2/3
7.	Dominik Landertinger	AUT	36:09,7/4
8.	Vincent Jay	FRA	36:10,3/1
9.	Jakov Fak	CRO	36:10,5/3
10.	Michael Greis	GER	36:10,7/3
15.	Andreas Birnbacher	GER	36:30,2/3
17.	Arnd Peiffer	GER	36:44,5/2
23.	Christoph Stephan	GER	37:11,4/4
24.	Thomas Frei	SUI	37:12,9/2
25.	Simon Eder	AUT	37:29,7/4

Reihenfolge: Zeit/Fehlschüsse

Emil Hegle Svendsen aus Norwegen siegte im 20-km-Rennen dank starker Laufleistung und nur eines Schießfehlers.

Siegerehrung (von links): Goldmedaille für Hegle Svendsen und je eine Silbermedaille für die Zeitgleichen Sergej Nowikow und Ole Einar Björndalen.

Biathlon, 20 km, Männer

Björndalens zehnte Olympiamedaille

Turin-Olympiasieger Michael Greis auf Platz zehn, Andreas Birnbacher Zwölfter: Auch beim dritten Biathlon-Wettbewerb war der Angriff der deutschen Männer aufs Olympia-Podest ein Schuss in den Ofen. Vier Jahre nach seinem Goldlauf über die gleiche Distanz beraubte sich Greis mit zwei Schießfehlern aller Chancen. Als sein Nachfolger auf dem obersten Siegerpodest wurde über 20 km der Norweger Emil Hegle Svendsen im Sonnenschein von Whistler gefeiert. 9,5 Sekunden hinter ihm kamen zeitgleich Svendsens Landsmann Ole Einar Björndalen und der Weißrusse Sergej Nowikow ins Ziel. Beide erhielten die Silbermedaillen. Für Björndalen war es die insgesamt zehnte Olympiamedaille seit 1998.

Mit drei Athleten unter den ersten Neun erwiesen sich die im Nationen-Cup führenden Österreicher als starkes Team, es fehlte jedoch die Medaille als Tüpfelchen auf dem »i«. Bester des ÖSV-Teams wurde Simon Eder als Sechster, Christoph Sumann und Daniel Mesotitsch folgten auf den Rängen acht und neun. »Es war klar, dass man bei diesen Schießverhältnissen mit einem Fehler über die Runden kommen muss. Das haben wir leider nicht ganz geschafft«, erklärte Trainer Reinhard Gösweiner.

Der deutsche Bundestrainer Frank Ullrich, zum letzten Mal bei Olympischen Spielen verantwortlich, schüttelte immer wieder den Kopf und musste schließlich eingestehen, dass »wir sowohl läuferisch als auch beim Schießen nicht voll konkurrenzfähig waren«. Und Michael Greis meinte: »Es ist schwierig, wenn man sich ganz kaputt fühlt und die Strecke so saugt. Läuferisch hätte es heute auch bei null Schießfehlern nicht für ganz vorne gereicht.«

Die beiden Oberhofer Alexander Wolf und Christoph Stephan landeten auf den Plätzen 24 und 29. Für sie war – wie auch für Birnbacher – bereits nach dem ersten Schießen alles vorbei. Stephan, 2009 im südkoreanischen Pyeongchang immerhin Vizeweltmeister über diese Strecke, leistete sich wie auch Alexander Wolf eine Fahrkarte. Andreas Birnbacher schoss gleich zweimal daneben. Und damit stand das schlechteste Ergebnis seit 1976 fest – seit 34 Jahren!

Seit 1980 (unter anderem Silber für Frank Ullrich) hatte es über die längste Einzelstrecke mit Ausnahme von Nagano 1998 (Ricco Groß Sechster) immer eine deutsche Medaille gegeben …

Statistik

Biathlon, 20 km, Männer
18.2.2010, Whistler Olympic Park

1.	Emil Hegle Svendsen	NOR	5	48:22,5/1
2.	Ole Einar Björndalen	NOR	12	48:32,0/2
2.	Sergej Nowikow	BLR	27	48:32,0/0
4.	Jewgeni Ustjugow	RUS	6	49:11,8/1
5.	Pavol Hurajt	SVK	11	49:39,0/1
6.	Simon Eder	AUT	16	49:41,7/2
7.	Tomasz Sikora	POL	1	49:43,8/2
8.	Christoph Sumann	AUT	4	50:04,9/3
9.	Daniel Mesotitsch	AUT	49	50:32,0/2
10.	Michael Greis	GER	17	50:37,6/2
12.	Andreas Birnbacher	GER	77	50:43,5/2
16.	Thomas Frei	SUI	26	51:03,4/2
24.	Alexander Wolf	GER	61	52:09,0/2
29.	Christoph Stephan	GER	39	52:33,4/3
39.	Matthias Simmen	SUI	70	53:05,7/4
43.	Simon Hallenbarter	SUI	46	53:18,4/5
55.	Benjamin Weger	SUI	74	54:20,3/5

Reihenfolge: Startnummer, Zeit/Strafminuten

Biathlon, Staffel, Männer

Björndalen jagt Dählie
Silber für Österreich

Zum Abschluss der Biathlon-Wettbewerbe im Whistler Olympic Park schlug der »große alte« Mann Ole Einar Björndalen doch noch zu. Das lebende Denkmal seiner Sportart jagte als Schlussläufer seines Teams Norwegen im Staffelrennen als Erster über die Ziellinie und sicherte sich seine obligatorische Goldmedaille. Silber ging an Österreich, das sich im Fotofinish gegen Russland durchsetzte.
Das ÖSV-Quartett Simon Eder, Daniel Mesotitsch, Dominik Landertinger und Christoph Sumann hatte Norwegen dank perfektem Material bei feuchtem Schneefall fast über die gesamte Distanz ein Kopf-an-Kopf-Duell geliefert. Sumann musste den großen Björndalen im spannenden Finale erst nach einer Strafrunde im liegenden Anschlag ziehen lassen. In einem fulminanten Zielsprint bezwang er aber den Massenstart-Olympiasieger Jewgeni Ustjugow und sicherte seinem Team nach seinem zweiten Platz in der Verfolgung wenige Zentimeter vor dem Russen Silber.

Ole Einar Björndalen gewann seine insgesamt sechste Goldmedaille bei Olympischen Spielen.

Statistik

Biathlon, 4x7,5km, Männer
26.2.2010, Whistler Olympic Park

1. Norwegen		1:21:38,1/0+7	4. Schweden		1:23:02,0/1+10
Halvard Hanevold	20:15,6/0+1/7		Fredrik Lindström	20:11,3/0+1/4	
Tarjei Boe	20:26,8/0+2/1		Carl Johan Bergman	20:37,9/0+4/3	
Emil Hegle Svendsen	20:31,3/0+2/3		Mattias Nilsson	21:32,0/1+3/7	
Ole Einar Björndalen	20:24,4/0+2/2		Björn Ferry	20:40,8/0+2/4	
2. Österreich		1:22:16,7/1+8	5. Deutschland		1:23:16,0/2+7
Simon Eder	20:10,0/0+1/2		Simon Schempp	20:10,4/0+1/3	
Daniel Mesotitsch	20:38,0/0+3/4		Andreas Birnbacher	21:53,7/2+3/14	
Dominik Landertinger	20:25,9/0+1/2		Arnd Peiffer	20:56,9/0+3/4	
Christoph Sumann	21:02,8/1+3/6		Michael Greis	20:15,0/0+0/1	
3. Russland		1:22:16,9/0+4	6. Frankreich		1:23:16,2/1+9
Iwan Tscheressow	20:07,5/0+1/1		Vincent Jay	20:13,7/0+3/6	
Anton Schipulin	21:05,0/0+0/6		Vincent Defrasne	21:25,6/1+4/10	
Maxim Tschudow	20:23,2/0+0/1		Simon Fourcade	21:08,2/0+0/5	
Jewgeni Ustjugow	20:41,2/0+3/5		Martin Fourcade	20:28,7/0+2/3	

Reihenfolge: Gesamtzeit/Strafrunden+Nachlader
Laufzeit/Strafrunden+Nachlader/Platz

»Ein historischer Moment«, jubelte der Steirer nach dem ersten Team-Edelmetall für die Biathleten bei Winterspielen. »Ich habe noch nie so eine Achterbahn der Gefühle mitgemacht. Ich schieße und schieße und schieße und die Scheiben waren immer noch schwarz«, sagte er zum verpatzten Liegend-Anschlag mit vier Fehlern nach den ersten fünf Schüssen.

Das deutsche Quartett mit Simon Schempp, Andreas Birnbacher, Arnd Peiffer und dem dreifachen Turin-Olympiasieger Michael Greis kam mit einem Rückstand von 1:37,9 Minuten auf den fünften Platz. Deutschlands Biathlon-Männer blieben damit erstmals seit 1968 ohne olympische Medaille. Mit dem erneuten Triumph ist Ole Einar Björndalen zum zweiterfolgreichsten Athleten in der Geschichte der Winterspiele aufgestiegen. Der 36-Jährige hat seit Nagano 1998 insgesamt sechsmal Gold, viermal Silber und einmal Bronze gewonnen. Nur sein Landsmann Björn Dählie liegt mit achtmal Gold und viermal Silber im Skilanglauf vor Björndalen.

Die goldenen Zeiten sind vorbei, die deutschen Biathleten waren die großen Olympia-Verlierer von Vancouver. »Das ist ganz bitter«, sagte auch Thomas Pfüller völlig enttäuscht. Der Sportdirektor des Deutschen Ski-Verbandes (DSV) kündigte nach dem schwächsten Männer-Ergebnis seit 42 Jahren umgehend personelle Entscheidungen an.

Michael Greis, in Turin 2006 noch dreifacher Olympiasieger, war ebenfalls bedient. »Nur herzukommen und zu denken, die Dinge werden schon gut laufen, das reicht nicht«, sagte der einstige Gold-Held offen. Die Erklärungsversuche von Greis waren ebenfalls alles andere als medaillentauglich. »Es ist uns nicht gelungen, den Teamgeist zu entfachen, den man bei Winterspielen braucht«, sagte Greis.

Das konnte natürlich auch als ein Seitenhieb auf den scheidenden Bundestrainer Frank Ullrich interpretiert werden. Greis spielte darauf an, dass er gerne den früheren Ullrich-Co-Trainer und Albertville-Olympiasieger Fritz Fischer im Team gehabt hätte: »Ich habe schon vor den Spielen gemerkt, dass der Fritz mit seiner Ausstrahlung unheimlich positiv auf mich wirkt. Er hätte uns hier richtig pushen können.«

Beim Deutschen Ski-Verband scheint das Comeback Fischers, der 2007 aus gesundheitlichen Gründen ausgeschieden war, beschlossene Sache. »Fritz Fischer spielt in unseren Personalüberlegungen eine Rolle«, sagte Pfüller. Künftiger Cheftrainer von Frauen und Männern soll Uwe Müßiggang werden, bisher für die Frauen zuständig.

Biathlon, Männer

Die erfolgreichen Biathlon-Staffeln auf dem Treppchen (von links): Russland (Bronze), Norwegen (Gold) und Österreich (Silber).

7. Tschechien		1:23:55,2/0+9
Jaroslav Soukup	20:13,5/0+1/5	
Zdenek Vitek	20:36,8/0+2/2	
Roman Dostal	21:45,7/0+4/10	
Michal Slesinger	21:19,2/0+2/11	
8. Ukraine		1:24:25,1/0+4
Alexander Bilanenko	20:38,7/0+1/10	
Andrej Derysemlja	20:44,3/0+2/5	
Wjatscheslaw Derkatsch	21:47,3/0+0/11	
Sergej Sednew	21:14,8/0+1/10	
9. Schweiz		1:24:36,8/0+9
Thomas Frei	20:47,6/0+1/11	
Matthias Simmen	21:17,1/0+5/9	
Benjamin Weger	21:26,1/0+2/6	
Simon Hallenbarter	21:06,0/0+1/7	
10. Kanada		1:24:50,7/0+7

Die erfolgreichen Einzel-Sprinterinnen (von links): Justyna Kowalczyk (Silber), Marit Björgen (Gold) und Petra Majdic.

Skilanglauf, Sprint Einzel, Frauen

Drama um Favoritin Majdic

Sie stürzte in einen eiskalten Bach, Ski, Stöcke und vier Rippen zerbrachen, der Körper war schwer lädiert: Ehe Top-Favoritin Petra Majdic mit der Bronzemedaille die erste slowenische Medaille in einem Langlaufwettbewerb erkämpfte, hatten sich in den Wäldern des Callaghan Valley tragische Szenen abgespielt. Die 31 Jahre alte Top-Athletin erzählte, sie sei beim Warmlaufen in einer »völlig vereisten und nicht gesicherten« Kurve gestürzt, dabei aus der Spur geraten und drei Meter tief in einen kleinen Wasserlauf mit großen Steinen gefallen und ein Baum habe auch noch im Weg gestanden. Majdic trat mit starken Schmerzen in Becken und Rücken zur Qualifikation an, schaffte es aber dennoch als 19. in die Top 30. Nach dem Finale musste Majdic von zwei Betreuern zum Siegertreppchen geführt werden. Dort stand sie neben Siegerin Marit Björgen (Norwegen) und Silbermedaillengewinnerin Justyna Kowalczyk (Polen).
Bei einer genauen Untersuchung einen Tag nach dem Rennen stellte sich heraus, dass Majdic mit vier gebrochenen Rippen und einem Lungenfellriss die Bronzemedaille erkämpft hatte. Der slowenische Verband schloss eine Klage gegen die Olympia-Organisatoren nicht aus, weil die Unfallstelle nicht abgesichert gewesen sei.

Das deutsche Frauentrio hatte keine Chance, überstand aber immerhin die Qualifikation. Zeller verpasste das Halbfinale anschließend nur um Millimeter.

So war Bundestrainer Jochen Behle zumindest halbwegs zufrieden: »Die Mädels haben sich tapfer geschlagen, waren aber nicht gerade vom Glück begünstigt.« Und meinte damit in erster Linie Katrin Zeller.

»Das war einer der bittersten Momente meiner Karriere, und das ausgerechnet bei Olympia. Zwei Minuten lang dachte ich, dass ich weiter bin, aber dann haben ein oder zwei Millimeter gefehlt«, schilderte Zeller ihr knapp verlorenes Viertelfinale. Die eigentliche Distanzläuferin stand dicht vor dem größten Erfolg ihrer bisherigen Karriere, scheiterte aber nach tollem Zielspurt um Platz zwei gegen Natalja Korosteljewa (Russland) um eine Schuhspitze im Fotofinish.

Statistik

Langlauf, Einzel-Sprint, Frauen
17.2.2010, Whistler Olympic Park

1. Marit Björgen	NOR	3:39,2	
2. Justyna Kowalczyk	POL	+ 1,1	
3. Petra Majdic	SLO	+ 1,8	
4. Anna Olsson	SWE	+ 2,5	
5. Magda Genuin	ITA	+ 9,9	
6. Celine Brun-Lie	NOR	+ 12,3	

HF: Katerina Smutina (AUT)
VF: Doris Trachsel (SUI), Katrin Zeller (GER), Nicole Fessel (GER), Hanna Kolb (GER)

Skilanglauf, Teamsprint, Frauen

»Golden Girls« feiern Wunder

Es war das Wunder von Whistler und es wurde ausgiebig gefeiert: der überraschende Olympiasieg der »Golden Girls« Evi Sachenbacher-Stehle und Claudia Nystad im Teamsprint. »Gold – das ist Wahnsinn. Wir haben perfekt harmoniert. Ich habe auf der Zielgeraden alles gegeben, war fix und fertig – aber es hat gereicht«, jubelte Nystad. Mit 0,6 Sekunden Vorsprung vor der Schwedin Anna Haag stürmte sie über die Ziellinie.

Das deutsche Duo hatte trotz eines Sturzes von Sachenbacher-Stehle im Halbfinale souverän den Einzug in den Endlauf geschafft. Im Finale drehten die beiden Deutschen richtig auf. Sachenbacher-Stehle riss nach einem Sturz zu Beginn taktisch klug eine Lücke. So kämpften von Beginn an nur vier Teams um die drei Medaillen. Beim letzten Wechsel führte Schweden mit einer Zehntelsekunde Vorsprung vor Deutschland, doch Nystad raste in der letzten Abfahrt vorbei und gewann.

Die quietschvergnügte Sachenbacher-Stehle genoss die Siegerehrung in vollen Zügen: »Oben auf dem Podest war es einfach nur cool, der absolute Hammer. Damit hatten wir nie gerechnet.« Dem widersprach ihre langjährige Teamgefährtin Nystad vehement: »Eigentlich hatten wir seit 2002 jedes Jahr den Plan, an die Spitze zurückzukehren. Das hat nicht so geklappt, aber wir haben immer daran geglaubt – und jetzt ist es wahr geworden.« Das Duo hatte bereits zusammen olympisches Staffelgold 2002, WM-Staffelgold 2003, Staffel-Silber in Turin 2006, WM-Silber in Staffel (2007 und 2009) sowie Teamsprint (2007) gewonnen, wobei Nystad bei den ersten Erfolgen noch unter ihrem Mädchennamen Künzel startete.

Sachenbachers Goldmedaille von Vancouver wird bald im heimischen Reit im Winkl bei Vater Sepp in jenem Tresor verschwinden, in dem auch schon das andere Edelmetall liegt. Nystad dagegen hatte ihr Gold von Salt Lake City 2007 für 22 000 Euro an das russische Olympische Museum in Smolensk versteigert und das Geld dem Nothilfeverein »Hänsel und Gretel« für missbrauchte Kinder zur Verfügung gestellt. »Das war eine richtig gute Sache. Vielleicht mache ich das noch einmal, aber vielleicht behalte ich die Medaille auch«, erklärte Nystad.

Strahlefrauen: Claudia Nystad (links) und Evi Sachenbacher-Stehle.

Riesenüberraschung im Teamsprint: Claudia Nystad (3) spurtet gegen die Schwedin Anna Haag zum Sieg für Deutschland. Kein Wunder, dass sie mit Partnerin Evi Sachenbacher-Stehle auf dem Treppchen vor Freude in die Luft sprang.

Statistik

Langlauf, Teamsprint, Frauen
22.2.2010, Whistler Olympic Park

1.	Evi Sachenbacher-Stehle/Claudia Nystad	GER	18:03,7
2.	Charlotte Kalla/Anna Haag	SWE	18:04,3
3.	Irina Chasowa/Natalia Korostelewa	RUS	18:07,7
4.	Magda Genuin/Arianna Follis	ITA	18:14,2
5.	Astrid Jacobsen/Celine Brun-Lie	NOR	18:32,8
6.	Caitlin Compton/Kikkan Randall	USA	18:51,6
7.	Daria Gaiazova/Sara Renner	CAN	18:51,8
8.	Riitta-Liisa Roponen/Riikka Sarasoja	FIN	18:56,6
9.	Kornelia Marek/Sylwia Jaskowiec	POL	18:59,1
10.	Karine Laurent Philippot/Laure Barthelemy	FRA	19:04,2

HF: 18. Bettina Gruber/Silvana Bucher (SUI) 20:04,6

Skilanglauf, 10 km, Frauen

Deutsche: Vorgabe verfehlt

Evi Sachenbacher-Stehle Zwölfte, Claudia Nystad auf Rang 16 und Miriam Gößner (21.) in Tränen aufgelöst: Die deutschen Langläuferinnen verfehlten in Whistler die von Bundestrainer Jochen Behle vorgegebene einstellige Platzierung über 10 km Freistil. »Wir müssen realistisch sein, in diesem Rennen ging es für uns nicht um die Medaillen. So gesehen dürfen wir nicht unzufrieden sein, obwohl wir unser Ziel Top Ten knapp verpasst haben«, sagte Behle.

Goldig: 10-km-Siegerin Charlotte Kalla aus Schweden.

Behle schloss in einer ersten Diagnose schlimmere Verletzungen aus.
Evi Sachenbacher-Stehle aus Reit im Winkl, die vor vier Jahren in Turin wegen zu hoher Hämoglobin-Werte mit einer Schutzsperre belegt worden war und das Auftaktrennen deshalb verpasst hatte, war mit ihrem Einstand zufrieden: »Ich hätte gerne die Top Ten erreicht, aber das ist okay so. Ich hoffe, dass es jetzt immer besser wird.«

Die Oberwiesenthalerin Claudia Nystad haderte unterdessen etwas mit ihrem 16. Platz. »Die Form war nicht so, dass wir von Medaillen reden konnten. Aber das Rennen hat Spaß gemacht, auch wenn es für mich noch ein paar Plätze weiter nach vorne hätte gehen können«, sagte die 32-Jährige. Steffi Böhler (Ibach) beendete das Rennen auf Rang 23.

Das Rennen gewann die schwedische Mitfavoritin Charlotte Kalla vor der Doppel-Olympiasiegerin von Turin, Kristina Smigun-Vaehi (Estland), und Marit Björgen (Norwegen). Top-Favoritin Justyna Kowalczyk (Polen) wurde nur Fünfte und sparte anschließend nicht mit Kritik. »Die Strecke ist nichts für Olympia«, sagte die Weltcup-Führende. »Sie hat zu viele Kurven und gefährliche Abfahrten.« Dabei hatte sich der wegen schlechter Präparierung im Vorfeld stark kritisierte Kurs bei leichten Minustemperaturen und hoher Luftfeuchtigkeit in perfektem Zustand präsentiert.

Pechvogel des Tages war die »gelernte« Biathletin Miriam Gößner (Garmisch), die problemlos in den Bereichen von Sachenbacher-Stehle und Nystad lief, bis sich auf der ersten Runde ihre Schuhschnallen verhakten. Gößner kam auf einer Eisplatte zu Fall und landete unsanft auf der linken Seite. »Die Schulter tut höllisch weh«, sagte die 19-Jährige, deren Tränen der Enttäuschung eine Stunde nach dem Rennen aber wieder getrocknet waren. »Ich konnte keinen Schritt mehr ohne Schmerzen tun.« Bundestrainer Jochen

Statistik

Langlauf, 10 km, Frauen
15.2.2010, Whistler Olympic Park

1. Charlotte Kalla	SWE	31	24:58,4
2. Kristina Smigun-Vaehi	EST	17	25:05,0
3. Marit Björgen	NOR	28	25:14,3
4. Anna Haag	SWE	23	25:19,3
5. Justyna Kowalczyk	POL	33	25:20,1
6. Riita-Liisa Roponen	FIN	26	25:24,3
7. Jewgenia Medwedewa	RUS	22	25:26,5
8. Kristin Stoermer Steira	NOR	30	25:50,5
9. Walentina Schewtschenko	UKR	21	25:51,1
10. Swetlana Malahowa-Schischkina	KAZ	16	25:53,9
12. Evi Sachenbacher-Stehle	GER	18	25:57,7
16. Claudia Nystad	GER	14	25:59,8
21. Miriam Gößner	GER	44	26:14,8
23. Stefanie Böhler	GER	7	26:19,2

Reihenfolge: Startnummer, Laufzeit

108

Skilanglauf, 15 km Verfolgung, Frauen

Björgen: Zweite Goldshow

Evi Sachenbacher-Stehle hatte sich nach eigener Aussage »brutal auf das Rennen gefreut« und für sich selbst das Ziel »Top Ten« für die 15 km Verfolgung ausgegeben. Und die Staffel-Olympiasiegerin von 2002 versuchte auch ihr Bestes. Doch es reichte nicht ganz, unter anderem deshalb, weil ihr auf der zweiten Runde ein Missgeschick passierte. »Ich bin auf die Startnummer 58 getreten, die lag in der Spur«, berichtete Sachenbacher-Stehle. »Ich musste anhalten und sie vom Ski ablösen, dabei habe ich ein paar Sekunden verloren. Wenn dann erstmal so ein Loch zur Konkurrenz aufreißt, läufst du das nicht mehr zu. Es wäre mehr drin gewesen, deshalb kann ich auch nicht zufrieden sein.«

Evi Sachenbacher-Stehle Elfte – die übrigen deutschen Läuferinnen unter »ferner liefen«. Sie blieben bei der zweiten Goldshow der Norwegerin Marit Björgen erneut nur Statisten. Auch bei der dritten Olympia-Entscheidung im Sonnenschein von Whistler verfehlten die Frauen die Vorgabe Top-Ten-Platz um eine Schuhspitze. »Wir können mit der Zwischenbilanz nicht ganz zufrieden sein. Das Ziel waren Top-Ten-Plätze, die haben wir wieder knapp verfehlt«, analysierte Bundestrainer Jochen Behle nüchtern. »Nur Platz elf ist in Ordnung, von Steffi Böhler und Katrin Zeller habe ich mehr erwartet.« Sachenbacher-Stehle hatte bei frühlingshaften Temperaturen von zehn Grad im Ziel 1:39,8 Minuten Rückstand auf Siegerin Björgen und verfehlte das Ziel Top Ten erst im Fotofinish.

Zwei Tage nach ihrem Sprint-Triumph war Björgen auch über die zweitlängste Distanz nicht zu schlagen und triumphierte mit 8,9 Sekunden Vorsprung souverän vor der Schwedin Anna Haag. Bronze gewann die Sprint-Olympiazweite Justyna Kowalczyk (Polen). Vor dem Massenstart hatte Chefcoach Behle für seine Vorzeigeläuferin Sachenbacher-Stehle die »Devise Angriff« ausgegeben: »Wir müssen so lange wie möglich vorn dranbleiben, dann ist alles möglich.«

Vor allem Björgen und Kowalczyk schlugen gleich auf den ersten Kilometern ein mörderisches Tempo an. Sachenbacher-Stehle hielt in der ungeliebten klassischen Technik mit verbissenem Gesicht genau wie Katrin Zeller nur bis zu Kilometer vier mit. Zu diesem Zeitpunkt waren Nicole Fessel und Stefanie Böhler bereits aussichtslos zurückgefallen.

Dann wurde das Tempo vorn zu hoch. Sachenbacher-Stehle musste abreißen lassen, verlor bis zum Wechsel auf die freie Technik 42,4 Sekunden und damit die Minimalchancen im Kampf um einen Podestplatz. Während Björgen mit einem Antritt bei Kilometer zwölf die Entscheidung um Gold erzwang, konnte Sachenbacher-Stehle nur noch Schadensbegrenzung betreiben und verpasste das ausgegebene Ziel hauchdünn.

Freute sich riesig über ihren Sieg in der Verfolgung: Marit Björgen (großes Bild). Vorher hatte die Norwegerin bereits Gold im Sprint und Bronze im 10-km-Rennen gewonnen.

Langlauf, Frauen

In der Verfolgung knapp an Platz zehn vorbei: Evi Sachenbacher-Stehle.

Statistik

Langlauf, 15-km-Verfolgung, Frauen (7,5 + 7,5 km)
19.2.2010, Whistler Olympic Park

1.	Marit Björgen	NOR	39:58,1	(21:00,8/2 + 18:31,5/1)
2.	Anna Haag	SWE	40:07,0	(21:04,5/4 + 18:37,8/2)
3.	Justyna Kowalczyk	POL	40:07,4	(21:02,2/3 + 18:42,0/4)
4.	Kristin Störmer Steira	NOR	40:07,5	(21:05,1/5 + 18:39,7/3)
5.	Aino-Kaisa Saarinen	FIN	40:40,6	(21:00,7/1 + 19:18,0/7)
6.	Therese Johaug	NOR	40:50,0	(21:06,1/7 + 19:17,0/5)
7.	Marianna Longa	ITA	41:02,2	(21:05,5/6 + 19:33,6/14)
8.	Charlotte Kalla	SWE	41:18,5	(21:26,4/9 + 19:27,5/11)
9.	Arianna Follis	ITA	41:21,6	(21:26,0/8 + 19:33,7/15)
10.	Sara Renner	CAN	41:37,9	(21:28,1/10 + 19:44,3/21)
11.	Evi Sachenbacher-Stehle	GER	41:37,9	(21:38,3/12 + 19:32,9/13)
22.	Nicole Fessel	GER	42:25,1	(22:30,3/36 + 19:26,5/10)
24.	Katrin Zeller	GER	42:26,9	(21:51,9/13 + 20:07,3/34)
29.	Katerina Smutna	AUT	42:50,3	(22:19,7/30 + 20:02,6/32)
36.	Stefanie Böhler	GER	43:17,9	(22:12,0/24 + 20:39,7/45)

Reihenfolge: Gesamtzeit
(Zeit 7,5 km klassisch/Platz + Zeit 7,5 km Freier Stil/Platz)

Silber-Quartett (von links): Katrin Zeller, Evi Sachenbacher-Stehle, Miriam Gössner und Claudia Nystad.

Skilanglauf, 4x5-km-Staffel, Frauen
Silber für »Golden Girls«

Silber für die »Golden Girls« – die deutschen Skilangläuferinnen landeten ihren zweiten Coup! Drei Tage nach dem sensationellen Olympiasieg im Teamsprint lief eine grandiose Schlussläuferin Claudia Nystad freudestrahlend über die Ziellinie, während »Königin« Marit Björgen bereits mit der norwegischen Flagge herumhüpfte. Sie krönte sich unter den Augen von König Harald zur erfolgreichsten Teilnehmerin der Winterspiele.

»Die Mädels waren einfach grandios, aber das war so eingeplant«, sagte Bundestrainer Jochen Behle mit einem Grinsen. »Es war wie bei der WM in Liberec. Miriam Gössner hat die Staffel wieder rangelaufen, und Claudia Nystad hat das perfekt zu Ende gebracht.« Im Ziel hatte das deutsche Quartett 24,6 Sekunden Rückstand auf Norwegen. Bronze gewann Finnland.

Nach dem Olympiasieg 2002 und Silber 2006 war es die dritte olympische Staffel-Medaille für die deutschen Skilangläuferinnen in Serie. In gleicher Besetzung und nach ähnlichem Rennverlauf hatte das deutsche Quartett zudem 2009 überraschend WM-Silber gewonnen.

»Das war erneut eine hervorragende Teamleistung«, freute sich Behle. »Dass Norwegen die Nummer eins sein würde, war uns von vornherein klar.«

Harald V. jubelt über Marit I.

2006 bei den Olympischen Spielen in Turin weinte Marit Björgen Tränen der Enttäuschung: Als große Favoritin war die dreimalige Weltmeisterin von 2005 und Gesamtweltcup-Gewinnerin damals angereist – und holte doch »nur« Silber über 10 km. Sie kämpfte mit den Nachwirkungen einer Bronchitis und zeitweise sogar mit Magenproblemen.

2010 in Vancouver avancierte die Norwegerin mit drei Goldmedaillen und je einer Silber- und Bronzemedaille zur erfolgreichsten Langläuferin und zur erfolgreichsten Sportlerin überhaupt der XXI. Winterspiele. Beim Lauf zu ihrer dritten Goldmedaille mit der Staffel jubelte auch König Harald V. von Norwegen im Whistler Olympic Park mit »Marit I.« und klatschte vor Freude in die Hände. »Ich habe von einer Goldmedaille geträumt, jetzt nehme ich gleich mehrere mit. Diese Spiele sind einfach wunderbar«, befand die 29-Jährige.

Mit ihren Erfolgen überflügelte Björgen sogar ihre unvergessene Landsfrau Sonja Henie. Das weltbekannte Eiskunstlauf-Sternchen der 20er- und 30er-Jahre hatte auch dreimal Gold gewonnen, doch Björgen hat zusätzlich noch Silber und Bronze in der Vitrine. »Marit holt sich hier alles auf einmal ab, was sie in den vergangenen Jahren verpasst hat«, sagte Bundestrainer Jochen Behle.

Fünfmal Grund zum Jubeln: Marit Björgen.

Statistik

Langlauf, 4x5 km, Frauen
25.2.2010, Whistler Olympic Park

1. Norwegen		55:19,5
Vibeke W. Skofterud	14:49,9/2	
Therese Johaug	14:46,5/5	
Kristin Stoermer Steira	12:53,2/4	
Marit Björgen	12:49,9/1	
2. Deutschland		55:44,1
Katrin Zeller	14:53,7/3	
Evi Sachenbacher-Stehle	15:00,6/7	
Miriam Gössner	12:52,0/3	
Claudia Nystad	12:57,8/2	
3. Finnland		55:49,9
Pirjo Muranen	15:32,4/12	
Virpi Kuitunen	14:35,7/3	
Riita-Liisa Roponen	12:38,2/2	
Aino-Kaisa Saarinen	13:03,6/3	
4. Italien		56:04,9
Arianna Follis	14:58,6/5	
Marianna Longa	14:29,4/2	
Silvia Rupil	13:01,8/7	
Sabina Valbusa	13:35,1/7	
5. Schweden		56:18,9
Anna Olsson	14:47,1/1	
Magdalena Pajala	15:35,6/12	
Charlotte Kalla	12:25,0/1	
Ida Ingemarsdotter	13:31,2/6	
6. Polen		56:29,4
Kornelia Marek	15:25,3/10	
Justyna Kowalczyk	14:00,3/1	
Paulina Maciuszek	13:38,4/13	
Sylwia Jaskowiec	13:25,4/4	
7. Frankreich		56:30,6
8. Russland		57:00,9
9. Japan		57:40,4
10. Kasachstan		58:23,3

Reihenfolge: Gesamtzeit
Einzelzeit/Platz (zweimal klassisch, zweimal Freier Stil)

Skilanglauf, 30 km, Frauen

Sachenbacher-Stehle verpasst Bronze knapp

Nach einem grandiosen Lauf im tiefen Schnee von Whistler verpasste Evi Sachenbacher-Stehle ihre dritte Medaille bei den Winterspielen nur knapp. Beim Sieg der Polin Justyna Kowalczyk im 30-km-Rennen zum Abschluss der Frauen-Wettbewerbe belegte die Deutsche den vierten Platz. Letztlich fehlten ihr nur 14,2 Sekunden zur Bronzemedaille, die sich die Finnin Aino-Kaisa Saarinen sicherte. Sachenbacher-Stehle konnte Vancouver dennoch mit einem strahlenden Gesicht verlassen, schließlich hatte sie zuvor schon Gold im Teamsprint sowie Silber in der Staffel gewonnen.

Im Kampf um den Olympiasieg kam es zu einem Herzschlagfinale zwischen Justyna Kowalczyk und Marit Björgen. Die Polin wehrte kurz vor dem Ziel den verzweifelten Angriff der Norwegerin mit letzter Kraft ab und fiel hinter der Ziellinie erschöpft in den Schnee. Björgen verpasste ihre vierte Goldmedaille nur um drei Zehntelsekunden. Bei einem Erfolg wäre sie die erste vierfache Olympiasiegerin bei Winterspielen gewesen. Doch auch so war die Norwegerin die erfolgreichste Teilnehmerin in Vancouver.

Holte im Massenstart-Rennen (unten) ihre fünfte Medaille: Marit Björgen.

Silbermedaille: Die »gelernte« Biathletin Miriam Gössner machte in der Langlauf-Staffel eine gute Figur (großes Bild).

Langlauf, Frauen

Statistik

Langlauf, 30 km klassisch (Massenstart), Frauen
27.2.2010, Whistler Olympic Park

1. Justyna Kowalczyk	POL	1:30:33,7
2. Marit Björgen	NOR	1:30:34,0
3. Aino-Kaisa Saarinen	FIN	1:31:38,7
4. Evi Sachenbacher-Stehle	GER	1:31:52,9
5. Masako Ishida	JPN	1:31:56,5
6. Charlotte Kalla	SWE	1:31:57,6
7. Therese Johaug	NOR	1:32:01,3
8. Kristin Störmer Steira	NOR	1:32:04,4
9. Anna Olsson	SWE	1:33:00,3
10. Karine Laurent Philippot	FRA	1:33:11,4
18. Stefanie Böhler	GER	1:34:08,7
20. Katrin Zeller	GER	1:34:18,1
33. Katerina Smutna	AUT	1:37:51,3

A: Laurence Rochat (SUI)

111

Zwei Russen machten das Sprintrennen unter sich aus. Nikita Krijukow (4) siegte mit einer Fußspitze vor Alexander Panschinski.

Josef Wenzl (oben) war frustriert, weil in der Quali ausgeschieden.

Skilanglauf, Sprint Einzel, Männer
Debakel statt Medaille

Statt der angekündigten Medaille erlebten die deutschen Skilanglauf-Sprinter in Whistler ein Debakel. Bereits in der Qualifikation kam der Knockout. Siege und Platzierungen machten andere unter sich aus. In einem packenden Finish gewann der Russe Nikita Krijukow mit einer Fußspitze vor seinem Landsmann Alexander Panschinski und dem Norweger Petter Northug.

»Von den Männern hatten wir definitiv mehr erwartet«, sagte Bundestrainer Jochen Behle. Für Josef Wenzl, im Jahr 2009 beim Olympia-Test an gleicher Stelle noch Dritter, und Tim Tscharnke war schon in der »Quali« Schluss. »Josef Wenzl ist zwar nur ganz knapp gescheitert, aber raus ist raus. Wenn man von einer Medaille spricht, muss man bei den ersten 30 auf jeden Fall schon mal dabei sein – und zwar locker.«

Wenzl war schwer enttäuscht. »Das ist ganz bitter, keine Frage. Ich bin einfach nicht ins Rennen reingekommen und hatte bei der Hälfte der Strecke schon sechs Sekunden Rückstand«, sagte er frustriert. Am Ende fehlte dem Mann aus Zwiesel die Winzigkeit einer Zehntelsekunde für den Einzug ins Viertelfinale. Auch Nachwuchshoffnung Tim Tscharnke stapfte frustriert davon: »Das war ein beschissener Tag, an dem nichts lief.«

Dabei hatte Sprint-Trainer Tor Arne Hetland vor den Rennen noch Großtaten angekündigt: »Die Sportler sind jung, frisch und gut trainiert. Wir treten an, um eine Medaille zu holen.«

Statistik
Langlauf, Einzel Sprint, Männer
17.2.2010, Whistler Olympic Park

1. Nikita Krijukow	RUS	3:36,3
2. Alexander Panschinski	RUS	+ 0,0
3. Petter Northug	NOR	+ 9,2
4. Ola Vigen Hattestad	NOR	+ 13,7
5. Alexej Poltaranin	KAZ	+ 18,1
6. Oeystein Pettersen	NOR	+ 1:19,9

QU: Josef Wenzl (GER), Tim Tscharnke (GER), Christoph Eigenmann (SUI), Valerio Leccardi (SUI), Peter von Allmen (SUI), Eligius Tambornino (SUI)

Spannende Entscheidung im Teamsprint: Petter Northug holt für Norwegen Gold – knapp vor Axel Teichmann (großes Bild).

Skilanglauf, Teamsprint, Männer

Teichmann beendet Pechsträhne

Ende der olympischen Pechsträhne für den 30-jährigen Axel Teichmann und grandiose Premiere für den zehn Jahre jüngeren Tim Tscharnke: Das Duo gewann überraschend die Silbermedaille im Teamsprint – mit nur 1,3 Sekunden Rückstand auf die siegreichen Norweger Oeystein Pettersen und Petter Northug. Nach Zielfotoentscheid musste sich Russland mit zwei Zehntelsekunden Rückstand mit Bronze begnügen.

»Das ist der größte Erfolg meiner Karriere, der Lohn für acht harte Jahre voller Entbehrungen«, sagte Teichmann. Kurzfristig sah es sogar nach der Goldmedaille aus, doch Petter Northug zog auf der Zielgeraden noch vorbei. Die Frage nach dem verlorenen Gold bezeichnete der zweimalige Weltmeister danach als dumm: »Wir haben Silber gewonnen.« Trotzdem war ein kleiner Hauch Ärger bei Teichmann unübersehbar.

Sein Partner Tim Tscharnke, der mit 20 Jahren und 71 Tagen als jüngster Olympia-Medaillengewinner in die Skilanglauf-Historie einging, zauberte ihm aber schnell das Lächeln auf die Lippen zurück. »Ich war so stolz, mit dem großen Axel Teichmann laufen zu dürfen. Er hatte 2002 Pech, er hatte 2006 Pech, es wird Zeit, dass er die Ernte einfährt«, sagte Tscharnke, der mit einem unglaublichen Antritt (»Es war der Plan, am letzten Anstieg voll zu attackieren.«) den Grundstein für Silber gelegt und Teichmann mit einem Vorsprung von zwei Sekunden auf die Schlussrunde geschickt hatte.

Teichmanns Pechsträhne begann 2002. »Damals haben wir ihn in den Einzelrennen verheizt, und in der Staffel durfte er nicht mehr mitlaufen«, erinnerte sich Sportdirektor Thomas Pfüller. Das deutsche Quartett gewann ohne Teichmann Bronze. 2006 sollte es noch schlimmer kommen. Die Winterspiele von Turin verpasste Teichmann wegen einer mysteriösen Haarwurzelentzündung samt nachfolgender Operation. Mit Tränen in den Augen schaute er an der Strecke zu, wie die deutsche Staffel Silber gewann. Selbst in Whistler schien sich die unheimliche Pannenserie fortzusetzen, als er sich nach einem 44. Platz über 15 km für sein Hauptrennen über 30 km krank melden musste. Doch dann kam der Teamsprint – und das Ende der olympischen Pechsträhne …

Das Duo Tim Tscharnke (links) und Axel Teichmann gewann überraschend die Silbermedaille im Teamsprint.

Statistik

Langlauf, Teamsprint, Männer
22.2.2010, Whistler Olympic Park

1.	Oeystein Pettersen/Petter Northug	NOR	19:01,0
2.	Axel Teichmann/Tim Tscharnke	GER	19:02,3
3.	Nikolai Morillow/Alexej Petuchow	RUS	19:02,5
4.	Devon Kershaw/Alex Harvey	CAN	19:07,3
5.	Nikolai Tschebotko/Alexej Poltaranin	KAZ	19:07,5
6.	Dusan Kozisek/Martin Koukal	CZE	19:13,8
7.	Vincent Vittoz/Cyril Miranda	FRA	19:18,7
8.	Cristian Zorzi/Renato Pasini	FRA	19:21,1
9.	Torin Koos/Andrew Newell	USA	19:21,6
10.	Lasse Paakkonen/Ville Nousiainen	FIN	19:50,8

HF: 11. Eligius Tambornino/Dario Cologna (SUI) 18:54,6

Skilanglauf, 15 km, Männer

Cologna holt erstes Schweizer Langlauf-Gold

Während Dario Cologna als erster Schweizer Langlauf-Olympiasieger der Geschichte gefeiert wurde, verpasste Tobias Angerer als Siebter im Sprint über 15 Kilometer die anvisierte Medaille um 16,5 Sekunden, der schwergewichtige Mitfavorit Axel Teichmann aus Lobenstein enttäuschte im tiefen Schnee von Whistler auf Platz 44 restlos.

Leichtgewicht Cologna, 2008/09 Gewinner der Tour de Ski, triumphierte nach den 15 Kilometern mit 24,6 Sekunden Vorsprung vor dem Italiener Pietro Piller Cottrer. Er warf sich in seinem feuerroten Laufanzug in den Schnee und freute sich überschwänglich. Bronze gewann der Tscheche Lukas Bauer. Entsprechend zufrieden fiel Colognas Kommentar aus: »Ich weiß gar nicht, was ich sagen soll. Es war einfach der perfekte Tag, es ging alles auf. Ich hatte einen super Ski, das Serviceteam hat einen tollen Job gemacht. Als mir meine beste Zwischenzeit zugerufen wurde, spürte ich, dass ich noch zulegen und zumindest eine Medaille gewinnen kann. Im Ziel war ich mir dann ziemlich sicher, dass es sogar Gold werden würde.« Auch die Platzierungen der weiteren Schweizer waren zufriedenstellend.

Bundestrainer Jochen Behle dagegen war nur mit Angerer zufrieden, mit den Platzierungen von Teichmann und René Sommerfeldt (Rang 36) ganz und gar nicht. »Wenn man wie Axel eine Medaille gewinnen will, muss man vorne dabei sein. Das war er nicht«, sagte Behle. »Axel wird selbst gemerkt haben, dass nichts ging. Man muss aber auch zugestehen, dass er heute sicher nicht den besten Ski hatte.«

Angerer war derweil rundum zufrieden. »Das war wieder der alte Tobi. Das war mein bestes Skating-Rennen seit drei Jahren«, erklärte er nach harten 15 Kilometern. Bei Olympia 2006 in Turin hatte der 32-Jährige aus Vachendorf über die gleiche Distanz im klassischen Stil noch Bronze gewonnen. Diesmal war er mit dem Platz unter den Top Ten zufrieden: »Ich hatte endlich wieder ein gutes Gefühl, das Gesamtpaket passt wieder.« Der durch seine feuerrote Mütze weithin sichtbare Bayer wahrte bis fünf Kilometer vor dem Ziel die Chance auf seine vierte Olympia-Medaille, dann konnte er aber das mörderische Tempo der Besten nicht mehr ganz halten. Im Ziel brach Angerer völlig erschöpft zusammen, hatte 52,2 Sekunden Rückstand auf den überragenden Sieger. Bis auf Angerer war der Auftritt der Deutschen eine glatte Enttäuschung. Der als Mitfavorit angetretene 87-Kilo-Athlet Teichmann hatte im weichen Schnee ebenso wie Goldfavorit Petter Northug (Norwegen) keine Chance. Nach 2,3 Kilometern lag er bereits über 20 Sekunden hinter der Spitze und verlor immer mehr Zeit. »Ich weiß nicht, woran es gelegen hat. Ich weiß nur, dass ich absolut keine Chance hatte«, resümierte Teichmann ernüchtert. Kurz nach der Halbzeit wurde der Lobensteiner sogar vom anderthalb Minuten hinter ihm gestarteten Cologna überholt und kam am Ende mit 2:10,7 Minuten Rückstand ins Ziel.

Sieger Dario Cologna: »Es war einfach der perfekte Tag.«

Axel Teichmann: »Ich hatte absolut keine Chance.«

Statistik

Langlauf, 15 km, Männer
15.2.2010, Whistler Olympic Park

1.	Dario Cologna	SUI	33	33:36,3
2.	Pietro Piller Cottrer	ITA	25	34:00,9
3.	Lukas Bauer	CZE	34	34:12,0
4.	Marcus Hellner	SWE	35	34:13,5
5.	Vincent Vittoz	FRA	26	34:16,2
6.	Maurice Manificat	FRA	13	34:27,4
7.	Tobias Angerer	GER	18	34:28,5
8.	Ivan Babikov	CAN	20	34:30,0
9.	Maxim Wylegschanin	RUS	24	34:31,6
10.	Giorgio di Centa	ITA	31	34:36,2
12.	Toni Livers	SUI	6	34:43,3
15.	Remo Fischer	SUI	5	34:51,1
17.	Curdin Perl	SUI	17	34:51,8
36.	René Sommerfeldt	GER	29	35:31,3
44.	Axel Teichmann	GER	30	35:47,0
46.	Tom Reichelt	GER	39	35:50,4

Reihenfolge: Startnummer, Laufzeit

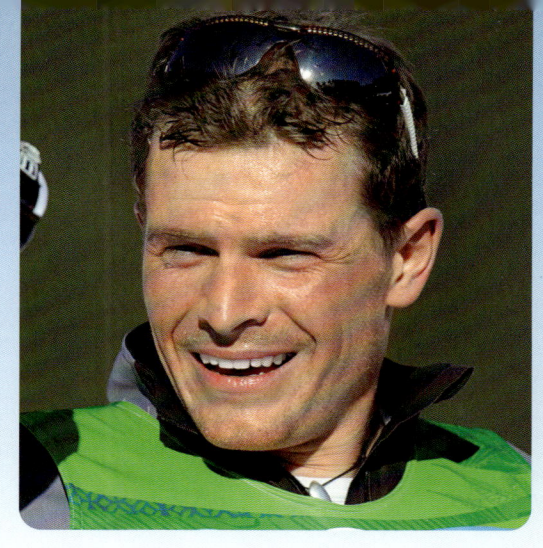

Skilanglauf, 30 km Verfolgung, Männer

Auferstehung der deutschen Langläufer

Tobias Angerer sorgte mit Silber im 30-km-Verfolgungsrennen für einen der größten deutschen Langlauf-Erfolge der Geschichte. Der Bayer kam 2,1 Sekunden hinter Marcus Hellner (Schweden) ins Ziel. Rang drei ging an dessen Landsmann Johan Olsson. Platz sechs von Jens Filbrich rundete das gute Ergebnis für den Deutschen Skiverband ab.

»Diese Silbermedaille bedeutet mir sehr viel. Olympia ist immer etwas Besonderes«, sagte Angerer. Thomas Pfüller, DSV-Sportdirektor, war überglücklich: »Das ist die größte Überraschung. Angerer hat Großes geleistet. Der deutsche Langlauf ist noch nicht tot.« Angerer gewann nach Silber (2006 Staffel) und zweimal Bronze (2002 Staffel, 2006 15 km) bereits seine vierte Olympia-Medaille und stellte den größten Olympia-Erfolg für die deutschen Skilanglauf-Männer ein. Der 2002-Silbergewinner Peter Schlickenrieder jubelte an der Strecke mit: »Das war ein unglaublicher Coup von Tobi.« Zuvor hatte nur Gert-Dietmar Klaus 1976 in Innsbruck Olympiasilber bei Winterspielen gewonnen.

Bundestrainer Jochen Behle strahlte: »Tobias hat sich das definitiv verdient, hat richtig gut gekämpft, sehr clever. Es war eine ganz gute Mannschaftsleistung von uns.« Bei strahlender Sonne und Temperaturen um 10 Grad entwickelte sich schnell das von Behle prognostizierte »brutal schwere Rennen« auf immer weicher werdender Strecke. Das Tempo auf dem klassischen Teilstück des Massenstartrennens war nicht hoch, so dass eine Spitzengruppe von knapp 30 Läufern nach 15 km zum Skiwechsel kam. Dem anschließenden hohen Tempo konnte René Sommerfeldt nicht mehr folgen, dafür hielten sich Angerer und Filbrich in der immer kleiner werdenden Verfolgergruppe.

Johan Olsson führte, seine beiden schwedischen Landsleute Marcus Hellner und Anders Södergren bremsten die Konkurrenten geschickt ein. Erst vier Kilometer vor dem Ziel eröffnete der Russe Alexander Legkow die Jagd auf den Spitzenreiter, Angerer folgte. Ein Kilometer vor dem Ziel wurde der mutige Olsson von den Verfolgern eingeholt, Angerer zog vorbei und konnte nur Hellner nicht stoppen. »Hellner ist fast 10 Jahre jünger als ich. Dem stecken 100 000 Trainingskilometer weniger in den Knochen. Da ist man allgemein noch ein wenig schneller«, sagte der Deutsche.

Seine Silbermedaille erhielt Tobias Angerer dann einen Tag später als erwartet, da die Medaillen-Zeremonie verschoben wurde. Kein Problem: »Das ist mir lieber, da kann ich die Sache richtig genießen«, sagte Angerer. Der Bayer avancierte in Whistler mit dem Gewinn seiner vierten Medaille zum erfolgreichsten deutschen Skilangläufer der Olympia-Historie.

Ein abgekämpfter, aber zufriedener Tobias Angerer nach seinem Silbercoup. Im Sprint zum Ziel (links) war er »eingerahmt« von zwei Schweden. Danach freute er sich mit Jens Filbrich (unten).

Statistik

Langlauf, 30-km-Verfolgung, Männer (15 + 15 km)

20.2.2010, Whistler Olympic Park

1.	Marcus Hellner	SWE	1:15:11,4	(39:43,5/11 + 35:05,3/2)
2.	Tobias Angerer	GER	1:15:13,5	(39:40,9/6 + 35:06,6/3)
3.	Johan Olsson	SWE	1:15:14,2	(39:39,9/3 + 35:09,5/5)
4.	Alexander Legkow	RUS	1:15:15,4	(39:40,2/4 + 35:08,9/4)
5.	Ivan Babikov	CAN	1:15:20,5	(40:08,9/25 + 34:49,5/1)
6.	Jens Filbrich	GER	1:15:25,0	(39:41,3/7 + 35:18,9/6)
7.	Lukas Bauer	CZE	1:15:25,2	(39:39,0/1 + 35:20,3/7)
8.	George Grey	CAN	1:15:32,0	(39:41,5/8 + 35:25,5/8)
9.	Alex Harvey	CAN	1:15:43,0	(39:44,1/12 + 35:36,1/10)
10.	Anders Södergren	SWE	1:15:47,0	(39:48,3/18 + 35:35,2/9)
13.	Dario Cologna	SUI	1:16:12,2	(39:39,4/2 + 36:07,3/13)
20.	Curdin Perl	SUI	1:17:05,0	(39:46,8/16 + 36:54,4/21)
21.	René Sommerfeld	GER	1:17:11,9	(39:49,9/21 + 36:56,4/22)
22.	Toni Livers	SUI	1:17:26,0	(39:50,6/22 + 37:09,9/24)
35.	Tom Reichelt	GER	1:21:13,2	(42:29,0/45 + 38:18,7/32)
44.	Remo Fischer	SUI	1:22:52,1	(42:28,1/43 + 39:58,5/49)

Reihenfolge: Gesamtzeit
(Zeit 15 km klassisch/Platz + Zeit 15 km Freier Stil/Platz)

Skilanglauf, Staffel, Männer
Schweden siegt beim Wachsroulette

Nur Platz sechs statt Edelmetall: Die deutschen Skilangläufer kehrten zum ersten Mal seit 1998 ohne Staffelmedaille von den Olympischen Spielen heim. Beim Wachsroulette von Whistler waren Jens Filbrich, Axel Teichmann, René Sommerfeldt und Tobias Angerer auf der 4x10-km-Distanz am Ende chancenlos. Schweden gewann erstmals seit 1988 Gold vor dem Erzrivalen Norwegen und Tschechien.
»Schnee und Regen haben uns die Medaille verhagelt. Unsere Ski waren höchstens suboptimal, vor allem Axel war nicht gut beraten«, sagte Routinier Sommerfeldt am Ende enttäuscht, während Teamkollege Angerer beim Zieleinlauf wütend den Stock in den Schnee knallte. Bundestrainer Jochen Behle hatte sich nach offenbar kontrovers geführter interner Diskussion gegen den Einsatz des im Teamsprint überragenden Youngsters Tim Tscharnke und für die Sicherheitsvariante mit Sommerfeldt entschieden. Der Oldie aus Oberwiesenthal durfte so zum Abschluss seiner Laufbahn die vierte Olympiastaffel seiner Karriere laufen – eine selten zuvor erreichte Marke.
Star des Rennens war der norwegische Schlussläufer Petter Northug: Der 24-Jährige hatte mit mehr als 30 Sekunden Rückstand (wie auch Angerer) auf die Spitze übernommen, lief aber noch zu Silber. Lediglich zu Hellner konnte der Teamsprint-Olympiasieger nicht mehr aufschließen.

Der schwedische Staffel-Schlussmann Marcus Hellner mit seinen Kollegen Johann Olsson und Daniel Richardsson nach dem Olympiasieg.

Statistik

Langlauf, 4x10 km, Herren
24.2.2010, Whistler Olympic Park

1.	Schweden		1:45:05,4
	Daniel Richardsson	27:57,9/3	
	Johan Olsson	27:55,2/3	
	Anders Södergren	24:35,2/4	
	Marcus Hellner	24:37,1/3	
2.	Norwegen		1:45:21,3
	Martin Johnsrud Sundby	27:59,9/5	
	Odd-Björn Hjelmeset	28:27,5/9	
	Lars Berger	24:38,4/6	
	Petter Northug	24:15,5/1	
3.	Tschechien		1:45:21,9
	Martin Jaks	28:22,4/9	
	Lukas Bauer	27:36,4/1	
	Jiri Magal	24:34,8/3	
	Martin Koukal	24:48,3/5	
4.	Frankreich		1:45:26,3
	Jean Marc Gaillard	27:56,7/2	
	Vincent Vittoz	28:03,6/4	
	Maurice Manificat	24:31,5/1	
	Emmanuel Jonnier	24:54,5/6	
5.	Finnland		1:45:30,3
	Sami Jauhojaervi	27:55,6/1	
	Matti Heikkinen	28:32,3/11	
	Teemu Kattilakoski	24:37,1/5	
	Ville Nousiainen	24:25,3/2	
6.	Deutschland		1:45:49,4
	Jens Filbrich	27:58,3/4	
	Axel Teichmann	28:22,6/7	
	René Sommerfeldt	24:43,7/8	
	Tobias Angerer	24:44,8/4	
7.	Kanada		1:47:03,2
8.	Russland		1:47:04,7
9.	Italien		1:47:16,6
10.	Schweiz		1:47:57,2
	Toni Livers	28:20,7/6	
	Curdin Perl	28:26,7/8	
	Remo Fischer	25:35,1/10	
	Dario Cologna	25:34,7/8	

Reihenfolge: Gesamtzeit
Einzelzeit/Platz (zweimal klassisch, zweimal Freier Stil)

Skilanglauf, 50 km, Männer

Teichmann fehlte eine Winzigkeit zu Gold

Ende gut, fast alles gut: Um winzige 0,3 Sekunden verpasste Axel Teichmann beim letzten Langlauf-Wettbewerb der Olympischen Spiele die Goldmedaille im Ski-Marathon über 50 km. Im Zielsprint zog der Norweger Petter Northug wie schon im Teamwettbewerb auf den letzten Metern vorbei und schnappte die schon sicher geglaubte Goldmedaille weg.

»Ich habe überhaupt keine Klamotten für die Siegerehrung dabei. Aber ich bin überglücklich«, freute sich Teichmann, der zwischenzeitlich schon eine halbe Minute zurückgefallen war, dann aber eine unglaubliche Aufholjagd startete. »Zwischen Kilometer 30 und 40 hatte ich eine Saftlatte am Fuß. Aber danach lief es umso besser und ich hab es tatsächlich geschafft. Dabei war dies erst der dritte Fünfziger, den ich durchgelaufen bin.«

Bundestrainer Jochen Behle war einfach nur glücklich: »Sensationell. Axel war schon weg, hat sich aber wieder unheimlich rangekämpft. Das war ein wirklich gelungener Abschluss der Spiele.«

Tobias Angerer verpasste als Vierter hinter dem Schweden Johan Olsson nur um 0,5 Sekunden eine zweite deutsche Medaille. »Ich bin nicht unzufrieden. Wir wollten einen aufs Podium bringen, und das ist gelungen«, sagte Angerer, ergänzte aber: »Für mich persönlich überwiegt natürlich die Enttäuschung. Da läufst du 50 Kilometer durch die Gegend und wirst Vierter.«

»Das war ein grandioser Abschluss für starke Olympische Spiele. Eine Bestätigung für die Führungscrew mit Sportdirektor Thomas Pfüller und Bundestrainer Jochen Behle«, erklärte Alfons Hörmann, Präsident des Deutschen Skiverbandes (DSV).

Unterdessen brachte ein Sturz beim Einbiegen auf die Zielgerade den Schweizer Dario Cologna um eine weitere Medaille. Cologna lieferte sich in der letzten Linkskurve ein Ellbogen-Duell mit Johann Olsson, geriet dabei aus dem Gleichgewicht und musste sich am Ende mit Rang zehn zufrieden geben, statt um Silber oder Bronze zu spurten.

Statistik

Langlauf, 50 km klassisch (Massenstart), Männer
28.2.2010, Whistler Olympic Park

1.	Petter Northug	NOR	2:05:35,5
2.	Axel Teichmann	GER	2:05:35,8
3.	Johan Olsson	SWE	2:05:36,5
4.	Tobias Angerer	GER	2:05:37,0
5.	Devon Kershaw	CAN	2:05:37,1
6.	Andrus Veerpalu	EST	2:05:41,6
7.	Daniel Richardsson	SWE	2:05:45,2
8.	Maxim Wylegschanin	RUS	2:05:46,4
9.	Anders Södergren	SWE	2:05:47,1
10.	Dario Cologna	SUI	2:05:47,5
16.	Jens Filbrich	GER	2:06:07,8
21.	René Sommerfeldt	GER	2:06:52,5

Dramatischer Zieleinlauf im 50-km-Rennen (großes Bild): Petter Northug (1) ganz knapp vor Axel Teichmann (6). Danach ließen sich die Medaillengewinner Axel Teichmann, Petter Northug und Johann Olsson (von links) im Rahmen der Schlussfeier ehren, und Bundestrainer Jochen Behle gratulierte Axel Teichmann zur Silbermedaille.

Insgesamt gewann der DSV in den Sparten Ski Nordisch, Ski Alpin und Biathlon 15 Medaillen und damit genau die Hälfte der Medaillen des gesamten deutschen Olympiateams.

Nordische Kombination Normalschanze

Niete in der Wetterlotterie

Riesenfreude bei Olympiasieger Jason Lamy Chappuis (großes Bild). Verständlich: Der Weltcup-Führende gewann die Goldmedaille mit nur 0,4 Sekunden Vorsprung.

Björn Kircheisen bei seiner Aufholjagd, die ihn bei Halbzeit bis auf zehn Sekunden an die Spitze herangebracht hatte, ehe er dem hohen Tempo Tribut zollen musste.

Die deutschen Kombinierer haben in der Wetterlotterie von Whistler eine Niete gezogen. Im Auftaktwettbewerb von der Normalschanze landete Eric Frenzel aus Oberwiesenthal trotz einer tollen Aufholjagd nur auf Platz zehn, während sich der Franzose Jason Lamy Chappuis die Goldmedaille erkämpfte. Die Plätze zwei und drei belegten der Amerikaner Johnny Spillane und der Italiener Alessandro Pittin.

Auf der Schanze hatten dem DSV-Team das nötige Windglück und auch ein Stück Können gefehlt. Chappuis legte dort jedoch trotz ähnlich schlechter Bedingungen den Grundstein für seinen Olympiasieg. »Wir haben das Ding auf der Schanze vergeigt. Alle sind drei Meter zu kurz gesprungen«, monierte Bundestrainer Hermann Weinbuch.

Björn Kircheisen (Johanngeorgenstadt) war nach seinem 22. Platz frustriert: »Da arbeitet man vier Jahre auf Olympia hin, und dann entscheidet der Wind. Das ist schon bitter.« Tino Edelmann

(Zella-Mehlis/98,5 Meter), Eric Frenzel und Kircheisen (je 98) waren bei immer schlechter werdenden Windbedingungen auf der Schanze ins »gleiche Loch« gesprungen. So mussten sie im 10-km-Langlauf von den Positionen 16 bis 19 mit über einer Minute Rückstand auf die Jagd nach dem überlegenen Sprunglaufsieger Janne Ryynänen gehen. »Es haben Kleinigkeiten nicht gepasst«, meinte Weinbuch. »Wir mussten bei der Ausgangsposition volles Risiko gehen, denn bei Olympia zählen nur die ersten drei Plätze.«

Anfangs schien sich das Risiko auszuzahlen. Nach 2,5 Kilometern war der Rückstand des deutschen Trios bereits auf 26 Sekunden geschrumpft, weil sich der führende Finne in einer Abfahrt spektakulär überschlagen hatte. Er wurde wenig später von einer siebenköpfigen Spitzengruppe überholt. Zur »Halbzeit« der Strecke hatte Kircheisen nur noch zehn Sekunden Rückstand auf die Besten, doch die phantastische Aufholjagd hatte zu viel Kraft gekostet, der Sachse brach völlig ein: »Ich habe mich nicht gut gefühlt und körperlich irgendwie keine Spannung gehabt.«

Frenzel hatte im Ziel 36,1 Sekunden Rückstand auf Jason Lamy Chappuis. Der Gesamt-Weltcup-Spitzenreiter und Mitfavorit rang im Zielsprint noch Ex-Weltmeister Johnny Spillane mit 0,4 Sekunden Vorsprung nieder. Gar nichts zu gewinnen gab es für den deutschen Youngster Johannes Rydzek. Der 18-Jährige aus Oberstdorf belegte Platz 28.

Die drei Medaillengewinner (von links): Alessandro Pittin (Italien/Bronze), Jason Lamy Chappuis (Frankreich/Gold), Johnny Spillane (USA/Silber).

Tino Edelmann bei der Landung im Skisprung. Da war die Hoffnung auf Edelmetall bereits fast auf Null gesunken.

Statistik

Nordische Kombination, Einzel Normalschanze
14.2.2010, Whistler Olympic Park

1.	Jason Lamy Chappuis	FRA	25:47,1	(124.0/5)	
2.	Johnny Spillane	USA	0:00,4	(124.5/4)	+00:44
3.	Alessandro Pittin	ITA	0:00,8	(123.5/6)	+00:48
4.	Todd Lodwick	USA	0:01,5	(127.0/2)	+00:34
5.	Mario Stecher	AUT	0:13,6	(122.5/7)	+00:52
6.	Bill Demong	USA	0:17,9	(115.5/24)	+01:20
7.	Norihito Kobayashi	JPN	0:21,9	(121.0/12)	+00:58
8.	Anssi Koivuranta	FIN	0:29,8	(122.0/8)	+00:54
9.	Magnus Moan	NOR	0:35,6	(104.0/40)	+02:06
10.	Eric Frenzel	GER	0:36,1	(119.0/16)	+01:06
11.	Ronny Heer	SUI	0:38,1	(116.5/21)	+01:16
14.	Felix Gottwald	AUT	0:45,1	(102.5/41)	+02:12
15.	David Kreiner	AUT	0:49,4	(117.5/20)	+01:12
18.	Tino Edelmann	GER	1:00,5	(119.0/16)	+01:06
22.	Björn Kircheisen	GER	1:22,2	(118.5/19)	+01:08
25.	Christoph Bieler	AUT	1:26,9	(125.0/3)	+00:42
28.	Johannes Rydzek	GER	1:38,2	(112.0/30)	+01:34
29.	Seppi Hurschler	SUI	1:39,5	(109.0/34)	+01:46
35.	Tim Hug	SUI	2:07,0	(108.0/36)	+01:50
40.	Thomas Schmid	SUI	3:13,4	(115.0/26)	+01:22

Reihenfolge: Laufzeit bzw. Rückstand im Ziel
(Sprung: Punkte/Platz), Rückstand vor dem 10-km-Lauf zum Sprungbesten

Ein Olympia-Rennen ohne deutsche Medaille hatte es letztmals 2002 gegeben, als Ronny Ackermann zum Auftakt Vierter geworden war. Der viermalige Weltmeister Ackermann hatte die Qualifikation für die Winterspiele nicht geschafft und drückte aus der Ferne die Daumen. Auch Olympiasieger Georg Hettich, der 2006 in Turin einen kompletten Medaillensatz gewonnen hatte, schaute nur zu: »Ich war nach den Vorleistungen klar der Ersatzmann. Immerhin bin ich aber kurz vor dem Ende meiner Karriere bei Olympia dabei.«

Nordische Kombination, Einzel

Nordische Kombination, Großschanze
Skandal-Springen »olympia-unwürdig«

Deutschlands Kombinierer flogen erstmals seit zwölf Jahren ohne Einzelmedaille von Winterspielen nach Hause – und die Zweifel an der Olympia-Zukunft ihrer Sportart waren mit im Gepäck. »Das war so amateurhaft, dass man sich fragen muss, ob das IOC die Kombination überhaupt noch im Programm haben will«, sagte Tino Edelmann.

War nach dem Springen äußerst erbost: Tino Edelmann verlor bei irregulären Bedingungen alle Chancen, ebenso wie Normalschanzen-Gewinner Jason Lamy Chappuis oder Staffel-Sieger Felix Gottwald.

Er war einer der Leidtragenden eines Springens, das die Verantwortlichen um den deutschen Renndirektor Ulrich Wehling niemals hätten durchziehen dürfen. Die letzten fünf Kombinierer – alle mögliche Medaillenkandidaten mit Edelmann und Eric Frenzel an der Spitze – hatten bei einsetzendem Schneefall und starkem Wind nicht den Hauch einer Chance. »Es waren komplizierte Bedingungen, die Jury hat ihr Bestes getan«, rechtfertigte Wehling die Entscheidung.

Die Kombinierer dagegen waren restlos bedient: »Wir sind doch das letzte Rad. Beim alpinen Rennsport gab es bei Olympia ständig Verschiebungen, da hätte man bei uns doch auch einen Tag warten können«, sagte Björn Kircheisen, auf Platz 20 bester Deutscher. »Aber das demonstriert die Wertigkeit der Sportart: Die Populärsten sind wir nicht. Und nach diesem Wettkampf wird sich das bei den Zuschauern mit Sicherheit auch nicht ändern.«

Für den ebenfalls abgestürzten Franzosen Jason Lamy Chappuis, Olympiasieger im Einzel von der Normalschanze, war der Wettbewerb »olympia-unwürdig«. Der dreimalige Olympiasieger Felix Gottwald (Österreich) wurde noch deutlicher: »Der Unterschied zwischen Athleten und Jury ist der, dass sich die Athleten vier Jahre auf Olympia vorbereiten und die Jury im Warmen sitzt. Die besten Athleten sind heute vorgeführt worden. Es war eine Schande – und das ausgerechnet bei Olympia.« Bundestrainer Hermann Weinbuch: »Alle Trainer waren sich einig, dass man hätte abbrechen müssen. Aber es war sinnlos, die Jury hat nicht auf uns gehört.«

Das Springen war zunächst nach 31 Athleten abgebrochen und eine Stunde später neu gestartet worden – die Bedingungen jedoch hatten sich keinesfalls geändert. Gottwald sprang lediglich 105,5 Meter

Für Georg Hettich endete das letzte olympische Rennen seiner Karriere mit einem enttäuschenden 24. Platz.

Die Amerikaner freuten sich über Gold und Silber. Sieger wurde Bill Demong (6) vor Johnny Spillane.

– 28,5 Meter weniger als Sprunglaufsieger Bernhard Gruber aus Österreich. Tino Edelmann schaffte nur 109,5 Meter: »Ich hatte einen guten Sprung, aber einfach keine Chance. Und das Schlimme ist, dass in einem Jahr kein Mensch mehr fragt, wie dieses Resultat hier zustande gekommen ist.«

Statistik

Nordische Kombination, Großschanze
25.2.2010, Whistler Olympic Park

1.	Bill Demong	USA	25:32,9	(115,5/6)	+ 00:46
2.	Johnny Spillane	USA	25:02,9	(118,5/2)	+ 00:34
3.	Bernhard Gruber	AUT	25:43,7	(127,0/1)	
4.	Hannu Manninen	FIN	24:49,0	(107,7/16)	+ 01:17
5.	Pavel Churavy	CZE	25:14,9	(114,0/8)	+ 00:52
6.	Petter Tande	NOR	25:02,9	(109,8/11)	+ 01:09
7.	Alessandro Pittin	ITA	25:00,6	(108,7/13)	+ 01:13
8.	Mario Stecher	AUT	25:12,1	(109,8/10)	+ 01:09
9.	Akito Watabe	JPN	25:23,7	(112,5/9)	+ 00:58
10.	Christoph Bieler	AUT	25:40,7	(116,8/4)	+ 00:41
16.	Tommy Schmid	SUI	26:11,7	(108,5/15)	+ 01:14
17.	Felix Gottwald	AUT	24:29,4	(78,8/40)	+ 03:13
20.	Björn Kircheisen	GER	26:33,5	(108,8/12)	+ 01:13
22.	Ronny Heer	SUI	25:45,5	(96,0/24)	+ 02:04
24.	Georg Hettich	GER	26:32,5	(106,3/17)	+ 01:23
29.	Tino Edelmann	GER	25:52,0	(86,3/35)	+ 02:43
31.	Seppi Hurschler	SUI	25:44,9	(82,3/38)	+ 02:59
33.	Tim Hug	SUI	26:02,3	(82,5/37)	+ 02:58
40.	Eric Frenzel	GER	26:12,6	(74,2/41)	+ 03:31

Reihenfolge: Laufzeit bzw. Rückstand im Ziel
(Sprung: Punkte/Platz) Rückstand vor dem 10-km-Lauf zum Sprungbesten

Ein »Streik« scheiterte an der mangelnden Solidarität der Sportler, schließlich gab es auch Profiteure des Springens. Mit Bill Demong holte nach dem 10-km-Langlauf sogar einer der Mitfavoriten das erste Kombinierer-Olympiagold für die USA – vor seinem Landsmann Johnny Spillane. Bernhard Gruber gewann Bronze. Und Turin-Olympiasieger Georg Hettich kam in seinem letzten Olympiarennen auf Platz 24 ins Ziel.

Gewann das Springen und holte am Ende die Bronzemedaille: Bernhard Gruber aus Österreich.

121

Das deutsche Quartett mit den Bronzemedaillen (von links): Johannes Rydzek, Tino Edelmann, Eric Frenzel und Björn Kircheisen

»Wiederholungstäter«: Bereits 2006 hatte Mario Stecher (großes Bild) für Österreich als Erster die Ziellinie überquert – 2010 durfte er erneut jubeln.

Nordische Kombination Teamwettbewerb

Deutsche Kombinierer retten Bronze
Gold an Österreich

Deutschlands Kombinierer retteten nach einer grandiosen Aufholjagd im Schneetreiben von Whistler Team-Bronze. Nach sechsmal Silber hintereinander bei Großereignissen kosteten das Quartett Patzer von Vizeweltmeister Tino Edelmann beim Springen und Laufen die Goldchance. Olympiagold holte sich überraschend Österreich vor den USA.

Im Wirbelwind des Callaghan Valley hatten Björn Kircheisen, Tino Edelmann, Eric Frenzel und Johannes Rydzek schon beim Springen fast alle Chancen auf das erste Team-Olympiagold seit 1988 eingebüßt. Edelmann patzte mit einem Hüpfer auf 123 Meter schwer, die anderen drei konnten das nicht wieder gutmachen. So ging das deutsche Quartett auf Rang sechs mit 45 Sekunden Rückstand auf die 4x5-km-Laufstrecke, und die von Bundestrainer Hermann Weinbuch ausgegebene Devise lautete »volle Attacke«.

Startläufer Rydzek setzte dies gleich in die Tat um und übergab mit nur 11,2 Sekunden Rückstand an Tino Edelmann. Der holte den Rückstand nach vorn mit einem beherzten Antritt zunächst auf. Doch dann stürzte er in einem Anstieg wie ein Anfänger. Die USA und Österreich enteilten. Immer wieder musste er die bittere Szene erklären: »Das ist mir das letzte Mal ohne Fremdeinwirkung passiert, als ich zwölf war. Ich hätte mich am liebsten im Boden vergraben.« Irgendwie hatte sich der Thüringer mit dem Skistock selbst ein Bein gestellt und war im bis dahin wichtigsten Rennen seines Lebens hingefallen, »obwohl man sonst nur strauchelt«, wie er selbst sagte. Weinbuch meinte dazu lapidar: »Tino wollte seinen schlechten Sprung gutmachen und war übermotiviert. Wenn er sich nicht hingelegt hätte, wäre Richtung Gold alles offen gewesen.«

»Wir haben die erhoffte Medaille. Die Jungs sind grandios gelaufen«, war Bundestrainer Hermann Weinbuch, der vor der den Winterspielen noch Gold als Ziel ausgegeben hatte, am Ende dennoch zufrieden.

Das Austria-Team mit Bernhard Gruber, David Kreiner, Felix Gottwald und Mario Stecher startete nach dem Springen von Rang drei aus ins Langlaufrennen. Dort waren die ÖSV-Athleten nicht zu schlagen. Schlussläufer Stecher ließ im Sprint auf den letzten Metern dem Amerikaner Bill Demong keine Chance und beendete das Rennen wie schon 2006 als Erster. »Ich habe im Zielsprint mein Glück gesucht – und das hat funktioniert«, feierte »Stechus« überglücklich.

»Hätte mir das jemand vor einem Jahr gesagt, hätte ich den für verrückt erklärt. Jeder ist über sich hinausgewachsen. Gewaltig!«, sagte Comeback-Mann Felix Gottwald, der nach zwei Jahren Pause in den Wettkampfsport zurückgekehrt war. »Das war Genuss auf höchstem Niveau!« Gottwald avancierte »nebenbei« zum erfolgreichsten österreichischen Olympioniken der Geschichte – vor der Legende Toni Sailer und Skispringer Thomas Morgenstern.

Die Kombinierer profitierten bei ihrem Sieg vom Know-How der Biathleten. »Die haben uns beim Material geholfen. Der Ski ist heute abgegangen wie eine Rakete. Diese Medaille war eine gesamtösterreichische Leistung«, war David Kreiner überglücklich, der gleich bei seinen ersten Olympischen Spielen Gold holte. »Das Laufen hat heute so viel Spaß gemacht.«

Gold verloren, aber immerhin reichte es zu Bronze. »Pechvogel« Tino Edelmann (links) patzte im Sprung und im Rennen; da half auch Björn Kircheisens (unten) engagierter Lauf nichts mehr.

Nordische Kombination, Team

Statistik

Nordische Kombination, Team
23.2.2010, Whistler Olympic Park

1. Österreich	3 / +0:36	48:55,6	
Bernhard Gruber	131,0 + 11:57,7/4		
David Kreiner	114,7 + 11:49,0/1		
Felix Gottwald	112,5 + 12:04,3/1		
Mario Stecher	121,7 + 13:04,6/5		
2. USA	2 / +0:02	+5,2	
Brett Camerota	122,3 + 12:28,0/8		
Todd Lodwick	132,2 + 11:52,3/2		
Johnny Spillane	127,5 + 12:18,8/3		
Bill Demong	123,8 + 12:55,7/1		
3. Deutschland	6 / +0:45	+19,5	
Johannes Rydzek	119,0 + 11:56,2/3		
Tino Edelmann	109,0 + 11:58,0/3		
Eric Frenzel	120,8 + 12:13,6/2		
Björn Kircheisen	124,5 + 12:58,3/4		
4. Frankreich	5 / +0:43	+39,8	
Maxime Laheurte	117,7 + 11:53,3/2		
Francois Braud	117,7 + 12:02,3/4		
Sebastien Lacroix	110,3 + 12:34,7/5		
Jason Lamy Chappuis	129,0 + 12:58,1/3		
5. Norwegen	7 / +0:51	+54,3	
Jan Schmid	105,8 + 11:51,4/1		
Espen Rian	117,0 + 12:13,5/7		
Petter Tande	122,8 + 12:32,9/4		
Magnus Moan	122,8 + 12:57,1/2		
6. Japan	4 / +0:41	+1:14,2	
Taihei Kato	121,7 + 12:01,8/5		
Daito Takahasi	132,2 + 12:07,3/5		
Akito Watabe	112,0 + 12:38,3/6		
Norihito Kobayashi	110,0 + 13;17,4/6		
7. Finnland	1 / 0:00	+2:21,5	
Janne Ryynänen	134,2 + 12:32,6/9		
Jaakko Tallus	120,3 + 12:46,8/10		
Anssi Koivuranta	132,0 + 13:12,9/8		
Hannu Manninen	120,5 + 13:20,8/7		
8. Tschechien	8 / +1:06	+3:18,6	
Ales Vodsedalek	109,0 + 12:51,5/10		
Miroslav Dvorak	110,5 + 12:10,8/6		
Tomas Slavik	113,3 + 13:08,1/7		
Pavel Churavy	124,5 + 13:33,8/8		
9. Schweiz	9 / +1:34	+4:18,2	
Seppi Hurschler	105,0 + 12:02,2/6		
Tim Hug	110,3 + 12:31,7/9		
Tommy Schmid	122,8 + 13:38,8/10		
Ronny Heer	98,5 + 14:03,1/10		
10. Italien	10 / +2:19	+4:42,9	
Alessandro Pittin	107,2 + 12:07,8/7		
Giuseppe Michielli	89,7 + 12:20,2/8		
Lukas Runggaldier	113,7 + 13:27,5/9		
Armin Bauer	92,0 + 14:00,0/9		

Reihenfolge: Platz nach Springen/Rückstand vor dem Laufen, Laufzeit/Rückstand im Ziel. Einzelergebnisse: Punkte im Springen + Laufzeit 5 km Freistil/Platz

So freute sich der Schweizer Simon Ammann nach dem Gewinn seiner insgesamt dritten Goldmedaille bei Olympischen Spielen.

Skispringen Normalschanze

Gold-Triple für Ammann

Michael Uhrmann schaute nach der verpassten Medaillenchance mit traurigen Augen zu, wie Simon Ammann als erster Olympiasieger von Vancouver gekrönt wurde. Der Bayer war als Fünfter auf der Normalschanze nur knapp an einer Medaille vorbei gesprungen. Der Schweizer Ammann dagegen hatte sein drittes Olympiagold gewonnen – vor Adam Malysz (Polen) und Gregor Schlierenzauer (Österreich).

Uhrmann schüttelte betrübt den Kopf, als er im Finale bei zu kurzen 102 Metern gelandet war und damit noch vom zwischenzeitlichen Silberrang aus den Medaillen rutschte. »Ich habe einen guten Wettkampf absolviert, aber vier andere waren halt besser«, sagte er. »Wer hätte aber vor ein paar Wochen daran gedacht, dass ich überhaupt um die Medaillen mitspringen kann?« Letztlich könne er sich allerdings für einen fünften Platz »nix kaufen. Medaillen gibt es halt nur drei.«

Bundestrainer Werner Schuster baute seinen Schützling jedoch auf: »Das Leben ist ohnehin nicht gerecht, deshalb sollte er sich über einen fünften Platz nicht ärgern. Michael hat einmal mehr seine Klasse bewiesen. Wir können hier erhobenen Hauptes rausgehen.« Vier Jahre zuvor hatte Uhrmann bereits bitter enttäuscht die Turiner Anlage verlassen, weil er Bronze als Vierter um minimale 25 Zentimeter verpasst hatte. Bei der WM 2007 in Sapporo erlitt er beim letzten Training einen Mittelfußbruch.

Letzter deutscher Solo-Medaillist auf der olympischen Bühne blieb damit Sven Hannawald, der in Salt Lake City 2002 Zweiter auf der Normalschanze war. Damals hatte Simon Ammann bereits zweimal Gold erobert. Die Grundlage für den dennoch starken fünften Platz legte Michael Uhrmann mit einem blitzsauberen Sprung auf 103,5 Meter im ersten Durchgang, als er auch von leichtem Aufwind profitierte und auf den zweiten Rang nur 2,5 Punkte hinter Simon Ammann (105 Meter) segelte.

Mit dem bereits in der gewonnenen Qualifikation überzeugenden Uhrmann konnten die anderen deutschen Springer nicht ganz mithalten. »Wenn wir alle Kräfte bündeln, können wir etwas Außergewöhnliches schaffen, und eine Medaille wäre etwas Außergewöhnliches«, hatte Martin Schmitt vor dem Auftakt gesagt. Der viermalige Weltmeister hatte dann aber mit 99,5 Metern keinen außergewöhnlichen ersten Versuch in der Wertung. Er monierte einen technischen Fehler, lag bei Halbzeit nur auf Rang 16, sprang aber durch einen blitzsauberen Finalsatz (103,5 Meter) noch in die Top Ten und kündigte danach selbstbewusst den Angriff auf die Konkurrenz an: »Dieses Ergebnis gibt mir die Gewissheit, dass ich mit den Besten mithalten kann.«

War der überlegene Mann auf der Normalschanze: Simon Ammann (großes Bild). Der Schweizer sprang in beiden Durchgängen Bestweiten – 105,0 und 108,0 Meter.

Großes Pech hatte bei seinem Olympia-Debüt Pascal Bodmer. Bei dem 19-Jährigen riss der Reißverschluss des Sprunganzuges auf. Co-Trainer Christian Winkler musste das Malheur mit einer Notreparatur und Sicherheitsnadeln beheben. Bodmer durfte zwar noch springen, verpasste dann aber nach schwachem Versuch als 31. das Finale der besten 30. »Das ist bitter, wenn du 500 Sprünge in einem Winter machst, und ausgerechnet beim wichtigsten passiert dir so etwas«, haderte der arg enttäuschte Youngster.

Gregor Schlierenzauer rettete mit Bronze die Ehre der Österreicher, auf Silber fehlten dem Olympia-Debütanten nur 1,5 Zähler. Er war im ersten Durchgang mit 101,5 Metern nur auf Platz sieben gelandet. Mit 106,5 Metern im Finale konnte er aber noch vier Plätze gutmachen und hätte beinahe auch noch Silber geholt, das ihm Routinier Malysz aber wegschnappte. Ohne Medaille blieb dagegen Doppel-Olympiasieger Thomas Morgenstern, der nach sehr guten Trainingsleistungen eigentlich als aussichtsreichster Medaillenkandidat der ÖSV-Adler gehandelt wurde. Nach dem vierten Zwischenrang reichte es im Finale aber nur zu 101,5 Metern. So fiel er auf Platz acht zurück.

Sprang im zweiten Durchgang noch auf den dritten Platz, gewann Bronze und rettete so die Ehre der Österreicher: Gregor Schlierenzauer.

Michael Uhrmann verpasste nach Rang zwei im ersten Durchgang eine mögliche Medaille nur knapp.

Statistik

Springen, Normalschanze, Einzel
13.2.2010, Whistler Olympic Park

1.	Simon Ammann	SUI	276,5	(105,0 m/1 + 108,0 m/1)
2.	Adam Malysz	POL	269,5	(103,5 m/3 + 105,0 m/3)
3.	Gregor Schlierenzauer	AUT	268,0	(101,5 m/7 + 106,5 m/2)
4.	Janne Ahonen	FIN	263,0	(102,0 m/5 + 104,0 m/5)
5.	Michael Uhrmann	GER	262,5	(103,5 m/2 + 102,0 m/10)
6.	Robert Kranjec	SLO	259,5	(102,0 m/6 + 102,5 m/8)
7.	Peter Prevc	SLO	259,0	(100,0 m/13 + 104,5 m/4)
8.	Thomas Morgenstern	AUT	258,5	(102,0 m/4 + 101,5 m/11)
9.	Anders Jacobsen	NOR	257,0	(99,5 m/15 + 104,0 m/5)
10.	Martin Schmitt	GER	256,0	(99,5 m/16 + 103,5 m/7)
11.	Wolfgang Loitzl	AUT	255,0	(100,0 m/12 + 102,5 m/8)
16.	Michael Neumayer	GER	247,0	(101,0 m/10 + 99,5 m/19)
19.	Andreas Kofler	AUT	241,5	(98,0 m/17 + 98,5 m/21)
31.	Pascal Bodmer	GER	112,5	(95,5 m/31)
35.	Andreas Küttel	SUI	110,0	(94,0 m/35)

Reihenfolge: Gesamtpunktzahl (Sprungweite/Platz)

Die »doppelten« Medaillengewinner (von links): Gregor Schlierenzauer, Simon Ammann und Adam Malysz, der sich auf seine Weise beim Schnee bedankte (rechtes Bild).

Skispringen, Großschanze

Die »üblichen« Verdächtigen mit Ammann an der Spitze

Mit einem Novum in der Olympia-Historie endete das Springen auf der Großschanze: Mit Simon Ammann (Schweiz), der seine vierte Goldmedaille gewann, Adam Malysz (Polen) und Gregor Schlierenzauer (Österreich) belegten dieselben Athleten in derselben Reihenfolge wie auf der Normalschanze die Medaillenplätze.

Und wieder waren die deutschen Skispringer nur Statisten. Lediglich Michael Neumayer schaffte als Sechster den Sprung in die Top Ten. »Ich schieße mich langsam ein. Es wird von Sprung zu Sprung besser«, sagte der Berchtesgadener. Michael Uhrmann, Andreas Wank und Martin Schmitt kamen über schwache Plätze nicht hinaus. »Heute gab es nix zu gewinnen. Abhaken und nach vorne schauen«, konstatierte Schmitt.
Alle vier Österreicher sprangen dagegen in die Top Ten, hatten aber auch keine Chance gegen Überflieger Ammann, der mit 144 sowie 138 Metern in beiden Durchgängen Bestweite stand. »Nicht die neue Bindung, sondern die absolute Entschlossenheit hat mich getragen«, erklärte der Schweizer, der die gesamte Konkurrenz bereits im

Mensch für die ganz speziellen Momente

Als Simon Ammann mit dem Flug in eine neue Dimension des Skispringens alle Störmanöver gekontert hatte, verneigten sich sogar die Erzrivalen aus Österreich. »Simon ist sensationell und überragend«, sagte Wolfgang Loitzl stellvertretend für seine haushoch geschlagenen österreichischen Teamkollegen: »Er hätte auch ohne seine neue Bindung gewonnen. Er ist einfach der Beste.« Auch Gregor Schlierenzauer erkannte die historische Leistung Ammanns fair an: »Er ist ein Vorbild für mich.«
Ammann wiederholte sein Gold-Double von 2002 in Salt Lake City und ist damit als erster Skispringer viermal Olympiasieger in einem Einzelspringen geworden. Zwar gewann auch der Finne Matti Nykänen vier Goldmedaillen, eine davon allerdings im Teamwettbewerb. Gleichzeitig avancierte Ammann damit zum erfolgreichsten Schweizer bei Winterspielen. Der 28-jährige Skispringer überholte in der ewigen Medaillenstatistik der Eidgenossen Skirennläuferin Vreni Schneider, die zwischen 1988 und 1994 drei Gold-, eine Silber- und eine Bronzemedaille gewonnen hatte. Natürlich wurden sofort Vergleiche zum berühmtesten Schweizer, dem größten Tennisspieler der Welt, Roger Federer, gezogen. »Roger hat eine unglaubliche Konstanz«, sagte Ammann dazu und schob seine ausgefallene, kultige Sonnenbrille nach oben: »Aber ich bin der Mensch für die ganz speziellen Momente.«
2002 in Salt Lake City war »noch viel Glück« im Spiel, in Whistler dagegen überzeugte er mit einem »Gesamtpaket« aus Nervenstärke, Fluggefühl und technischer Überlegenheit. »Er hat definitiv eine neue Dimension des Skispringens erreicht«, sagte der deutsche Bundestrainer Werner Schuster. Michael Neumayer gestand neidlos zu, dass Ammann in einer eigenen Liga springe: »Er hat eine gnadenlos aggressive Technik, die nur er fliegen kann.« Der Bindungs-»Zauberstab«, den Ammann kurz vor Olympia schlitzohrig als »Joker« (so Trainer Martin Künzle) gezogen hatte, war nur das Tüpfelchen auf dem »i«. »Ich hatte einen doppelten Vorteil. Mit der Bindung und mental«, glaubt Ammann.
Die Eltern Margrit und Heiri Ammann waren extra zum Großvater gegangen, weil sie selbst kein Fernsehgerät besitzen. Die 25 Kühe der Familie Ammann wurden erst am Morgen nach dem vierten Olympiasieg wieder versorgt: »Den Kühen sind die Olympischen Spiele egal.« Simon Ammann nicht, denn der schloss nicht aus, seine schon jetzt einmalige Karriere bis zu den Winterspielen 2014 fortzusetzen.

teilung seine peinliche Protest-Drohung gegen das neue Bindungssystem des Schweizers zurück. Zuvor hatte die Jury dessen Bindung für regelkonform erklärt. »Die Verantwortlichen des internationalen Skiverbandes haben Fakten geschaffen, indem sie Simon Ammann die Genehmigung zur Verwendung des diskutierten Bindungssystems erteilten«, hieß es. »Der ÖSV wird unabhängig vom Wettkampfverlauf auf einen Protest gegen das von Simon Ammann verwendete System verzichten.«

Ammann deklassierte mit seinem Sprung auf 144 m bereits im ersten Durchgang die Konkurrenz. Michael Neumayer (Startnummer 34) war bester Deutscher.

ersten Durchgang deklassiert hatte und dabei mehr als zwölf Meter weiter flog als alle österreichischen Erzrivalen.
Unmittelbar vor dem Springen zog der Österreichische Skiverband (ÖSV) per dürrer Pressemit-

Der Schweizer Simon Ammann trug sich in die Geschichtsbücher ein. Als erster Skispringer gewann er vier Einzel-Goldmedaillen.

Statistik

Skispringen, Großschanze
20.2.2010, Whistler Olympic Park

1. Simon Ammann	SUI	283,6	(144,0 m/1 + 138,0 m/1)
2. Adam Malysz	POL	269,4	(137,0 m/2 + 133,5 m/6)
3. Gregor Schlierenzauer	AUT	262,2	(130,5 m/5 + 136,0 m/2)
4. Andreas Kofler	AUT	261,2	(131,5 m/4 + 135,0 m/4)
5. Thomas Morgenstern	AUT	246,7	(129,5 m/7 + 129,5 m/8)
6. Michael Neumayer	GER	245,5	(130,0 m/8 + 130,0 m/9)
7. Antonin Hajek	CZE	240,6	(128,0 m/9 + 129,0 m/12)
8. Noriaki Kasai	JPN	239,2	(121,5 m/21 + 135,0 m/5)
9. Robert Kranjec	SLO	233,7	(118,5 m/27 + 135,5 m/3)
10. Wolfgang Loitzl	AUT	230,3	(129,5 m/6 + 121,5 m/22)
24. Andreas Küttel	SUI	204,9	(121,5 m/22 + 119,0 m/25)
25. Michael Uhrmann	GER	202,7	(122,5 m/18 + 116,5 m/27)
28. Andreas Wank	GER	200,5	(127,5 m/11 + 110,0 m/28)
30. Martin Schmitt	GER	182,4	(122,5 m/18 + 108,0 m/29)

Reihenfolge: Gesamtpunktzahl (Sprungweite/Platz)

Skispringen Teamwettbewerb

Mission erfüllt:
Endlich wieder deutsche Medaille

Am 22. 2. auf Platz 2: Deutschlands Skispringer erfüllten ihre Mission und gewannen die erste Olympiamedaille nach 2002. Die nervenstarken Michael Uhrmann, Michael Neumayer, Andreas Wank sowie »Schwachpunkt« Martin Schmitt fielen sich glücklich in die Arme. Der haushohe Favorit Österreich mit Wolfgang Loitzl, Thomas Morgenstern, Andreas Kofler und Gregor Schlierenzauer holte sich erwartungsgemäß seine sechste Goldmedaille in Serie bei einem Großereignis ab.

»Olympia war sehr schön. Wir wollten unbedingt eine Medaille, jetzt haben wir sie«, freute sich Neumayer. »Jetzt fahren wir mit einem Lächeln und der Silbermedaille nach Hause.« Dann stürmte er mit seinen Kollegen zu Michael Uhrmann, der mit einem Traumflug auf 140 Meter den zweiten Platz gerettet hatte. »Ich wollte und habe mich nicht aus der Ruhe bringen lassen«, meinte Uhrmann. Schmitt war nach seinem schweren Patzer beim vorletzten Sprung einfach »überglücklich und erleichtert«.

Für das deutsche Skispringen war es der größte Erfolg seit dem Team-Gold bei den Olympischen Spielen 2002 in Salt Lake City, bei dem Uhrmann und Schmitt bereits mit von der Partie waren. Das holten diesmal verdient die Austria-Adler, die damit im Teamspringen bei WM und Olympia seit 2003 ungeschlagen sind. Die ÖSV-Adler konnten sogar einen Beinahe-Sturz von Gregor Schlierenzauer bei der Topweite von 146,5 Metern locker verkraften. Bronze gewann Norwegen.

»Traumstart«: Michael Neumayer legte mit seinem guten ersten Sprung die Grundlage zur Silbermedaille der Deutschen.

Die erfolgreichen Skisprung-Nationen bei der Medaillen-Vergabe auf dem Siegerpodest: Deutschland, Österreich und Norwegen (von links).

»Wir haben das ganze Jahr darauf hingearbeitet, dass wir am 22. 2. auf Platz 2 landen. Die Stimmung ist gut, und ich bin zuversichtlich, dass wir uns die Medaille holen«, hatte Bundestrainer Werner Schuster vor dem Wettkampf gesagt. Die Enttäuschungen aus den Einzelspringen hatte das Team mit ein paar Bier runtergespült, und das »Flugbenzin« half ganz offensichtlich.

Nach »Traumstart« Platz zwei gehalten

Der Großschanzen-Sechste Neumayer segelte auf 137 Meter. Damit lagen die Deutschen gleich auf Platz zwei hinter Österreich – und sie sollten es bis zum Ende bleiben. »Das war ein Traumstart. Ich habe das erfüllt, was ich mir vorgenommen hatte«, sagte Neumayer. Das galt auch für Schlussspringer Uhrmann – er konnte nach seinen starken 135 Metern zufrieden ins Publikum winken. Schon bei Halbzeit hatten die Deutschen 19,1 Zähler Vorsprung auf die Viertplatzierten.
Auch im Finaldurchgang sorgte Neumayer mit 136,5 Metern für die optimale Vorlage, der ehemalige Junioren-Weltmeister Wank setzte nach einer Anlauf-Verlängerung mit einem Traumflug auf 139 Meter sogar noch einen drauf. Martin Schmitt machte die Sache danach mit einem völlig missglückten »Hüpfer« auf 122 Meter noch einmal spannend.
In der dramatischen Schlussrunde, die wegen immer stärker werdenden Aufwindes mehrfach unterbrochen werden musste, sprang der Finne Harri Olli auf 134,5 Meter. Nach ein paar Minuten Pause eroberte der Norweger Anders Jacobsen mit ausgezeichneten 140,5 Metern die Führung. Es folgte Michael Uhrmann – und der brachte nervenstark mit 140 Metern die verdiente Silbermedaille nach Hause. Schmitt, der als Einziger geschwächelt hatte, fühlte sich im allgemeinen Jubel sogar an den Team-Olympiasieg von 2002 in Salt Lake City erinnert. »Die Dramaturgie war fast die gleiche und die Freude dementsprechend ähnlich groß. Diese Momente werde ich nie vergessen«, erklärte der 32-Jährige. Danach nahm er erst mal seinen Kumpel Uhrmann in den Arm. Er war vor acht Jahren dabei gewesen, als Schmitt den Olympiasieg perfekt gemacht hatte. Diesmal rettete »Uhri« nervenstark Silber: »Ich bin froh, dass ich Martin etwas zurückgeben konnte«, freute sich der 31-Jährige: »Er hat es mir mit seinen Leistungen jahrelang ermöglicht, im Teamwettbewerb Medaillen zu gewinnen.«

Die deutschen Adler freuten sich über Silber (von links): Neumayer, Wank, Schmitt und Uhrmann.

Statistik

Skispringen, Großschanze, Team
22.2.2010, Whistler Olympic Park

1. Österreich		1107,9
Wolfgang Loitzl	138,0 m/1	+ 138,5 m/1
Andreas Kofler	132,0 m/1	+ 142,0 m/4
Thomas Morgenstern	135,5 m/1	+ 135,0 m/1
Gregor Schlierenzauer	140,5 m/1	+ 146,5 m/2
2. Deutschland		1035,8
Michael Neumayer	137,0 m/2	+ 136,5 m/2
Andreas Wank	128,5 m/4	+ 139,0 m/2
Martin Schmitt	128,0 m/4	+ 122,0 m/8
Michael Uhrmann	135,0 m/4	+ 140,0 m/3
3. Norwegen		1030,3
Anders Bardal	128,0 m/7	+ 127,0 m/7
Tom Hilde	127,5 m/6	+ 139,0 m/2
Johan Remen Evensen	131,5 m/3	+ 129,5 m/5
Anders Jacobsen	138,0 m/2	+ 140,5 m/1
4. Finnland		1014,6
Matti Hautamäki	133,5 m/3	+ 130,0 m/5
Janne Happonen	128,5 m/4	+ 139,0 m/1
Kalle Keituri	123,0 m/8	+ 132,0 m/3
Harri Olli	134,0 m/5	+ 134,5 m/7
5. Japan		1007,7
Daiki Ito	129,5 m/5	+ 133,5 m/4
Taku Takeuchi	125,5 m/8	+ 129,5 m/7
Shohei Tochimoto	128,0 m/5	+ 132,0 m/3
Noriaki Kasai	133,5 m/6	+ 140,0 m/3
6. Polen		996,7
Stefan Hula	129,0 m/4	+ 127,5 m/6
Lukasz Rutkowski	123,0 m/11	+ 127,5 m/8
Kamil Stoch	126,5 m/6	+ 134,5 m/2
Adam Malysz	136,5 m/3	+ 139,5 m/5
7. Tschechische Republik		981,8
8. Slowenien		958,8

Reihenfolge: Gesamtpunktzahl
Sprungweite/Platz Gruppe

Geschätzte 500 Millionen Menschen verfolgten vor den Fernsehschirmen in aller Welt die Schlussfeier.

»Ihr habt gewonnen!«

Mit einem Schuss Selbstironie und großem Lob vom Olymp gingen die tollen Tage von Vancouver zu Ende. »Es waren exzellente und sehr freundliche Spiele«, erklärte IOC-Präsident Jacques Rogge unter tosendem Beifall bei der Schlussfeier der XXI. Winterspiele. Rogge dachte in seiner Ansprache aber auch noch einmal an den ersten toten Sportler bei einem offiziellen Wettkampf bei Winterspielen, den georgischen Rodler Nodar Kumaritaschwili: »Die Erinnerung an Nodar wird immer bleiben.«

Während der Schlussfeier nahmen sich die Kanadier selbst auf die Schippe: Riesige Elche schwebten zwischen grinsenden Grizzlybären durch das vollbesetzte BC Place Stadium, die berühmten Mounties tanzten ungelenk zu Swingklängen, und Schauspielerin Catherine O'Hara entschuldigte sich im Namen ihrer Landsleute: »Sorry, dass der Schnee erst so spät kam.« Als ein Clown mit einem Seil den vierten überdimensionalen Holzscheit aus dem Boden zog, der bei der Eröffnungsfeier geklemmt hatte, tobten die 60 000 Zuschauer.

Noch einmal war Vancouver – wie schon in den 16 Tagen zuvor – die Party-Hauptstadt der Welt. Als die Rockband Nickelback zum Abschluss einheizte, tanzten die Athleten aus aller Welt ausgelassen im Innenraum. Es war das passende Ende einer zweiwöchigen Marathonfete in der Metropole am Pazifik.

»Vielen Dank für diese einzigartige und freudige Feier des olympischen Geistes«, sagte Rogge, der dem Organisationskomitee VANOC ein gutes Zeugnis ausstellte. »Das war ein hervorragender Job. Ihr habt es geschafft, ihr habt gewonnen!«

VANOC-Chef John Furlong gab das Lob an seine Landsleute weiter. »Im ganzen Land ist die schönste Art von Patriotismus ausgebrochen. Die Kanadier haben zusammen mit den Besuchern aus aller Welt gefeiert – strahlend, überglücklich, spontan und friedlich. Ihr wart der Wind unter unseren Flügeln«, sagte Furlong und fügte an: »Wenn Kanada am Eröffnungstag für einige noch ein wenig rätselhaft war, ist es das heute nicht mehr. Jetzt kennt ihr uns!«

Und damit die Gäste aus aller Welt Kanada in guter Erinnerung behalten, spielten die Organisatoren noch einmal mit ihren nationalen Symbolen – wieder mit einem Augenzwinkern. Kanada-Gänse flatterten schnatternd als übergroße Projektion durch die Arena, Ahornblätter tanzten durch den Innenraum, überdimensionale Eishockeyspieler prügelten sich – natürlich mit der Goldmedaille um den Hals. Schauspieler William Shatner, »Captain Kirk« des legendären »Raumschiff Enterprise«, erklärte den ausländischen Gästen, warum Kanadier bei minus 30 Grad schon Anzeichen des Klimawandels sehen. Und Michael J. Fox, der an Parkinson erkrankte Hollywood-Star, stellte sich so vor: »Hi, ich bin Mike, ich bin Kanadier.«

In der fröhlichen und farbigen Selbstinszenierung der Kanadier ging der Gastgeber der nächsten Winterspiele ein wenig unter. Sotschi präsentierte sich eher klassisch – mit Tänzern des weltberühmten Bolschoi-Theaters und Bildern der Sommerspiele 1980 in Moskau.

Als Jacques Rogge um 18.56 Uhr Ortszeit die Spiele für beendet erklärte, ging ein enttäuschtes Raunen durch das Stadion. Doch draußen tobte die Party noch stundenlang in Vancouvers Straßen …

IOC-Präsident Jacques Rogge sprach Sotschi, Gastgeber der nächsten Winterspiele 2014, sein Vertrauen aus.

Magdalena Neuner führte das deutsche Team ins BC Place Stadium.

Neil Young sang »Long may you run«.

Schlussfeier

Vancouver-Gold-Club
Die Olympiasieger aus Deutschland, Österreich und der Schweiz

André Lange und Kevin Kuske, Zweierbob

Simon Ammann, Skispringen (Normal- und Großschanze)

Andrea Fischbacher, Ski Alpin (Super-G)

Carlo Janka, Ski Alpin (Riesenslalom)

Evi Sachenbacher-Stehle und Claudia Nystad (Langlauf, Teamsprint)

Dario Cologna, Langlauf (15 km)

Felix Loch, Rodeln (Einsitzer)

Magdalena Neuner, Biathlon (Verfolgung und Massenstart)

Bernhard Gruber, David Kreiner, Felix Gottwald und Mario Stecher, Nordische Kombination (Team)

Vancouver-Gold-Club

Stephanie Beckert, Daniela Anschütz-Thoms, Anni Friesinger-Postma und Katrin Mattscherodt, Eisschnelllauf (Team)

Mike Schmid, Ski Freestyle (Skicross)

Maria Riesch, Ski Alpin (Super-Kombi und Slalom)

Andreas und Wolfgang Linger, Rodeln (Doppelsitzer)

Tatjana Hüfner, Rodeln (Einsitzer)

Didier Défago, Ski Alpin (Abfahrt)

Viktoria Rebensburg, Ski Alpin (Riesenslalom)

Wolfgang Loitzl, Andreas Kofler, Gregor Schlierenzauer und Thomas Morgenstern, Skispringen (Team)

133

Statistik

ALLE MEDAILLEN SEIT 1924

- Berücksichtigt sind auch die olympischen Wettbewerbe im Eiskunstlauf und Eishockey, die im Rahmen der (Sommer-)Spiele von London 1908 und Antwerpen 1920 stattfanden.
- Generell entspricht die Reihenfolge Gold–Silber–Bronze. Jede Abweichung ist vermerkt.
- Die gesamtdeutschen Mannschaften 1956–1964 wurden unter GER geführt.

WINTERSPIELE 1924–2010

AUSTRAGUNGSORTE

I	1924	Chamonix	FRA
II	1928	St. Moritz	SUI
III	1932	Lake Placid	USA
IV	1936	Garmisch-Partenkirchen	GER
V	1948	St. Moritz	SUI
VI	1952	Oslo	NOR
VII	1956	Cortina d'Ampezzo	ITA
VIII	1960	Squaw Valley	USA
IX	1964	Innsbruck	AUT
X	1968	Grenoble	FRA
XI	1972	Sapporo	JPN
XII	1976	Innsbruck	AUT
XIII	1980	Lake Placid	USA
XIV	1984	Sarajevo	YUG
XV	1988	Calgary	CAN
XVI	1992	Albertville	FRA
XVII	1994	Lillehammer	NOR
XVIII	1998	Nagano	JPN
XIX	2002	Salt Lake City	USA
XX	2006	Turin	ITA
XXI	2010	Vancouver	CAN

ALPINE WETTBEWERBE

Abfahrtslauf, Frauen

1948	Hedy Schlunegger	SUI	2:28,30
	Trude Beiser	AUT	2:29,10
	Resi Hammerer	AUT	2:30,20
1952	Trude Jochum-Beiser	AUT	1:47,10
	Mirl Buchner	GER	1:48,00
	Giuliana Minuzzo	ITA	1:49,00
1956	Madeleine Berthod	SUI	1:40,70
	Frieda Dänzer	SUI	1:45,40
	Lucile Wheeler	CAN	1:45,90
1960	Heidi Biebl	GER	1:37,60
	Penny Pitou	USA	1:38,60
	Traudl Hecher	AUT	1:38,90
1964	Christl Haas	AUT	1:55,39
	Edith Zimmermann	AUT	1:56,42
	Traudl Hecher	AUT	1:56,66
1968	Olga Pall	AUT	1:40,87
	Isabelle Mir	FRA	1:41,33
	Christl Haas	AUT	1:41,41
1972	Marie-Theres Nadig	SUI	1:36,68
	Annemarie Pröll	AUT	1:37,00
	Susan Corrock	USA	1:37,68
1976	Rosi Mittermaier	FRG	1:46,16
	Brigitte Totschnig	AUT	1:46,68
	Cynthia Nelson	USA	1:47,50
1980	Annemarie Moser-Pröll	AUT	1:37,52
	Hanni Wenzel	LIE	1:38,22
	Marie-Theres Nadig	SUI	1:38,36
1984	Michela Figini	SUI	1:13,36
	Maria Walliser	SUI	1:13,41
	Olga Charvatova	TCH	1:13,53
1988	Marina Kiehl	FRG	1:25,86
	Brigitte Oertli	SUI	1:26,61
	Karen Percy	CAN	1:26,62
1992	Kerrin Lee-Gartner	CAN	1:52,55
	Hilary Lindh	USA	1:52,61
	Veronika Wallinger	AUT	1:52,64
1994	Katja Seizinger	GER	1:35,93
	Picabo Street	USA	1:36,59
	Isolde Kostner	ITA	1:36,85
1998	Katja Seizinger	GER	1:28,89
	Pernilla Wiberg	SWE	1:29,18
	Florence Masnada	FRA	1:29,37
2002	Carole Montillet	FRA	1:39,56
	Isolde Kostner	ITA	1:40,01
	Renate Götschl	AUT	1:40,39
2006	Michaela Dorfmeister	AUT	1:56,49
	Martina Schild	SUI	1:56,86
	Anja Pärson	SWE	1:57,13
2010	Lindsey Vonn	USA	1:44,19
	Julia Mancuso	USA	1:44,75
	Elisabeth Görgl	AUT	1:45,65

Super-G, Frauen

1988	Sigrid Wolf	AUT	1:19,03
	Michela Figini	SUI	1:20,03
	Karen Percy	CAN	1:20,29
1992	Deborah Compagnoni	ITA	1:21,22
	Carole Merle	FRA	1:22,63
	Katja Seizinger	GER	1:23,19
1994	Diann Roffe	USA	1:22,15
	Swetlana Gladischewa	RUS	1:22,44
	Isolde Kostner	ITA	1:22,45
1998	Picabo Street	USA	1:18,02
	Michaela Dorfmeister	AUT	1:18,03
	Alexandra Meissnitzner	AUT	1:18,09
2002	Daniela Ceccarelli	ITA	1:13,59
	Janica Kostelic	CRO	1:13,64
	Karen Putzer	ITA	1:13,86
2006	Michaela Dorfmeister	AUT	1:32,47
	Janica Kostelic	CRO	1:32,74
	Alexandra Meissnitzner	AUT	1:33,06
2010	Andrea Fischbacher	AUT	1:20,14
	Tina Maze	SLO	1:20,63
	Lindsey Vonn	USA	1:20,88

Riesenslalom, Frauen

1952	Andrea Mead Lawrence	USA	2:06,80
	Dagmar Rom	AUT	2:09,00
	Mirl Buchner	GER	2:10,00
1956	Ossi Reichert	GER	1:56,50
	Josefine Frandl	AUT	1:57,80
	Dorothea Hochleitner	AUT	1:58,20
1960	Yvonne Rüegg	SUI	1:39,90
	Penny Pitou	USA	1:40,00
	G. Chenal-Minuzzo	ITA	1:40,20
1964	Marielle Goitschel	FRA	1:52,24
	2. Christine Goitschel	FRA	1:53,11
	2. Jean M. Saubert	USA	1:53,11
1968	Nancy Greene	CAN	1:51,97
	Annie Famose	FRA	1:54,61
	Fernande Bochatay	SUI	1:54,74
1972	Marie-Theres Nadig	SUI	1:29,90
	Annemarie Pröll	AUT	1:30,75
	Wiltrud Drexel	AUT	1:32,35
1976	Kathy Kreiner	CAN	1:29,13
	Rosi Mittermaier	FRG	1:29,25
	Danielle Debernard	FRA	1:29,95
1980	Hanni Wenzel	LIE	2:41,66
	Irene Epple	FRG	2:42,12
	Perrine Pelen	FRA	2:42,41
1984	Debbie Armstrong	USA	2:20,98
	Christin Cooper	USA	2:21,38
	Perrine Pelen	FRA	2:21,40
1988	Vreni Schneider	SUI	2:06,49
	Chr. Kinshofer-Güthlein	FRG	2:07,42
	Maria Walliser	SUI	2:07,72
1992	Pernilla Wiberg	SWE	2:12,74
	2. Anita Wachter	AUT	2:13,71
	2. Diann Roffe	USA	2:13,71
1994	Deborah Compagnoni	ITA	2:30,97
	Martina Ertl	GER	2:32,19
	Vreni Schneider	SUI	2:32,97
1998	Deborah Compagnoni	ITA	2:50,59
	Alexandra Meissnitzer	AUT	2:52,39
	Katja Seizinger	GER	2:52,61
2002	Janica Kostelic	CRO	2:30,01
	Anja Pärson	SWE	2:31,33
	Sonja Nef	SUI	2:31,67
2006	Julia Mancuso	USA	2:09,19
	Tanja Poutiainen	FIN	2:09,86
	Anna Ottosson	SWE	2:10,33
2010	Viktoria Rebensburg	GER	2:27,11
	Tina Maze	SLO	2:27,15
	Elisabeth Görgl	AUT	2:27,25

Slalom, Frauen

1948	Gretchen Frazer	USA	117,20
	Antoinette Meyer	SUI	117,70
	Erika Mahringer	AUT	118,00
1952	Andrea Lawrence Mead	USA	130,60
	Ossi Reichert	GER	131,40
	Mirl Buchner	GER	133,30
1956	Renée Colliard	SUI	112,30
	Regina Schöpf	AUT	115,40
	Jewgenia Sidorowa	URS	116,70
1960	Anne Heggtveit	CAN	109,60
	Betsy Snite	USA	112,90
	Barbara Henneberger	GER	116,60
1964	Christine Goitschel	FRA	89,86
	Marielle Goitschel	FRA	90,77
	Jean Marlene Saubert	USA	91,36
1968	Marielle Goitschel	FRA	85,86
	Nancy Greene	CAN	86,15
	Annie Famose	FRA	87,89
1972	Barbara Cochran	USA	91,24
	Danielle Debernard	FRA	91,26
	Florence Steurer	FRA	92,69
1976	Rosi Mittermaier	FRG	1:30,54
	Claudia Giordani	ITA	1:30,87
	Hanni Wenzel	LIE	1:32,20
1980	Hanni Wenzel	LIE	1:25,09
	Christa Kinshofer	FRG	1:26,50
	Erika Hess	SUI	1:27,89
1984	Paoletta Magoni	ITA	1:36,47
	Perrine Pelen	FRA	1:37,38
	Ursula Konzett	LIE	1:37,50
1988	Vreni Schneider	SUI	1:36,69
	Mateja Svet	YUG	1:38,37
	Chr. Kinshofer-Güthlein	FRG	1:38,40
1992	Petra Kronberger	AUT	1:32,68
	Annelise Coberger	NZL	1:33,10
	Blanca Fernandez Ochoa	ESP	1:33,35
1994	Vreni Schneider	SUI	1:56,01
	Elfi Eder	AUT	1:56,35
	Katja Koren	SLO	1:56,61
1998	Hilde Gerg	GER	1:32,40
	Deborah Compagnoni	ITA	1:32,46
	Zali Steggall	AUS	1:32,67
2002	Janica Kostelic	CRO	1:46,10
	Laure Pequegnot	FRA	1:46,71
	Anja Pärson	SWE	1:47,09
2006	Anja Pärson	SWE	1:29,04
	Nicole Hosp	AUT	1:29,33
	Marlies Schild	AUT	1:29,79
2010	Maria Riesch	GER	1:42,89
	Marlies Schild	AUT	1:43,32
	Sarka Zahrobska	CZE	1:43,90

Alpine Kombination, Frauen

1936	Christl Cranz	GER	97,06
	Käthe Grasegger	GER	95,26
	Laila Schou Nilsen	NOR	93,48
1948	Trude Beiser	AUT	6,58
	Gretchen Frazer	USA	6,95
	Erika Mahringer	AUT	7,04
1988	Anita Wachter	AUT	29,25
	Brigitte Oertli	SUI	29,48
	Maria Walliser	SUI	51,28
1992	Petra Kronberger	AUT	2,55
	Anita Wachter	AUT	19,39
	Florence Masnada	FRA	21,38
1994	Pernilla Wiberg	SWE	3:05,16
	Vreni Schneider	SUI	3:05,29
	Alenka Dovzan	SLO	3:06,64
1998	Katja Seizinger	GER	2:40,74
	Martina Ertl	GER	2:40,92
	Hilde Gerg	GER	2:41,50
2002	Janica Kostelic	CRO	2:43,28
	Renate Götschl	AUT	2:44,77
	Martina Ertl	GER	2:45,16
2006	Janica Kostelic	CRO	2:51,08
	Marlies Schild	AUT	2:51,58
	Anja Pärson	SWE	2:51,63

Super Kombination, Frauen

2010	Maria Riesch	GER	2:09,14
	Julia Mancuso	USA	2:10,08
	Anja Pärson	SWE	2:10,19

Abfahrtslauf, Männer

1948	Henri Oreiller	FRA	2:55,00
	Franz Gabl	AUT	2:59,10
	3. Karl Molitor	SUI	3:00,30
	3. Rolf Olinger	SUI	3:00,30
1952	Zeno Colo	ITA	2:30,80
	Othmar Schneider	AUT	2:32,00
	Christian Pravda	AUT	2:32,40
1956	Toni Sailer	AUT	2:52,20
	Raymond Fellay	SUI	2:55,70
	Anderl Molterer	AUT	2:56,20
1960	Jean Vuarnet	FRA	2:06,00
	Hans-Peter Lanig	FRA	2:06,50
	Guy Périllat	FRA	2:06,90
1964	Egon Zimmermann	AUT	2:18,16
	Leo Lacroix	FRA	2:18,90
	Wolfgang Bartels	GER	2:19,48
1968	Jean-Claude Killy	FRA	1:59,85
	Guy Périllat	FRA	1:59,93
	Jean-Daniel Dätwyler	SUI	2:00,32

Erfüllte sich ihren Goldtraum: Maria Riesch.

Statistik

1972	Bernhard Russi	SUI	1:51,43
	Roland Collombin	SUI	1:52,07
	Heinrich Messner	AUT	1:52,40
1976	Franz Klammer	AUT	1:45,73
	Bernhard Russi	SUI	1:46,06
	Herbert Plank	ITA	1:46,59
1980	Leonhard Stock	AUT	1:45,50
	Peter Wirnsberger	AUT	1:46,12
	Steve Podborski	CAN	1:46,62
1984	Bill Johnson	USA	1:45,59
	Peter Müller	SUI	1:45,86
	Anton Steiner	AUT	1:45,95
1988	Pirmin Zurbriggen	SUI	1:59,63
	Peter Müller	SUI	2:00,14
	Franck Piccard	FRA	2:01,24
1992	Patrick Ortlieb	AUT	1:50,37
	Franck Piccard	FRA	1:50,42
	Günther Mader	AUT	1:50,47
1994	Tommy Moe	USA	1:45,75
	Kjetil Andre Aamodt	NOR	1:45,79
	Edward Podivinsky	CAN	1:45,87
1998	Jean-Luc Crétier	FRA	1:50,11
	Lasse Kjus	NOR	1:50,51
	Hannes Trinkl	AUT	1:50,63
2002	Fritz Strobl	AUT	1:39,13
	Lasse Kjus	NOR	1:39,35
	Stephan Eberharter	AUT	1:39,41
2006	Antoine Dénériaz	FRA	1:48,80
	Michael Walchhofer	AUT	1:49,52
	Bruno Kernen	SUI	1:49,82
2010	Didier Défago	SUI	1:54,31
	Aksel Lund Svindal	NOR	1:54,38
	Bode Miller	USA	1:54,40

Super-G, Männer

1988	Franck Piccard	FRA	1:39,66
	Helmut Mayer	AUT	1:40,96
	Lars-Börje Eriksson	SWE	1:41,08
1992	Kjetil Andre Aamodt	NOR	1:13,04
	Marc Girardelli	LUX	1:13,77
	Jan Einar Thorsen	NOR	1:13,83
1994	Markus Wasmeier	GER	1:32,53
	Tommy Moe	USA	1:32,61
	Kjetil Andre Aamodt	NOR	1:32,93
1998	Hermann Maier	AUT	1:34,82
	2. Didier Cuche	SUI	1:35,43
	2. Hans Knauss	AUT	1:35,43
2002	Kjetil Andre Aamodt	NOR	1:21,58
	Stephan Eberharter	AUT	1:21,68
	Andreas Schifferer	AUT	1:21,83
2006	Kjetil Andre Aamodt	NOR	1:30,65
	Hermann Maier	AUT	1:30,78
	Ambrosi Hoffmann	SUI	1:30,98
2010	Aksel Lund Svindal	NOR	1:30,34
	Bode Miller	USA	1:30,62
	Andrew Weibrecht	USA	1:30,65

Riesenslalom, Männer

1952	Stein Eriksen	NOR	2:25,00
	Christian Pravda	AUT	2:26,90
	Anton Spiß	AUT	2:28,80
1956	Toni Sailer	AUT	3:00,10
	Anderl Molterer	AUT	3:06,30
	Walter Schuster	AUT	3:07,20
1960	Roger Staub	SUI	1:48,30
	Pepi Stiegler	AUT	1:48,70
	Ernst Hinterseer	AUT	1:49,10
1964	Francois Bonlieu	FRA	1:46,71
	Karl Schranz	AUT	1:47,09
	Pepi Stiegler	AUT	1:48,05
1968	Jean-Claude Killy	FRA	3:29,28
	Willy Favre	SUI	3:31,50
	Heinrich Messner	AUT	3:31,83
1972	Gustav Thöni	ITA	3:09,62
	Edmund Bruggmann	SUI	3:10,75
	Werner Mattle	SUI	3:10,99
1976	Heini Hemmi	SUI	3:26,97
	Ernst Good	SUI	3:27,17
	Ingemar Stenmark	SWE	3:27,41
1980	Ingemar Stenmark	SWE	2:40,74
	Andreas Wenzel	LIE	2:41,49
	Hans Enn	AUT	2:42,51
1984	Max Julen	SUI	2:41,18
	Jure Franko	YUG	2:41,41
	Andreas Wenzel	LIE	2:41,75
1988	Alberto Tomba	ITA	2:06,37
	Hubert Strolz	AUT	2:07,41
	Pirmin Zurbriggen	SUI	2:08,39
1992	Alberto Tomba	ITA	2:06,98
	Marc Girardelli	LUX	2:07,30
	Kjetil Andre Aamodt	NOR	2:07,82
1994	Markus Wasmeier	GER	2:52,46
	Urs Kälin	SUI	2:52,48
	Christian Mayer	AUT	2:52,58
1998	Hermann Maier	AUT	2:38,51
	Stefan Eberharter	AUT	2:39,36
	Michael von Grünigen	SUI	2:39,69
2002	Stephan Eberharter	AUT	2:23,28
	Bode Miller	USA	2:24,16
	Lasse Kjus	NOR	2:24,32
2006	Benjamin Raich	AUT	2:35,00
	Joel Chenal	FRA	2:35,07
	Hermann Maier	AUT	2:35,16
2010	Carlo Janka	SUI	2:37,83
	Kjetil Jansrud	NOR	2:38,22
	Aksel Lund Svindal	NOR	2:38,44

Slalom, Männer

1948	Edy Reinalter	SUI	130,30
	James Couttet	FRA	130,80
	Henri Oreiller	FRA	132,80
1952	Othmar Schneider	AUT	120,00
	Stein Eriksen	NOR	121,20
	Guttorm Berge	NOR	121,70
1956	Toni Sailer	AUT	194,70
	Chiharu Igaya	JPN	198,70
	Stig Sollander	SWE	200,20
1960	Ernst Hinterseer	AUT	128,90
	Matthias Leitner	AUT	130,30
	Charles Bozon	FRA	130,40
1964	Pepi Stiegler	AUT	131,13
	William Kidd	USA	131,27
	James Heuga	USA	131,52
1968	Jean-Claude Killy	FRA	99,73
	Herbert Huber	AUT	99,82
	Alfred Matt	AUT	100,09
1972	Francisco F. Ochoa	ESP	109,27
	Gustav Thöni	ITA	110,28
	Roland Thöni	ITA	110,30
1976	Piero Gros	ITA	2:03,29
	Gustav Thöni	ITA	2:03,73
	Willi Frommelt	LIE	2:04,28
1980	Ingemar Stenmark	SWE	1:44,26
	Phil Mahre	USA	1:44,76
	Jacques Lüthy	SUI	1:45,06
1984	Phil Mahre	USA	1:39,41
	Steve Mahre	USA	1:39,62
	Didier Bouvet	FRA	1:40,20
1988	Alberto Tomba	ITA	1:39,47
	Frank Wörndl	FRG	1:39,53
	Paul Frommelt	LIE	1:39,84
1992	Finn-Christian Jagge	NOR	1:44,39
	Alberto Tomba	ITA	1:44,67
	Michael Tritscher	AUT	1:44,85
1994	Thomas Stangassinger	AUT	2:02,02
	Alberto Tomba	ITA	2:02,17
	Jure Kosir	SLO	2:02,53
1998	Hans-Petter Buraas	NOR	1:49,31
	Ole-Christian Furuseth	NOR	1:50,64
	Thomas Sykora	AUT	1:50,68
2002*	Jean-Pierre Vidal	FRA	1:41,06
	Sebastien Amiez	FRA	1:41,82
	Benjamin Raich	AUT	1:42,41
2006	Benjamin Raich	AUT	1:43,14
	Reinfried Herbst	AUT	1:43,97
	Rainer Schönfelder	AUT	1:44,15
2010	Giuliano Razzoli	ITA	1:39,32
	Ivica Kostelic	CRO	1:39,48
	Andre Myhrer	SWE	1:39,76

* Ergebnis nachträglich geändert (Doping)

Alpine Kombination, Männer

1936	Franz Pfnür	GER	99,25
	Guzzi Lantschner	GER	96,26
	Emile Allais	FRA	94,69
1948	Henri Oreiller	FRA	3,27
	Karl Molitor	SUI	6,44
	James Coutett	FRA	6,95
1988	Hubert Strolz	AUT	36,55
	Bernhard Gstrein	AUT	43,45
	Paul Accola	SUI	48,24
1992	Josef Polig	ITA	14,58
	Gianfranco Martin	ITA	14,90
	Steve Locher	SUI	18,16
1994	Lasse Kjus	NOR	3:17,53
	Kjetil Andre Aamodt	NOR	3:18,55
	Harald Strand Nilsen	NOR	3:19,14
1998	Mario Reiter	AUT	3:08,06
	Lasse Kjus	NOR	3:08,65
	Christian Mayer	AUT	3:10,11
2002	Kjetil Andre Aamodt	NOR	3:17,56
	Bode Miller	USA	3:17,84
	Benjamin Raich	AUT	3:18,26
2006	Ted Ligety	USA	3:09,35
	Ivica Kostelic	CRO	3:09,88
	Rainer Schönfelder	AUT	3:10,67

Super Kombination, Männer

2010	Bode Miller	USA	2:44,92
	Ivica Kostelic	CRO	2:45,25
	Silvan Zurbriggen	SUI	2:45,32

FREESTYLE

Buckelpiste, Frauen

1992	Donna Weinbrecht	USA	23,69
	Elisabeta Kojewnikowa	EUN	23,50
	Stine Lise Hattestad	NOR	23,04
1994	Stine Lise Hattestad	NOR	25,97
	Elizabeth McIntyre	USA	25,89
	Elisabeta Kojewnikowa	RUS	25,81
1998	Tae Satoya	JPN	25,06
	Tatjana Mittermayer	GER	24,62
	Kari Traa	NOR	24,09
2002	Kari Traa	NOR	25,94
	Shannon Bahrke	USA	25,06
	Tae Satoya	JPN	24,85
2006	Jennifer Heil	CAN	26,50
	Kari Traa	NOR	25,65
	Sandra Laoura	FRA	25,37
2010	Hannah Kearney	USA	26,63
	Jennifer Heil	CAN	25,69
	Shannon Bahrke	USA	25,43

Springen, Frauen

1994	Lina Tscherjasowa	UZB	166,84
	Marie Lindgren	SWE	165,88
	Hilde Synnöve Lid	NOR	164,13
1998	Nikki Stone	USA	193,00
	Nannan Xu	CHN	186,97
	Colette Brand	SUI	171,83
2002	Alisa Camplin	AUS	193,47
	Veronica Brenner	CAN	190,02
	Deidra Dionne	CAN	189,26
2006	Evelyne Leu	SUI	202,55
	Nina Li	CHN	197,39
	Alisa Camplin	AUS	191,39
2010	Lydia Lassila	AUS	214,74
	Nina Li	CHN	207,23
	Xinxin Guo	CHN	205,22

Ski-Cross, Frauen

2010	Ashleigh McIvor	CAN
	Hedda Berntsen	NOR
	Marion Josserand	FRA

Buckelpiste, Männer

1992	Edgar Gospiron	FRA	25,81
	Olivier Allamand	FRA	24,87
	Nelson Carmichael	USA	24,82
1994	Jean-Luc Brassard	CAN	27,24
	Sergej Schupletsow	RUS	26,90
	Edgar Grospiron	FRA	26,64
1998	Jonny Moseley	USA	26,93
	Janne Lahtela	FIN	26,00
	Sami Mustonen	FIN	25,76
2002	Janne Lahtela	FIN	27,97
	Travis Mayer	USA	27,59
	Richard Gay	FRA	26,91
2006	Dale Begg-Smith	AUS	26,77
	Mikko Ronkainen	FIN	26,62
	Toby Dawson	USA	26,30
2010	Alexandre Bilodeau	CAN	26,75
	Dale Begg-Smith	AUS	26,58
	Bryon Wilson	USA	26,08

Springen, Männer.

1994	Andreas Schönbächler	SUI	234,67
	Philippe Laroche	CAN	228,63
	Lloyd Langlois	CAN	222,44
1998	Eric Bergoust	USA	255,64
	Sébastien Foucras	FRA	248,79
	Dimitri Daschinski	BLR	240,79
2002	Ales Valenta	CZE	257,02
	Joe Pack	USA	251,64
	Alexej Grischin	BLR	251,19
2006	Xiaopeng Han	CHN	250,77
	Dimitri Daschinski	BLR	248,68
	Wladimir Lebedew	RUS	246,76
2010	Alexej Grischin	BLR	248,41
	Jeret Peterson	USA	247,21
	Zhongqing Liu	CHN	242,53

Ski-Cross, Männer

2010	Michael Schmid	SUI
	Andreas Matt	AUT
	Audun Groenvold	NOR

SNOWBOARD

Halfpipe, Frauen

1998	Nicola Thost	GER	74,6
	Stine Kjeldaas	NOR	74,2
	Shannon Dunn	USA	72,8
2002	Kelly Clark	USA	47,9
	Doriane Vidal	FRA	43,0
	Fabienne Reuteler	SUI	39,7
2006	Hannah Teter	USA	46,4
	Gretchen Bleiler	USA	43,4
	Kjersti Buaas	NOR	42,0
2010	Torah Bright	AUS	45,0
	Hannah Teter	USA	42,4
	Kelly Clark	USA	42,2

Cross, Frauen

2006	Tanja Frieden	SUI
	Lindsay Jacobellis	USA
	Dominique Maltais	CAN
2010	Maelle Ricker	CAN
	Deborah Anthonioz	FRA
	Olivia Nobs	SUI

Riesenslalom, Frauen

1998	Karine Ruby	FRA	2:17,34
	Heidi Renoth	GER	2:19,17
	Brigitte Köck	AUT	2:19,42

Parallel-Riesenslalom, Frauen

2002	Isabelle Blanc	FRA
	Karine Ruby	FRA
	Lidia Trettel	ITA
2006	Daniela Meuli	SUI
	Amelie Kober	GER
	Rosey Fletcher	USA
2010	Nicolien Sauerbreij	NED
	Jekaterina Iljuchina	RUS
	Marion Kreiner	AUT

Halfpipe, Männer

1998	Gian Simmen	SUI	85,2
	Daniel Franck	NOR	82,4
	Ross Powers	USA	82,1
2002	Ross Powers	USA	46,1
	Danny Kass	USA	42,5
	Jarret Thomas	USA	42,1
2006	Shaun White	USA	46,8
	Daniel Kass	USA	44,0
	Markku Koski	FIN	41,5
2010	Shaun White	USA	48,4
	Peetu Piiroinen	FIN	45,0
	Scott Lago	USA	42,8

Cross, Männer

2006	Seth Wescott	USA
	Radoslav Zidek	SVK
	Paul-Henri Delerue	FRA
2010	Seth Wescott	USA
	Mike Robertson	CAN
	Tony Ramoin	FRA

Riesenslalom, Männer

1998	Ross Rebagliati	CAN	2:03,96
	Thomas Prugger	ITA	2:03,98
	Ueli Kestenholz	SUI	2:04,08

Parallel-Riesenslalom, Männer

2002	Philipp Schoch	SUI
	Richard Richardsson	SWE
	Chris Klug	USA
2006	Philipp Schoch	SUI
	Simon Schoch	SUI
	Siegfried Grabner	AUT
2010	Jasey Jay Anderson	CAN
	Benjamin Karl	AUT
	Mathieu Bozzetto	FRA

BOB/RODELN/SKELETON

Rodeln, Einsitzer, Frauen

1964	Ortrun Enderlein	GER	3:24,670
	Ilse Geisler	GER	3:27,420
	Helene Thurner	AUT	3:29,060
1968	Erica Lechner	ITA	2:28,660
	Christa Schmuck	FRG	2:29,370
	Angelika Dünhaupt	FRG	2:29,560
1972	Anna-Maria Müller	GDR	2:59,180
	Ute Rührold	GDR	2:59,490
	Margit Schumann	GDR	2:59,540
1976	Margit Schumann	GDR	2:50,621
	Ute Rührold	GDR	2:50,846
	Elisabeth Demleitner	FRG	2:51,056
1980	Vera Sosulja	URS	2:36,537
	Melitta Sollmann	GDR	2:37,657
	Ingrida Amantowa	URS	2:37,817
1984	Steffi Martin	GDR	2:46,570
	Bettina Schmidt	GDR	2:46,873
	Ute Weiß	GDR	2:47,248
1988	Steffi Walter-Martin	GDR	3:03,973
	Ute Oberhoffner-Weiß	GDR	3:04,105
	Cerstin Schmidt	GDR	3:04,181
1992	Doris Neuner	AUT	3:06,696
	Angelika Neuner	AUT	3:06,769
	Susi Erdmann	GER	3:07,115
1994	Gerda Weissensteiner	ITA	3:15,517
	Susi Erdmann	GER	3:16,276
	Andrea Tagwerker	AUT	3:16,652

1998	Silke Kraushaar	GER	3:23,779
	Barbara Niedernhuber	GER	3:23,781
	Angelika Neuner	AUT	3:24,253
2002	Sylke Otto	GER	2:52,464
	Barbara Niedernhuber	GER	2:52,785
	Silke Kraushaar	GER	2:52,865
2006	Sylke Otto	GER	3:07,979
	Silke Kraushaar	GER	3:08,115
	Tatjana Hüfner	GER	3:08,460
2010	Tatjana Hüfner	GER	2:46,524
	Nina Reithmayer	AUT	2:47,014
	Natalie Geisenberger	GER	2:47,101

Rodeln, Einsitzer, Männer

1964	Thomas Köhler	GER	3:26,770
	Klaus Bonsack	GER	3:27,040
	Hans Plenk	GER	3:30,150
1968	Manfred Schmid	AUT	2:52,480
	Thomas Köhler	GDR	2:52,660
	Klaus Bonsack	GDR	2:53,330
1972	Wolfgang Scheidel	GDR	3:27,580
	Harald Ehrig	GDR	3:28,390
	Wolfram Fiedler	GDR	3:28,730
1976	Dettlef Günther	GDR	3:27,688
	Josef Fendt	FRG	3:28,196
	Hans Rinn	GDR	3:28,574
1980	Bernhard Glass	GDR	2:54,796
	Paul Hildgartner	ITA	2:55,372
	Anton Winkler	FRG	2:56,545
1984	Paul Hildgartner	ITA	3:04,258
	Sergej Danilin	URS	3:04,962
	Waleri Dudin	URS	3:05,012
1988	Jens Müller	GDR	3:05,548
	Georg Hackl	FRG	3:05,916
	Juri Schartschenko	URS	3:06,274
1992	Georg Hackl	GER	3:02,363
	Markus Prock	AUT	3:02,669
	Markus Schmid	AUT	3:02,942
1994	Georg Hackl	GER	3:21,571
	Markus Prock	AUT	3:21,584
	Armin Zöggeler	ITA	3:21,833
1998	Georg Hackl	GER	3:18,436
	Armin Zöggeler	ITA	3:18,939
	Jens Müller	GER	3:19,093
2002	Armin Zöggeler	ITA	2:57,941
	Georg Hackl	GER	2:58,270
	Markus Prock	AUT	2:58,283
2006	Armin Zöggeler	ITA	3:26,088
	Albert Demtschenko	RUS	3:26,198
	Martins Rubenis	LAT	3:26,445
2010	Felix Loch	GER	3:13,085
	David Möller	GER	3:13,764
	Armin Zöggeler	ITA	3:14,375

Rodeln, Doppelsitzer, Männer

1964	Feistmantl/Stengl	AUT	1:41,620
	Senn/Thaler	AUT	1:41,910
	Außendorfer/Mair	ITA	1:42,870
1968	Bonsack/Köhler	GDR	1:35,850
	Schmid/Walch	AUT	1:36,340
	Winkler/Nachmann	FRG	1:37,290
1972	Hörnlein/Bredow	GDR	1:28,350
	1. Hildgartner/Plaikner	ITA	1:28,350
	Bonsack/Fiedler	GDR	1:29,160
1976	Rinn/Hahn	GDR	1:25,604
	Brandner/Schwarm	FRG	1:25,889
	Schmid/Schachner	AUT	1:25,919
1980	Rinn/Hahn	GDR	1:19,331
	Gschnitzer/Brunner	ITA	1:19,606
	Fluckinger/Schrott	AUT	1:19,795
1984	Stangassinger/Wembacher	FRG	1:23,620
	Beloussow/Beljakow	URS	1:23,660
	Hoffmann/Pietzsch	GDR	1:23,887
1988	Hoffmann/Pietzsch	GDR	1:31,940
	Krauße/Behrendt	GDR	1:32,039
	Schwab/Staudinger	FRG	1:32,274
1992	Krauße/Behrendt	GER	1:32,053
	Mankel/Rudolph	GER	1:32,239
	Raffl/N. Huber	ITA	1:32,298
1994	Brugger/W. Huber	ITA	1:36,720
	Raffl/N. Huber	ITA	1:36,769
	Krauße/Behrendt	GER	1:36,945
1998	Krauße/Behrendt	GER	1:41,105
	Thorpe/Sheer	USA	1:41,127
	Grimmette/Martin	USA	1:41,217
2002	Leitner/Resch	GER	1:26,082
	Grimmette/Martin	USA	1:26,216
	Thorpe/Ives	USA	1:26,220
2006	A. Linger/W. Linger	AUT	1:34,497
	Florschütz/Wustlich	GER	1:34,807
	Plankensteiner/Haselrieder	ITA	1:34,930
2010	A. Linger/W. Linger	AUT	1:22,705
	A. Sics/J. Sics	LAT	1:22,969
	Leitner/Resch	GER	1:23,040

Zweierbob, Frauen

2002	Bakken/Flowers	USA	1:37,76
	Prokoff/Holzner	GER	1:38,06
	Erdmann/Herschmann	GER	1:38,29
2006	Kiriasis/Schneiderheinze	GER	3:49,98
	Rohbock/Fleming	USA	3:50,69
	Weissensteiner/Isacco	ITA	3:51,01
2010	Humphries/Moyse	CAN	3:32,28
	Upperton/Brown	CAN	3:33,13
	Pac/Meyers	USA	3:33,40

Zweierbob, Männer

1932	H. Stevens/C. Stevens	USA	8:14,74
	Capadrutt/Geier	SUI	8:16,28
	Heaton/Minton	USA	8:29,15
1936	Brown/Washbond	USA	5:29,29
	Feierabend/Beerli	SUI	5:30,64
	Colgate/Lawrence	USA	5:33,96
1948	Endrich/Waller	SUI	5:29,20
	Feierabend/Eberhard	SUI	5:30,40
	Fortune/Carron	USA	5:35,30
1952	Ostler/Nieberl	GER	5:24,54
	Benham/Martin	USA	5:26,89
	Feierabend/Waser	SUI	5:27,71
1956	Dalla Costa/Conti	ITA	5:30,14
	Monti/Alverà	ITA	5:31,45
	Angst/Warburton	SUI	5:37,46
1964	Nash/Dixon	GBR	4:21,90
	Zardini/Bonagura	ITA	4:22,02
	Monti/Siorpaes	ITA	4:22,63
1968	Monti/de Paolis	ITA	4:41,54
	2. Floth/Bader	FRG	4:41,54
	Panturu/Neagoe	ROM	4:44,46
1972	Zimmerer/Utzschneider	FRG	4:57,07
	Floth/Bader	FRG	4:58,84
	Wicki/Hubacher	SUI	4:59,33
1976	Nehmer/Germeshausen	GDR	3:44,44
	Zimmerer/Schumann	FRG	3:44,99
	Schärer/Benz	SUI	3:45,70
1980	Schärer/Benz	SUI	4:09,36
	Germeshausen/Gerhardt	GDR	4:10,93
	Nehmer/Musiol	GDR	4:11,08
1984	Hoppe/Schauerhammer	GDR	3:25,56
	Lehmann/Musiol	GDR	3:26,04
	Ekmanis/Alexandrow	URS	3:26,16
1988	Kipurs/Kozlow	URS	3:53,48
	Hoppe/Musiol	GDR	3:54,19
	Lehmann/Hoyer	GDR	3:54,64
1992	Weder/D. Acklin	SUI	4:03,26
	Lochner/Zimmermann	GER	4:03,55
	Langen/Eger	GER	4:03,63
1994	Weder/D. Acklin	SUI	3:30,81
	Götschi/G. Acklin	SUI	3:30,86
	G. Huber/Ticci	ITA	3:31,01
1998	1. G. Huber/Tartaglia	ITA	3:37,24
	1. Lueders/MacEachern	CAN	3:37,24
	Langen/Zimmermann	GER	3:37,89
2002	Langen/Zimmermann	GER	3:10,11
	Reich/Anderhub	SUI	3:10,20
	Annen/Hefti	SUI	3:10,62
2006	Lange/Kuske	GER	3:43,38
	Lueders/Brown	CAN	3:43,59
	Annen/Hefti	SUI	3:43,73
2010	Lange/Kuske	GER	3:26,65
	Florschütz/Adjei	GER	3:26,87
	Subkow/Wojewoda	RUS	3:27,51

Viererbob (nur Piloten)

1924	Edouard Scherrer	SUI	5:45,54
	Ralph E. Broome	GBR	5:48,83
	Charles Mulder	BEL	6:02,29
1928	William Fiske	USA	3:20,50
	Jennison Heaton	USA	3:21,00
	Hanns Kilian	GER	3:21,90
1932	William Fiske	USA	7:53,68
	Henry Homburger	USA	7:55,70
	Hanns Kilian	GER	8:00,04
1936	Pierre Musy	SUI	5:19,85
	Reto Capadrutt	SUI	5:22,73
	Frederick McEvoy	GBR	5:23,41
1948	Francis Tyler	USA	5:20,10
	Max Houben	BEL	5:21,30
	James Bickford	USA	5:21,50
1952	Anderl Ostler	GER	5:07,84
	Stanley Benham	USA	5:10,48
	Fritz Feierabend	SUI	5:11,70
1956	Franz Kapus	SUI	5:10,44
	Eugenio Monti	ITA	5:12,10
	Arthur Tyler	USA	5:12,39
1964	Victor Emery	CAN	4:14,46
	Erwin Thaler	AUT	4:15,48
	Eugenio Monti	ITA	4:15,60
1968	Eugenio Monti	ITA	2:17,39
	Erwin Thaler	AUT	2:17,48
	Jean Wicki	SUI	2:18,04
1972	Jean Wicki	SUI	4:43,07
	Nevio de Zordo	ITA	4:43,83
	Wolfgang Zimmerer	FRG	4:43,92
1976	Meinhard Nehmer	GDR	3:40,43
	Erich Schärer	SUI	3:40,89
	Wolfgang Zimmerer	FRG	3:41,37
1980	Meinhard Nehmer	GDR	3:59,92
	Erich Schärer	SUI	4:00,87
	Horst Schönau	GDR	4:00,97
1984	Wolfgang Hoppe	GDR	3:20,22
	Bernhard Lehmann	GDR	3:20,78
	Silvio Giobellina	SUI	3:21,39
1988	Ekkehard Fasser	SUI	3:47,51
	Wolfgang Hoppe	GDR	3:47,58
	Janis Kipurs	URS	3:48,26
1992	Ingo Appelt	AUT	3:53,90
	Wolfgang Hoppe	GER	3:53,92
	Gustav Weder	SUI	3:54,13
1994	Harald Czudaj	GER	3:27,78
	Gustav Weder	SUI	3:27,84
	Wolfgang Hoppe	GER	3:28,01
1998	Christoph Langen	GER	2:39,41
	Marcel Rohner	SUI	2:40,01
	3. Sean Olsson	GBR	2:40,06
	3. Bruno Mingeon	FRA	2:40,06
2002	André Lange	GER	3:07,51
	Todd Hays	USA	3:07,81
	Brian Shimer	USA	3:07,86
2006	André Lange	GER	3:40,42
	Alexandre Subkow	RUS	3:40,55
	Martin Annen	SUI	3:40,83
2010	Steven Holcomb	USA	3:24,46
	André Lange	GER	3:24,84
	Lyndon Rush	CAN	3:24,85

Skeleton, Frauen

2002	Tristan Gale	USA	1:45,11
	Lea Ann Parsley	USA	1:45,21
	Alex Coomber	GBR	1:45,37
2006	Maya Pedersen-Bieri	SUI	1:59,83
	Shelley Rudman	GBR	2:01,06
	Melissa Hollingsworth-Richards	CAN	2:01,41
2010	Amy Williams	GBR	3:35,64
	Kerstin Szymkowiak	GER	3:36,20
	Anja Huber	GER	3:36,36

Skeleton, Männer

1928	Jennison Heaton	USA	3:01,8
	John Heaton	USA	3:02,8
	David Carnegie	GBR	3:05,1
1948	Nino Bibbia	ITA	5:23,2
	John Heaton	USA	5:24,6
	John Crammond	GBR	5:25,1
2002	Jim Shea	USA	1:41,96
	Martin Rettl	AUT	1:42,01
	Gregor Stähli	SUI	1:42,15
2006	Duff Gibson	CAN	1:55,88
	Jeff Pain	CAN	1:56,14
	Gregor Stähli	SUI	1:56,80
2010	Jon Montgomery	CAN	3:29,73
	Martins Dukurs	LAT	3:29,80
	Alexander Tretjakow	RUS	3:30,75

EISHOCKEY

Eishockey, Frauen

1998	USA	3:1
	Kanada	
	Finnland	
2002	Kanada	3:2
	USA	
	Schweden	
2006	Kanada	4:1
	Schweden	
	USA	
2010	Kanada	2:0
	USA	
	Finnland	

Eishockey, Männer

1920	Kanada	2:0
	USA	
	Tschechoslowakei	
1924	Kanada	47: 3/ 6 P.
	USA	32: 6/ 4 P.
	Großbritannien	6:33/ 2 P.
1928	Kanada	38: 0/ 6 P.
	Schweden	7:12/ 4 P.
	Schweiz	4:17/ 2 P.
1932	Kanada	32: 4/11 P.
	USA	27: 5/ 9 P.
	Deutschland	7:26/ 4 P.
1936	Großbritannien	7: 1/ 5 P.
	Kanada	9: 2/ 4 P.
	USA	2: 1/ 3 P.
1948	Kanada	69: 5/15 P.
	Tschechoslowakei	80:18/15 P.
	Schweiz	67:21/12 P.
1952	Kanada	71:14/15 P.
	USA	43:21/13 P.
	Schweden	48:19/12 P.
1956	UdSSR	25: 5/10 P.
	USA	26:12/ 8 P.
	Kanada	23:11/ 6 P.
1960	USA	29:11/10 P.
	Kanada	31:12/ 8 P.
	UdSSR	24:19/ 5 P.
1964	UdSSR	54:10/14 P.
	Schweden	47:16/10 P.
	Tschechoslowakei	38:19/10 P.
1968	UdSSR	48:10/12 P.
	Tschechoslowakei	33:17/11 P.
	Kanada	28:15/10 P.
1972	UdSSR	33:13/ 9 P.
	USA	18:15/ 6 P.
	Tschechoslowakei	26:13/ 6 P.
1976	UdSSR	40:11/10 P.
	Tschechoslowakei	17:10/ 6 P.
	BR Deutschland	21:24/ 4 P.
1980	USA	10: 7/5:1 P.
	UdSSR	16: 7/4:2 P.
	Schweden	7:14/2:4 P.
1984	UdSSR	16: 1/6:0 P.
	Tschechoslowakei	6: 2/4:2 P.
	Schweden	3:12/2:4 P.
1988	UdSSR	25: 7/8:2 P.
	Finnland	18:10/7:3 P.
	Schweden	15:16/6:4 P.
1992	EUN	3:1
	Kanada	
	Tschechoslowakei	
1994	Schweden	(3:2 PS) 2:2
	Kanada	
	Finnland	
1998	Tschechien	1:0
	Russland	
	Finnland	
2002	Kanada	5:2
	USA	
	Russland	
2006	Schweden	3:2
	Finnland	
	Tschechien	
2010	Kanada	n.V. 3:2
	USA	
	Finnland	

CURLING

Curling, Frauen

1998	Kanada	7:5
	Dänemark	
	Schweden	
2002	Großbritannien	4:3
	Schweiz	
	Kanada	
2006	Schweden	7:6
	Schweiz	
	Kanada	
2010	Schweden	7:6
	Kanada	
	China	

Curling, Männer

1924	Großbritannien	
	Schweden	
	Frankreich	
1998	Schweiz	9:3
	Kanada	
	Norwegen	
2002	Norwegen	6:5
	Kanada	
	Schweiz	
2006	Kanada	10:4
	Finnland	
	USA	
2010	Kanada	6:3
	Norwegen	
	Schweiz	

EISKUNSTLAUF

Eiskunstlauf, Frauen

1908	Magde Syers-Cave	GBR	5
	Elsa Rendschmidt	GER	11
	D. Greenhough-Smith	GBR	15
1920	Magda Julin-Mauroy	SWE	12
	Svea Noren	SWE	12,5
	Theresa Weld	USA	15,5

Hatten mehr als Bronze erhofft: Aljona Savchenko und Robin Szolkowy.

Eiskunstlauf, Damen

Jahr	Platzierung	Land	Punkte
1924	Herma Planck-Szabo	AUT	7
	Beatrix Loughran	USA	14
	Ethel Muckelt	GBR	26
1928	Sonja Henie	NOR	8
	Fritzi Burger	AUT	25
	Beatrix Loughran	USA	28
1932	Sonja Henie	NOR	7
	Fritzi Burger	AUT	18
	Maribel Vinson	USA	23
1936	Sonja Henie	NOR	7,5
	Cecilia Colledge	GBR	13,5
	Vivi-Anne Hulten	SWE	28
1948	Barbara Ann Scott	CAN	11
	Eva Pawlik	AUT	24
	Jeanette Altwegg	GBR	28
1952	Jeanette Altwegg	GBR	14
	Tenley Albright	USA	22
	Jacqueline du Bief	FRA	24
1956	Tenley Albright	USA	12
	Carol Heiss	USA	21
	Ingrid Wendl	AUT	39
1960	Carol Heiss	USA	9
	Sjoukje Dijkstra	NED	20
	Barbara Ann Roles	USA	26
1964	Sjoukje Dijkstra	NED	9
	Regine Heitzer	AUT	22
	Petra Burka	CAN	25
1968	Peggy Fleming	USA	9
	Gaby Seyfert	GDR	18
	Hana Maskova	TCH	31
1972	Beatrix Schuba	AUT	9
	Karen Magnussen	CAN	23
	Janet Lynn	USA	27
1976	Dorothy Hamill	USA	9
	Dianne de Leeuw	NED	20
	Christine Errath	GDR	28
1980	Anett Pötzsch	GDR	11
	Linda Fratianne	USA	16
	Dagmar Lurz	FRG	28
1984	Katarina Witt	GDR	3,2
	Rosalynn Sumners	USA	4,6
	Kira Iwanowa	URS	9,2
1988	Katarina Witt	GDR	4,2
	Elizabeth Manley	CAN	4,6
	Debbie Thomas	USA	6,0
1992	Kristi Yamaguchi	USA	1,5
	Midori Ito	JPN	4,0
	Nancy Kerrigan	USA	4,0
1994	Oksana Bajul	UKR	2,0
	Nancy Kerrigan	USA	2,5
	Lu Chen	CHN	5,0
1998	Tara Lipinski	USA	2,0
	Michelle Kwan	USA	2,5
	Lu Chen	CHN	5,0
2002	Sarah Hughes	USA	3,0
	Irina Slutskaja	RUS	3,0
	Michelle Kwan	USA	3,5
2006	Shizuka Arakawa	JPN	191,34
	Sasha Cohen	USA	183,36
	Irina Slutskaja	RUS	181,44
2010	Yu-Na Kim	KOR	228,56
	Mao Asada	JPN	205,50
	Joannie Rochette	CAN	202,64

Spezialfiguren, Männer

Jahr		Land	Punkte
1908	Nikolai Panin	RUS	5
	Arthur Cumming	GBR	10
	George Hall-Say	GBR	15

Eiskunstlauf, Männer

Jahr		Land	Punkte
1908	Ulrich Salchow	SWE	7
	Richard Johansson	SWE	10
	Per Thoren	SWE	14
1920	Gillis Grafström	SWE	7
	Andreas Krogh	NOR	18
	Martin Stixrud	NOR	24,5
1924	Gillis Grafström	SWE	10
	Willy Böckl	AUT	13
	Georges Gautschi	SUI	23
1928	Gillis Grafström	SWE	12
	Willy Böckl	AUT	13
	Robert van Zeebroeck	BEL	27
1932	Karl Schäfer	AUT	9
	Gillis Grafström	SWE	13
	Montgomery Wilson	CAN	24
1936	Karl Schäfer	AUT	7
	Ernst Baier	GER	24
	Felix Kaspar	AUT	24
1948	Dick Button	USA	10
	Hans Gerschwiler	SUI	23
	Edi Rada	AUT	33
1952	Dick Button	USA	9
	Helmut Seibt	AUT	23
	James Grogan	USA	24
1956	Hayes Alan Jenkins	USA	13
	Ronald Robertson	USA	16
	David Jenkins	USA	27
1960	David Jenkins	USA	10
	Karol Divin	TCH	22
	Donald Jackson	CAN	31
1964	Manfred Schnelldorfer	GER	13
	Alain Calmat	FRA	22
	Scott Allen	USA	26
1968	Wolfgang Schwarz	AUT	13
	Timothy Wood	USA	17
	Patrick Péra	FRA	31
1972	Ondrej Nepela	TCH	9
	Sergej Tschetweruchin	URS	20
	Patrick Péra	FRA	28
1976	John Curry	GBR	11
	Wladimir Kowalljow	URS	28
	Toller Cranston	CAN	30
1980	Robin Cousins	GBR	13
	Jan Hoffmann	GDR	15
	Charles Tickner	USA	28
1984	Scott Hamilton	USA	3,4
	Brian Orser	CAN	5,6
	Jozef Sabovcik	TCH	7,4
1988	Brian Boitano	USA	3,0
	Brian Orser	CAN	4,2
	Wiktor Petrenko	URS	7,8
1992	Wiktor Petrenko	EUN	1,5
	Paul Wylie	USA	3,5
	Petr Barna	TCH	4,0
1994	Alexej Urmanow	RUS	1,5
	Elvis Stojko	CAN	3,0
	Philippe Candeloro	FRA	6,5
1998	Ilja Kulik	RUS	1,5
	Elvis Stojko	CAN	4,0
	Philippe Candeloro	FRA	4,5
2002	Alexej Jagudin	RUS	1,5
	Jewgeni Pluschenko	RUS	4,0
	Timothy Goebel	USA	4,5
2006	Jewgeni Pluschenko	RUS	258,33
	Stéphane Lambiel	SUI	231,21
	Jeffrey Buttle	CAN	227,59
2010	Evan Lysacek	USA	257,67
	Jewgeni Pluschenko	RUS	256,36
	Daisuke Takahashi	JPN	247,23

Eiskunstlauf, Paare

Jahr		Land	Punkte
1908	Hübler/Burger	GER	5
	Johnson/Johnson	GBR	10
	Syers/Syers	GBR	15
1920	Jakobsson/Jakobsson	FIN	7
	Bryn/Bryn	NOR	15,5
	Johnson/Williams	GBR	25
1924	Engelmann/Berger	AUT	7
	Jakobsson/Jakobsson	FIN	18,5
	Joly/Brunet	FRA	22
1928	Joly/Brunet	FRA	14
	Scholz/Kaiser	AUT	17
	Brunner/Wrede	AUT	29
1932	Brunet/Brunet	FRA	12
	Loughran/Badger	USA	16
	Rotter/Szollas	HUN	20
1936	Herber/Baier	GER	11
	Pausin/Pausin	AUT	19,5
	Rotter/Szollas	HUN	32,5
1948	Lannoy/Baugniet	BEL	17,5
	Kekessy/Kiraly	HUN	26
	Morrow/Distelmeyer	CAN	31
1952	Falk/Falk-Baran	GER	11,5
	Kennedy/Kennedy	USA	17,5
	Nagy/Nagy	HUN	31
1956	Schwarz/Oppelt	AUT	14
	Dafoe/Bowden	CAN	16
	Nagy/Nagy	HUN	32
1960	Wagner/Paul	CAN	7
	Kilius/Bäumler	GER	19
	Ludington/Ludington	USA	27,5
1964	Belousowa/Protopopow	URS	13
	Kilius/Bäumler	GER	15
	Wilkes/Revell	CAN	35,5
1968	Belousowa/Protopopow	URS	10
	Shuk/Gorelik	URS	17
	Glockshuber/Danne	FRG	30
1972	Rodnina/Ulanow	URS	12
	Smirnowa/Suraikin	URS	15
	Groß/Kagelmann	GDR	29
1976	Rodnina/Saizew	URS	9
	Kermer/Oesterreich	GDR	21
	Groß/Kagelmann	GDR	34
1980	Rodnina/Saizew	URS	9
	Tscherkassowa/Schachrai	URS	19
	Mager/Bewersdorff	GDR	33
1984	Walowa/Wassiljew	URS	1,4
	Carruthers/Carruthers	USA	2,8
	Selesnewa/Makarow	URS	3,8
1988	Gordejewa/Grinkow	URS	1,4
	Walowa/Wassiljew	URS	2,8
	Watson/Oppegard	USA	4,2
1992	Mischkutjonok/Dimitrijew	EUN	1,5
	Beschke/Petrow	EUN	3,0
	Brasseur/Eisler	CAN	4,5
1994	Gordejewa/Grinkow	URS	1,5
	Mischkutjonok/Dimitrijew	RUS	3,0
	Brasseur/Eisler	CAN	4,5
1998	Kasakowa/Dimitrijew	RUS	1,5
	Bereschnaja/Sicharulidse	RUS	3,5
	Wötzel/Steuer	GER	4,0
2002	1. Bereschnaja/Sicharulidse	RUS	*
	1. Sale/Pelletier	CAN	*
	Shen/Zhao	CHN	4,5

* ohne Punktzahl nach IOC-Entscheidung

2006	Totmianina/Marinin	RUS	204,48
	Zhang/Zhang	CHN	189,73
	Shen/Zhao	CHN	186,91
2010	Xue Shen/Hongbo Zhao	CHN	216,57
	Qing Pang/Jian Tong	CHN	213,31
	Aljona Savchenko/Robin Szolkowy	GER	210,60

Eistanz

Jahr		Land	Punkte
1976	Pachomowa/Gorschkow	URS	9
	Moissejewa/Minenkow	URS	20
	O'Connor/Millns	USA	27
1980	Linitschuk/Karponossow	URS	13
	Regöczy/Sallay	HUN	14
	Moissejewa/Minenkow	URS	27
1984	Torvill/Dean	GBR	2,0
	Bestemjanowa/Bukin	URS	4,0
	Klimowa/Ponomarenko	URS	7,0
1988	Bestemijanowa/Bukin	URS	2,0
	Klimowa/Ponomarenko	URS	4,0
	Wilson/McCall	CAN	6,0
1992	Klimowa/Ponomarenko	EUN	2,0
	Duchesnay/Duchesnay	FRA	4,4
	Usowa/Schulin	EUN	5,6
1994	Gritschuk/Platow	RUS	3,4
	Usowa/Schulin	RUS	3,8
	Torvill/Dean	GBR	4,8
1998	Gritschuk/Platow	RUS	2,0
	Krylowa/Owsjannikow	RUS	4,0
	Anissina/Peizerat	FRA	7,0
2002	Anissina/Peizerat	FRA	2,0
	Lobatschewa/Awerbuch	RUS	3,3
	Fusar-Poli/Margaglio	ITA	6,0
2006	Nawka/Kostomarow	RUS	200,64
	Belbin/Agosto	USA	196,06
	Gruschina/Gontscharow	UKR	195,85
2010	Virtue/Moir	CAN	221,57
	Davis/White	USA	215,74
	Domnina/Schabalin	RUS	207,64

EISSCHNELLLAUF

Gleiche Zeiten = gleicher Medaillenrang

500 m, Frauen

Jahr	Name	Land	Zeit
1960	Helga Haase	GER	45,90
	Natalja Dontschenko	URS	46,00
	Jeanne Ashworth	USA	46,10
1964	Lidija Skoblikowa	URS	45,00
	Irina Jegorowa	URS	45,40
	Tatjana Sidorowa	URS	45,50
1968	Ljudmila Titowa	URS	46,10
	Mary Meyers	USA	46,30
	Dianne Holum	USA	46,30
	Jennifer Fish	USA	46,30
1972	Anne Henning	USA	43,33
	Wera Krasnowa	URS	44,01
	Ljudmila Titowa	URS	44,45
1976	Sheila Young	USA	42,76
	Cathy Priestner	CAN	43,12
	Tatjana Awerina	URS	43,17
1980	Karin Enke	GDR	41,78
	Leah Mueller-Poulos	USA	42,26
	Natalja Petrussewa	URS	42,42
1984	Christa Rothenburger	GDR	41,02
	Karin Enke	GDR	41,28
	Natalja Schive	URS	41,50
1988	Bonnie Blair	USA	39,10
	Christa Rothenburger	GDR	39,12
	Karin Kania-Enke	GDR	39,24
1992	Bonnie Blair	USA	40,33
	Qiaobo Ye	CHN	40,51
	C. Luding-Rothenburger	GER	40,57
1994	Bonnie Blair	USA	39,25
	Susan Auch	CAN	39,61
	Franziska Schenk	GER	39,70
1998	Catriona LeMay-Doan	CAN	1:16,60
	Susan Auch	CAN	1:16,93
	Tomomi Okazaki	JPN	1:17,10
2002	Catriona LeMay-Doan	CAN	1:14,75
	Monique Garbrecht-Enfeldt	GER	1:14,94
	Sabine Völker	GER	1:15,19
2006	Swetlana Schurowa	RUS	1:16,57
	Manli Wang	CHN	1:16,78
	Hui Ren	CHN	1:16,87
2010	Sang-Hwa Lee	KOR	76,09
	Jenny Wolf	GER	76,14
	Beixing Wang	CHN	76,63

1000 m, Frauen

Jahr	Name	Land	Zeit
1960	Klara Gussewa	URS	1:34,10
	Helga Haase	GER	1:34,30
	Tamara Rylowa	URS	1:34,80
1964	Lidija Skoblikowa	URS	1:33,20
	Irina Jegorowa	URS	1:34,30
	Kaija Mustonen	FIN	1:34,80
1968	Carolina Geijssen	NED	1:32,60
	Ljudmila Titowa	URS	1:32,90
	Dianne Holum	USA	1:33,40
1972	Monika Pflug	FRG	1:31,40
	Atje Keulen-Deelstra	NED	1:31,61
	Anne Henning	USA	1:31,62
1976	Tatjana Awerina	URS	1:28,43
	Leah Poulos	USA	1:28,57
	Sheila Young	USA	1:29,14
1980	Natalja Petrussewa	URS	1:24,10
	Leah Mueller-Poulos	USA	1:25,41
	Sylvia Albrecht	GDR	1:26,46
1984	Karin Enke	GDR	1:21,61
	Andrea Schöne	GDR	1:22,83
	Natalja Petrussewa	URS	1:23,21
1988	Christa Rothenburger	GDR	1:17,65
	Karin Kania-Enke	GDR	1:17,70
	Bonnie Blair	USA	1:18,31
1992	Bonnie Blair	USA	1:21,90
	Qiaobo Ye	CHN	1:21,92
	Monique Garbrecht	GER	1:22,10
1994	Bonnie Blair	USA	1:18,74
	Anke Baier	GER	1:20,12
	Qiaobo Ye	CHN	1:20,22
1998	Marianne Timmer	NED	1:16,51
	Christine Witty	USA	1:16,79
	Catriona LeMay-Doan	CAN	1:17,37
2002	Chris Witty	USA	1:13,83
	Sabine Völker	GER	1:13,96
	Jennifer Rodriguez	USA	1:14,24
2006	Marianne Timmer	NED	1:16,05
	Cindy Klassen	CAN	1:16,09
	Anni Friesinger	GER	1:16,11
2010	Christine Nesbitt	CAN	1:16,56
	Annette Gerritsen	NED	1:16,58
	Laurine van Riessen	NED	1:16,72

1500 m, Frauen

Jahr	Name	Land	Zeit
1960	Lidija Skoblikowa	URS	2:25,20
	Elvira Seroczynska	POL	2:25,70
	Helena Pilejczyk	POL	2:27,10
1964	Lidija Skoblikowa	URS	2:22,60
	Kaija Mustonen	FIN	2:25,50
	Berta Kolokolzewa	URS	2:27,10
1968	Kaija Mustonen	FIN	2:22,40
	Caroline Geijssen	NED	2:22,70
	Stien Kaiser	NED	2:24,50
1972	Dianne Holum	USA	2:20,85
	Stien Baas-Kaiser	NED	2:21,05
	Atje Keulen-Deelstra	NED	2:22,05
1976	Galina Stepanskaja	URS	2:16,58
	Sheila Young	USA	2:17,06
	Tatjana Awerina	URS	2:17,96
1980	Annie Borcking	NED	2:10,95
	Ria Visser	NED	2:12,35
	Sabine Becker	GDR	2:12,38
1984	Karin Enke	GDR	2:03,42
	Andrea Schöne	GDR	2:05,29
	Natalja Petrussewa	URS	2:05,78
1988	Yvonne van Gennip	NED	2:00,68
	Karin Kania-Enke	GDR	2:00,82
	Andrea Ehrig-Schöne	GDR	2:01,49
1992	Jacqueline Börner	GER	2:05,87
	Gunda Niemann	GER	2:05,92
	Seiko Hashimoto	JPN	2:06,88
1994	Emese Hunyady	AUT	2:02,19
	Swetlana Fedotkina	RUS	2:02,69
	Gunda Niemann	GER	2:03,41
1998	Marianne Timmer	NED	1:57,58
	G. Niemann-Stirnemann	GER	1:58,66
	Christine Witty	USA	1:58,97
2002	Anni Friesinger	GER	1:54,02
	Sabine Völker	GER	1:54,97
	Jennifer Rodriguez	USA	1:55,32
2006	Cindy Klassen	CAN	1:55,27
	Kristina Groves	CAN	1:56,74
	Ireen Wüst	NED	1:56,90
2010	Ireen Wüst	NED	1:56,89
	Kristina Groves	CAN	1:57,14
	Martina Sablikova	CZE	1:57,96

3000 m, Frauen

Jahr	Name	Land	Zeit
1960	Lidija Skoblikowa	URS	5:14,30
	Walentina Stenina	URS	5:16,90
	Eevi Huttunen	FIN	5:21,00
1964	Lidija Skoblikowa	URS	5:14,90
	Walentina Stenina	URS	5:18,50
	Pil-Hwa Han	PRK	5:18,50
1968	Johanna Schut	NED	4:56,20
	Kaija Mustonen	FIN	5:01,00
	Stien Kaiser	NED	5:01,30
1972	Stien Baas-Kaiser	NED	4:52,14
	Dianne Holum	USA	4:58,67
	Atje Keulen-Deelstra	NED	4:59,91
1976	Tatjana Awerina	URS	4:45,19
	Andrea Mitscherlich	GDR	4:45,23
	Lisbeth Korsmo	NOR	4:45,24
1980	Bjœrg Eva Jensen	NOR	4:32,13
	Sabine Becker	GDR	4:32,79
	Beth Heiden	USA	4:33,77
1984	A. Schöne-Mitscherlich	GDR	4:24,79
	Karin Enke	GDR	4:26,33
	Gabi Schönbrunn	GDR	4:33,13
1988	Yvonne van Gennip	NED	4:11,94
	Andrea Ehrig-Schöne	GDR	4:12,09
	Gabi Zange-Schönbrunn	GDR	4:16,92
1992	Gunda Niemann	GER	4:19,90
	Heike Warnicke	GER	4:22,88
	Emese Hunyady	AUT	4:24,64
1994	Swetlana Baschanowa	RUS	4:17,43
	Emese Hunyady	AUT	4:18,14
	Claudia Pechstein	GER	4:18,34
1998	G. Niemann-Stirnemann	GER	4:07,29
	Claudia Pechstein	GER	4:08,47
	Anni Friesinger	GER	4:09,44
2002	Claudia Pechstein	GER	3:57,70
	Renate Groenewold	NED	3:58,94
	Cindy Klassen	CAN	3:58,97
2006	Ireen Wüst	NED	4:02,43
	Renate Groenewold	NED	4:03,48
	Cindy Klassen	CAN	4:04,37
2010	Martina Sablikova	CZE	4:02,53
	Stephanie Beckert	GER	4:04,62
	Kristina Groves	CAN	4:04,84

5000 m, Frauen

Jahr	Name	Land	Zeit
1988	Yvonne van Gennip	NED	7:14,13
	Andrea Ehrig-Schöne	GDR	7:17,12
	Gabi Zange-Schönbrunn	GDR	7:21,61
1992	Gunda Niemann	GER	7:19,57
	Heike Warnicke	GER	7:37,59
	Claudia Pechstein	GER	7:39,80
1994	Claudia Pechstein	GER	7:14,37
	Gunda Niemann	GER	7:14,88
	Hiromi Yamamoto	JPN	7:19,68
1998	Claudia Pechstein	GER	6:59,61
	G. Niemann-Stirnemann	GER	6:59,65
	Ludmilla Prokaschewa	KAZ	7:11,14
2002	Claudia Pechstein	GER	6:46,91
	Gretha Smit	NED	6:49,22
	Clara Hughes	CAN	6:53,53
2006	Clara Hughes	CAN	6:59,07
	Claudia Pechstein	GER	7:00,08
	Cindy Klassen	CAN	7:00,57
2010	Martina Sablikova	CZE	6:50,91
	Stephanie Beckert	GER	6:51,39
	Clara Hughes	CAN	6:55,73

Teamverfolgung, Frauen

Jahr	Land	Zeit
2006	Deutschland	3:01,25
	Kanada	3:02,91
	Russland	
2010	Deutschland	3:02,82
	Japan	3:02,84
	Polen	3:03,73

Mehrkampf, Männer

Jahr	Name	Land	Punkte
1924	Clas Thunberg	FIN	5,5 P.
	Roald Larsen	NOR	9,5 P.
	Julius Skutnabb	FIN	11,0 P.

500 m, Männer

Jahr	Name	Land	Zeit
1924	Charles Jewtraw	USA	44,00
	Oskar Olsen	NOR	44,20
	Roald Larsen	NOR	44,80
	Clas Thunberg	FIN	44,80
1928	Clas Thunberg	FIN	43,40
	Bernt Evensen	NOR	43,40
	John O'Neil Farrell	USA	43,60
	Roald Larsen	NOR	43,60
	Jaakko Friman	FIN	43,60
1932	Jack A. Shea	USA	43,40
	Bernt Evensen	NOR	5 m
	Alexander Hurd	CAN	8 m
1936	Ivar Bailangrud	NOR	43,40
	Georg Krog	NOR	43,50
	Leo Freisinger	USA	44,00
1948	Finn Helgesen	NOR	43,10
	Kenneth Bartholomew	USA	43,20
	Thomas Byberg	NOR	43,20
	Robert Fitzgerald	USA	43,20
1952	Kenneth Henry	USA	43,20
	Donald McDermott	USA	43,90
	Arne Johansen	NOR	44,00
	Gordon Audley	CAN	44,00

Gewann überraschend Edelmetall: Stephanie Beckert.

Statistik

1956	Jewgeni Grischin	URS	40,20
	Rafael Gratsch	URS	40,80
	Alv Gjestvang	NOR	41,00
1960	Jewgeni Grischin	URS	40,20
	William Disney	USA	40,30
	Rafael Gratsch	URS	40,40
1964	Richard McDermott	USA	40,10
	Jewgeni Grischin	URS	40,60
	Wladimir Orlow	URS	40,60
	Alv Gjestvang	NOR	40,60
1968	Erhard Keller	FRG	40,30
	Magne Thomassen	NOR	40,50
	Richard McDermott	USA	40,50
1972	Erhard Keller	FRG	39,44
	Hasse Börjes	SWE	39,69
	Waleri Muratow	URS	39,80
1976	Jewgeni Kulikow	URS	39,17
	Waleri Muratow	URS	39,25
	Daniel Immerfall	USA	39,54
1980	Eric Heiden	USA	38,03
	Jewgeni Kulikow	URS	38,37
	Lieuwe de Boer	NED	38,48
1984	Sergej Fokitschew	URS	38,19
	Yoshihiro Kitazawa	JPN	38,30
	Gaetan Boucher	CAN	38,39
1988	Uwe-Jens Mey	GDR	36,45
	Jan Ykema	NED	36,76
	Akira Kuroiwa	JPN	36,77
1992	Uwe-Jens Mey	GER	37,14
	Toshiyuki Kuroiwa	JPN	37,18
	Junichi Inoue	JPN	37,26
1994	Alexander Golubew	RUS	36,33
	Sergei Klewschenia	RUS	36,39
	Manabu Horii	JPN	36,53
1998	Hiroyasu Shimizu	JPN	1:11,35
	Jeremy Wotherspoon	CAN	1:11,84
	Kevin Overland	CAN	1:11,86
2002	Casey FitzRandolph	USA	1:09,23
	Hiroyasu Shimizu	JPN	1:09,26
	Kip Carpenter	USA	1:09,47
2006	Joey Cheek	USA	1:09,76
	Dimitri Dorofejew	RUS	1:10,41
	Kang Seok Lee	KOR	1:10,43
2010	Tae-Bum Mo	KOR	69,82
	Keiichiro Nagashima	JPN	69,98
	Joji Kato	JPN	70,01

1000 m, Männer

1976	Peter Mueller	USA	1:19,32
	Jörn Didriksen	NOR	1:20,45
	Waleri Muratow	URS	1:20,57
1980	Eric Heiden	USA	1:15,18
	Gaetan Boucher	CAN	1:16,68
	Frode Rönning	NOR	1:16,91
	Wladimir Lobanow	URS	1:16,91
1984	Gaetan Boucher	CAN	1:15,80
	Sergej Schlebnikow	URS	1:16,63
	Kai Arne Engelstaad	NOR	1:16,75
1988	Nikolai Guljajew	URS	1:13,03
	Uwe-Jens Mey	GDR	1:13,11
	Igor Schelesowski	URS	1:13,19
1992	Olaf Zinke	GER	1:14,85
	Yoon-Man Kim	KOR	1:14,86
	Yukinori Miyabe	JPN	1:14,92
1994	Dan Jansen	USA	1:12,13
	Igor Schelesowski	BLR	1:12,72
	Sergei Klewschenia	RUS	1:12,85
1998	Ids Postma	NED	1:10,64
	Jan Bos	NED	1:10,71
	Hiroyasu Shimizu	JPN	1:11,00
2002	Gerard van Velde	NED	1:07,18
	Jan Bos	NED	1:07,53
	Joey Cheek	USA	1:07,61
2006	Shani Davis	USA	1:08,89
	Joey Cheek	USA	1:09,16
	Erben Wennemars	NED	1:09,32
2010	Shani Davis	USA	1:08,94
	Tae-Bum Mo	KOR	1:09,12
	Chad Hedrick	USA	1:09,32

1500 m, Männer

1924	Clas Thunberg	FIN	2:20,80
	Roald Larsen	NOR	2:22,00
	Sigurd Moen	NOR	2:25,60
1928	Clas Thunberg	FIN	2:21,10
	Bernt Evensen	NOR	2:21,90
	Ivar Ballangrud	NOR	2:22,60
1932	Jack A. Shea	USA	2:57,50
	Alexander Hurd	CAN	5 m
	William Logan	CAN	6 m
1936	Charles Mathisen	NOR	2:19,20
	Ivar Ballangrud	NOR	2:20,20
	Birger Wasenius	FIN	2:20,90
1948	Sverre Farstad	NOR	2:17,60
	Ake Seyffarth	SWE	2:18,10
	Odd Lundberg	NOR	2:18,90
1952	Hjalmar Andersen	NOR	2:20,40
	Willem van der Voort	NED	2:20,60
	Roald Aas	NOR	2:21,60
1956	Jewgeni Grischin	URS	2:08,60
	Juri Michailow	URS	2:08,60
	Toivo Salonen	FIN	2:09,40
1960	Roald Aas	NOR	2:10,40
	Jewgeni Grischin	URS	2:10,40
	Boris Stenin	URS	2:11,50
1964	Ants Antson	URS	2:10,30
	Kees Verkerk	NED	2:10,60
	Villy Haugen	NOR	2:11,20
1968	Kees Verkerk	NED	2:03,40
	Ard Schenk	NED	2:05,00
	Ivar Eriksen	NOR	2:05,00
1972	Ard Schenk	NED	2:02,96
	Roar Grönvold	NOR	2:04,26
	Göran Classon	SWE	2:05,89
1976	Jan Egil Storholt	NOR	1:59,38
	Juri Kondakow	URS	1:59,97
	Hans van Helden	NED	2:00,87
1980	Eric Heiden	USA	1:55,44
	Arne Kai Stenshjemmet	NOR	1:56,81
	Terje Andersen	NOR	1:56,92
1984	Gaetan Boucher	CAN	1:58,36
	Sergej Schlebnikow	URS	1:58,83
	Oleg Bogjew	URS	1:58,89
1988	Andre Hoffmann	GDR	1:52,06
	Erik Flaim	USA	1:52,12
	Michael Hadschieff	AUT	1:52,31
1992	Johann Olav Koss	NOR	1:54,81
	Adne Söndral	NOR	1:54,85
	Leo Visser	NED	1:54,90
1994	Johann Olav Koss	NOR	1:51,29
	Rintje Ritsma	NED	1:51,99
	Falko Zandstra	NED	1:52,38
1998	Adne Söndral	NOR	1:47,87
	Ids Postma	NED	1:48,13
	Rintje Ritsma	NED	1:48,52
2002	Derek Parra	USA	1:43,95
	Jochem Uytdehaage	NED	1:44,57
	Adne Söndral	NOR	1:45,26
2006	Enrico Fabris	ITA	1:45,97
	Shani Davis	USA	1:46,13
	Chad Hedrick	USA	1:46,22
2010	Mark Tuitert	NED	1:45,57
	Shani Davis	USA	1:46,10
	Havard Bokko	NOR	1:46,13

5000 m, Männer

1924	Clas Thunberg	FIN	8:39,00
	Julius Skutnabb	FIN	8:48,40
	Roald Larsen	NOR	8:50,20
1928	Ivar Ballangrud	NOR	8:50,50
	Julius Skutnabb	FIN	8:59,10
	Bernt Evensen	NOR	9:01,10
1932	Irving Jaffee	USA	8:40,80
	Edward Murphy	USA	2 m
	William Logan	CAN	4 m
1936	Ivar Ballangrud	NOR	8:19,60
	Birger Wasenius	FIN	8:23,30
	Antero Ojala	FIN	8:30,10
1948	Reidar Liaklev	NOR	8:29,40
	Odd Lundberg	NOR	8:32,70
	Göthe Hedlund	SWE	8:34,80
1952	Hjalmar Andersen	NOR	8:10,80
	Cornelis Broekman	NED	8:21,60
	Sverre Haugli	NOR	8:22,40
1956	Boris Schilkow	URS	7:48,70
	Sigvard Ericsson	SWE	7:56,70
	Oleg Gontscharenko	URS	7:57,50
1960	Wiktor Kossitschkin	URS	7:51,30
	Knut Johannesen	NOR	8:00,80
	Jan Pesman	NED	8:05,10
1964	Knut Johannesen	NOR	7:38,40
	Ivar Fer Moe	NOR	7:38,60
	Fred Anton Maier	NOR	7:42,00
1968	Fred Anton Maier	NOR	7:22,40
	Kees Verkerk	NED	7:23,20
	Petrus Nottet	NED	7:25,50
1972	Ard Schenk	NED	7:23,61
	Roar Grönvold	NOR	7:28,16
	Sten Stensen	NOR	7:33,39
1976	Sten Stensen	NOR	7:24,48
	Piet Kleine	NED	7:26,47
	Hans van Helden	NED	7:26,54
1980	Eric Heiden	USA	7:02,29
	Arne Kai Stenshjemmet	NOR	7:03,28
	Tom Erik Oxholm	NOR	7:05,59
1984	Tomas Gustafson	SWE	7:12,28
	Igor Malkow	URS	7:12,30
	René Schöfisch	GDR	7:17,49
1988	Tomas Gustafsson	SWE	6:44,63
	Leo Visser	NED	6:44,98
	Gerard Kemkers	NED	6:45,92
1992	Geir Karlstad	NOR	6:59,97
	Falko Zandstra	NED	7:02,28
	Leo Visser	NED	7:04,96
1994	Johann Olav Koss	NOR	6:34,96
	Kjell Storelid	NOR	6:42,68
	Rintje Ritsma	NED	6:43,94
1998	Gianni Romme	NED	6:22,20
	Rintje Ritsma	NED	6:28,24
	Bart Veldkamp	BEL	6:28,31
2002	Jochem Uytdehaage	NED	6:14,66
	Derek Parra	USA	6:17,98
	Jens Boden	GER	6:21,73
2006	Chad Hedrick	USA	6:14,68
	Jens Kramer	NED	6:16,40
	Enrico Fabris	ITA	6:18,25
2010	Sven Kramer	NED	6:14,60
	Seung-Hoon Lee	KOR	6:16,95
	Iwan Skobrew	RUS	6:18,05

10 000 m, Männer

1924	Julius Skutnabb	FIN	18:04,80
	Clas Thunberg	FIN	18:07,80
	Roald Larsen	NOR	18:12,20
1928	abgebrochen (schlechtes Eis)		
1932	Irving Jaffee	USA	19:13,60
	Ivar Ballangrud	NOR	5 m
	Frank Stack	CAN	6 m
1936	Ivar Ballangrud	NOR	17:24,30
	Birger Wasenius	FIN	17:28,20
	Max Stiepl	AUT	17:30,00
1948	Ake Seyffarth	SWE	17:26,30
	Lauri Parkkinen	FIN	17:36,00
	Pentti Lammio	FIN	17:42,70
1952	Hjalmar Andersen	NOR	16:45,80
	Cornelis Broekman	NED	17:10,60
	Carl-Erik Asplund	SWE	17:16,60
1956	Sigvard Ericsson	SWE	16:35,90
	Knut Johannesen	NOR	16:36,90
	Oleg Gontscharenko	URS	16:42,30
1960	Knut Johannesen	NOR	15:46,60
	Wiktor Kossitschkin	URS	15:49,20
	Kjell Bäckman	SWE	16:14,20
1964	Jonny Nilsson	SWE	15:50,10
	Fred Anton Maier	NOR	16:06,00
	Knut Johannesen	NOR	16:06,30
1968	Johnny Höglin	SWE	15:23,60
	Fred Anton Maier	NOR	15:23,90
	Örjan Sandler	SWE	15:31,80
1972	Ard Schenk	NED	15:01,36
	Kees Verkerk	NED	15:04,70
	Sten Stensen	NOR	15:07,08
1976	Piet Kleine	NED	14:50,59
	Sten Stensen	NOR	14:53,30
	Hans van Helden	NED	15:02,02
1980	Eric Heiden	USA	14:28,13
	Piet Kleine	NED	14:36,03
	Tom Erik Oxholm	NOR	14:36,60
1984	Igor Malkow	URS	14:39,90
	Tomas Gustafson	SWE	14:39,95
	René Schöfisch	GDR	14:46,91
1988	Tomas Gustafson	SWE	13:48,20
	Michael Hadschieff	AUT	13:56,11
	Leo Visser	NED	14:00,55
1992	Bart Veldkamp	NED	14:12,12
	Johann Olav Koss	NOR	14:14,58
	Geir Karlstad	NOR	14:18,13
1994	Johann Olav Koss	NOR	13:30,55
	Kjell Storelid	NOR	13:49,25
	Bart Veldkamp	NED	13:56,73
1998	Gianni Romme	NED	13:15,33
	Bob de Jong	NED	13:25,76
	Rintje Ritsma	NED	13:28,19
2002	Jochem Uytdehaage	NED	12:58,92
	Gianni Romme	NED	13:10,03
	Lasse Saetre	NOR	13:16,92
2006	Bob de Jong	NED	13:01,57
	Chad Hedrick	USA	13:05,40
	Carl Verheijen	NED	13:08,80
2010	Seung-Hoon Lee	KOR	12:58,55
	Iwan Skobrew	RUS	13:02,07
	Bob de Jong	NED	13:06,73

Teamverfolgung, Männer

2006	Italien	3:44,46
	Kanada	3:47,28
	Niederlande	3:44,53
2010	Kanada	3:41,37
	USA	3:41,58
	Niederlande	3:39,95

SHORTTRACK

500 m, Frauen

1992	Cathy Turner	USA	47,04
	Yan Li	CHN	47,08
	Ok-Sil Hwang	PRK	47,23
1994	Cathy Turner	USA	45,98
	Yanmei Zhang	CHN	46,44
	Amy Peterson	USA	46,76
1998	Annie Perreault	CAN	46,568
	Yang S. Yang	CHN	46,627
	Lee-Kyung Chun	KOR	46,335
2002	Yang A. Yang	CHN	44,187
	Jewgenia Radanowa	BUL	44,252
	Chunlu Wang	CHN	44,272
2006	Meng Wang	CHN	44,345
	Jewgenia Radanowa	BUL	44,374
	Anouk Leblanc-Boucher	CAN	44,759
2010	Meng Wang	CHN	43,048
	Marianne St-Gelais	CAN	43,707
	Arianna Fontana	ITA	43,804

1000 m, Frauen

1994	Lee-Kyung Chun	KOR	1:36,87
	Nathalie Lambert	CAN	1:36,97
	So-Hee Kim	KOR	1:37,09
1998	Lee-Kyung Chun	KOR	1:42,776
	Yang S. Yang	CHN	1:43,343
	Hye-Kyung Won	KOR	1:43,361
2002	Yang A. Yang	CHN	1:36,391
	Gi-Hyun Ko	KOR	1:36,427
	Yang S. Yang	CHN	1:37,008
2006	Sun-Yu Jin	KOR	1:32,859
	Meng Wang	CHN	1:33,079
	Yang A. Yang	CHN	1:33,937
2010	Meng Wang	CHN	1:29,213
	Katherine Reutter	USA	1:29,324
	Seung-Hi Park	KOR	1:29,379

1500 m, Frauen

2002	Gi-Hyun Ko	KOR	2:31,581
	Eun-Kyung Choi	KOR	2:31,610
	Jewgenija Radanowa	BUL	2:31,723
2006	Sun-Yu Jin	KOR	2:23,494
	Eun-Kyung Choi	KOR	2:24,069
	Meng Wang	CHN	2:24,469
2010	Yang Zhou	CHN	2:16,993
	Eun-Byul Lee	KOR	2:17,849
	Seung-Hi Park	KOR	2:17,927

3000-m-Staffel, Frauen

1992	Kanada	4:36,62
	USA	4:37,62
	EUN	4:42,69
1994	Südkorea	4:26,64
	Kanada	4:32,04
	USA	4:39,34
1998	Südkorea	4:16,260
	China	4:16,383
	Kanada	4:21,205
2002	Südkorea	4:12,793
	China	4:13,236
	Kanada	4:15,738
2006	Südkorea	4:17,040
	Kanada	4:17,336
	Italien	4:20,030
2010	China	4:06,610
	Kanada	4:09,137
	USA	4:14,081

500 m, Männer

1994	Ji-Hoon Chae	KOR	43,45
	Mirko Vuillermin	ITA	43,47
	Nicholas Gooch	GBR	43,68
1998	Takafumi Nashitani	JPN	42,862
	Yulong An	CHN	43,022
	Hitoshi Uematsu	JPN	43,713
2002	Marc Gagnon	CAN	41,802
	Jonathan Guilmette	CAN	41,994
	Rusty Smith	USA	42,027
2006	Apolo Anton Ohno	USA	41,935
	Francois-Louis Tremblay	CAN	42,002
	Hyun-Soo Ahn	KOR	42,089
2010	Charles Hamelin	CAN	40,981
	Si-Bak Sung	KOR	41,340
	Francois-Louis Tremblay	CAN	46,366

1000 m, Männer

1992	Ki-Hoon Kim	KOR	1:30,76
	Frederic Blackburn	CAN	1:31,11
	Joon-Ho Lee	KOR	1:31,16
1994	Ki-Hoon Kim	KOR	1:34,57
	Ji-Hoon Chae	KOR	1:34,92
	Marc Gagnon	CAN	–
1998	Dong-Sung Kim	KOR	1:32,375
	Jiajun Li	CHN	1:32,428
	Eric Bedard	CAN	1:32,661
2002	Steven Bradbury	AUS	1:29,109
	Apolo Anton Ohno	USA	1:30,160
	Mathieu Turcotte	CAN	1:30,563
2006	Hyun-Soo Ahn	KOR	1:26,739
	Ho-Suk Lee	KOR	1:26,764
	Apolo Anton Ohno	USA	1:26,927
2010	Jung-Su Lee	KOR	1:23,747
	Ho-Suk Lee	KOR	1:23,801
	Apolo Anton Ohno	USA	1:24,128

1500 m, Männer

2002	Apolo Anton Ohno	USA	2:18,541
	Jiajun Li	CHN	2:18,731
	Marc Gagnon	CAN	2:18,806
2006	Hyun-Soo Ahn	KOR	2:25,341
	Ho-Suk Lee	KOR	2:25,600
	Jia Jun Li	CHN	2:26,005
2010	Jung-Su Lee	KOR	2:17,611
	Apolo Anton Ohno	USA	2:17,976
	J. R. Celski	USA	2:18,053

5000-m-Staffel, Männer

1992	Südkorea	7:14,02
	Kanada	7:14,06
	Japan	7:18,18
1994	Italien	7:11,74
	USA	7:13,37
	Australien	7:13,68
1998	Kanada	7:06,075
	Südkorea	7:06,776
	China	7:11,559
2002	Kanada	6:51,579
	Italien	6:56,327
	China	6:59,633
2006	Südkorea	6:43,376
	Kanada	6:43,707
	USA	6:47,990
2010	Kanada	6:44,224
	Südkorea	6:44,446
	USA	6:44,498

NORDISCHE WETTBEWERBE

BIATHLON

7,5 km, Frauen

1992	Anfissa Reszowa	EUN	24:29,7
	Antje Misersky	GER	24:45,1
	Jelena Bjelowa	EUN	24:50,8
1994	Myriam Bedard	CAN	26:08,8
	Swetlana Paramygina	BLR	26:09,9
	Valentina Tserbe	UKR	26:10,0
1998	Galina Kuklewa	RUS	23:08,0
	Uschi Disl	GER	23:08,7
	Katrin Apel	GER	23:32,4
2002	Kati Wilhelm	GER	20:41,4
	Uschi Disl	GER	20:57,0
	Magdalena Forsberg	SWE	21:20,4
2006	Florence Baverel-Robert	FRA	22:31,4
	Anna Carin Olofsson	SWE	22:33,8
	Lilia Jefremowa	UKR	22:38,0
2010	Anastazia Kuzmina	SVK	19:55,6
	Magdalena Neuner	GER	19:57,1
	Marie Dorin	FRA	20:06,5

10-km-Jagdrennen/-Verfolgung, Frauen

2002	Olga Pilewa	RUS	31:07,7
	Kati Wilhelm	GER	31:13,0
	Irina Nikultschina	BUL	31:15,8
2006	Kati Wilhelm	GER	36:43,6
	Martina Glagow	GER	1:13,6
	Albina Achatowa	RUS	1:21,4
2010	Magdalena Neuner	GER	30:16,0
	Anastazia Kuzmina	SLO	30:28,3
	Marie Laure Brunet	FRA	30:44,3

12,5-km-Massenstart, Frauen

2006	Anna Carin Olofsson	SWE	40:36,5
	Kati Wilhelm	GER	18,8
	Uschi Disl	GER	41,9
2010	Magdalena Neuner	GER	35:19,6
	Olga Saizewa	RUS	35:25,1
	Simone Hauswald	GER	35:26,9

15 km, Frauen

1992	Antje Misersky	GER	51:47,2
	Swetlana Petscherskaja	EUN	51:58,5
	Myriam Bedard	CAN	52:15,0
1994	Myriam Bedard	CAN	52:06,6
	Anne Briand	FRA	52:53,3
	Uschi Disl	GER	53:15,3
1998	Jekaterina Dafowska	BUL	54:52,0
	Elena Petrowa	UKR	55:09,8
	Uschi Disl	GER	55:17,9
2002	Andrea Henkel	GER	47:29,1
	Liv-Grete Poiree	NOR	47:37,0
	Magdalena Forsberg	SWE	48:08,3
2006	Swetlana Ischmuratowa	RUS	49:24,1
	Martina Glagow	GER	50:34,9
	Albina Achatowa	RUS	50:55,0
2010	Tora Berger	NOR	40:52,8
	Jelena Chrustalewa	KAZ	41:13,5
	Darja Domratschewa	BLR	41:21,0

Staffelrennen, Frauen

1992 3x7,5, bis 2002 4x7,5, ab 2006 4x6 km

1992	Frankreich	1:15:55,6
	Deutschland	1:16:18,4
	EUN	1:16:54,6
1994	Russland	1:47:19,5
	Deutschland	1:51:16,5
	Frankreich	1:52:28,3
1998	Deutschland	1:40:13,6
	Russland	1:40:25,2
	Norwegen	1:40:37,3
2002	Deutschland	1:27:55,0
	Norwegen	1:28:25,6
	Russland	1:29:19,7
2006	Russland	1:16:12,5
	Deutschland	1:17:03,2
	Frankreich	1:18:38,7
2010	Russland	1:09:36,3
	Frankreich	1:10:09,1
	Deutschland	1:10:13,4

10 km, Männer

1980	Frank Ullrich	GDR	32:10,6
	Wladimir Alikin	URS	32:53,1
	Anatoli Aljabjew	URS	33:09,1
1984	Eirik Kvalfoss	NOR	30:53,8
	Peter Angerer	FRG	31:02,4
	Matthias Jacob	GDR	31:10,5
1988	Frank-Peter Roetsch	GDR	25:08,1
	Waleri Medwedzew	URS	25:23,7
	Sergej Tschepikow	URS	25:29,4
1992	Mark Kirchner	GER	26:02,3
	Ricco Groß	GER	26:18,0
	Harri Eloranta	FIN	26:26,6
1994	Sergej Tschepikow	RUS	28:07,0
	Ricco Groß	GER	28:13,0
	Sergej Tarassow	RUS	28:27,4
1998	Ole Einar Björndalen	NOR	27:16,2
	Frode Andresen	NOR	28:17,8
	Ville Raikkonen	FIN	28:21,7
2002	Ole Einar Björndalen	NOR	24:51,3
	Sven Fischer	GER	25:20,2
	Wolfgang Perner	AUT	25:44,4
2006	Sven Fischer	GER	26:11,6
	Halvard Hanevold	NOR	26:19,8
	Frode Andresen	NOR	26:31,3
2010	Vincent Jay	FRA	24:07,8
	Emil Hegle Svendsen	NOR	24:20,0
	Jakov Fak	CRO	24:21,8

12,5-km-Jagdrennen/-Verfolgung, Männer

2002	Ole Einar Björndalen	NOR	32:34,6
	Raphael Poiree	FRA	33:17,6
	Ricco Groß	GER	33:30,6
2006	Vincent Defrasne	FRA	35:20,2
	Ole Einar Björndalen	NOR	2,7
	Sven Fischer	GER	15,6
2010	Björn Ferry	SWE	33:38,4
	Christoph Sumann	AUT	33:54,9
	Vincent Jay	FRA	34:06,6

15-km-Massenstart, Männer

2006	Michael Greis	GER	47:20,0
	Tomasz Sikora	POL	6,3
	Ole Einar Björndalen	NOR	12,3
2010	Jewgeni Ustjugow	RUS	35:35,7
	Martin Fourcade	FRA	35:46,2
	Pavol Hurajt	SVK	35:52,3

20 km, Männer

1960	Klas Ivar Lestander	SWE	1:33:21,6
	Antti Tyrväinen	FIN	1:33:57,7
	Alexander Priwalow	URS	1:34:54,2
1964	Wladimir Melanin	URS	1:20:26,8
	Alexander Priwalow	URS	1:23:42,5
	Olav Jordet	NOR	1:24:38,8
1968	Magnar Solberg	NOR	1:13:45,9
	Alexander Tichonow	URS	1:14:40,4
	Wladimir Gundarzew	URS	1:18:27,4
1972	Magnar Solberg	NOR	1:15:55,5
	Hansjörg Knauthe	GDR	1:16:07,6
	Göran-Lars Arwidson	SWE	1:16:27,0
1976	Nikolai Kruglow	URS	1:14:12,2
	Heikki Ikola	FIN	1:15:54,1
	Alexander Jelisarow	URS	1:16:05,5
1980	Anatoli Aljabjew	URS	1:08:16,3
	Frank Ullrich	GDR	1:08:27,7
	Eberhard Rösch	GDR	1:11:11,7
1984	Peter Angerer	FRG	1:11:52,7
	Frank-Peter Roetsch	GDR	1:13:21,4
	Eirik Kvalfoss	NOR	1:14:02,4
1988	Frank-Peter Roetsch	GDR	56:33,3
	Waleri Medwedzew	URS	56:54,6
	Johann Passler	ITA	57:10,1
1992	Jewgeni Redkin	EUN	57:34,4
	Mark Kirchner	GER	57:40,8
	Mikael Lofgren	SWE	57:59,4
1994	Sergej Tarassow	RUS	57:25,3
	Frank Luck	GER	57:28,7
	Sven Fischer	GER	57:41,9
1998	Halvard Hanevold	NOR	56:16,4
	Pieralberto Carrara	ITA	56:21,9
	Alexej Aidarow	BLR	56:46,5
2002	Ole Einar Björndalen	NOR	51:03,3
	Frank Luck	GER	51:39,4
	Viktor Maigurow	RUS	51:40,6
2006	Michael Greis	GER	54:23,0
	Ole Einar Björndalen	NOR	54:39,0
	Halvard Hanevold	NOR	55:31,9
2010	Emil Hegle Svendsen	NOR	48:22,5
	2. Ole Einar Björndalen	NOR	48:32,0
	2. Sergej Nowikow	BLR	48:32,0

4x7,5 km, Männer

1968	UdSSR	2:13:02,4
	Norwegen	2:14:50,2
	Schweden	2:17:26,3
1972	UdSSR	1:51:44,9
	Finnland	1:54:37,2
	DDR	1:54:57,6
1976	UdSSR	1:57:55,6
	Finnland	2:01:45,5
	DDR	2:04:08,6
1980	UdSSR	1:34:03,2
	DDR	1:34:56,9
	BR Deutschland	1:37:30,2
1984	UdSSR	1:38:51,7
	Norwegen	1:39:03,9
	BR Deutschland	1:39:05,1
1988	UdSSR	1:22:30,0
	BR Deutschland	1:23:37,4
	Italien	1:23:51,5
1992	Deutschland	1:24:43,5
	EUN	1:25:06,3
	Schweden	1:25:38,2
1994	Deutschland	1:30:22,1
	Russland	1:31:23,6
	Frankreich	1:32:31,3
1998	Deutschland	1:21:36,2
	Norwegen	1:21:56,3
	Russland	1:22:19,3
2002	Norwegen	1:23:42,3
	Deutschland	1:24:27,6
	Frankreich	1:24:36,6
2006	Deutschland	1:21:51,5
	Russland	1:22:12,4
	Frankreich	1:22:35,1
2010	Norwegen	1:21:38,1
	Österreich	1:22:16,7
	Russland	1:22:16,9

LANGLAUF

Sprint, Frauen

2002	Julia Tschepalowa	RUS	3:10,6
	Evi Sachenbacher	GER	3:12,2
	Anita Moen	NOR	3:12,7
2006	Chandra Crawford	CAN	2:12,3
	Claudia Künzel	GER	0,7
	Alena Sidko	RUS	0,9
2010	Marit Björgen	NOR	3:39,2
	Justyna Kowalczyk	POL	1,1
	Petra Majdic	SLO	1,8

Teamsprint, Frauen

2006	Dahlberg/Andersson	SWE	16:36,9
	Renner/Scott	CAN	16:37,5
	Saarinen/Kuitunen	FIN	16:39,2
2010	Sachenbacher-Stehle/Nystad	GER	18:03,7
	Kalla/Haag	SWE	18:04,3
	Chasowa/Korostelewa	RUS	18:07,7

5 km, Frauen

1964	Klawdija Bojarskich	URS	17:50,5
	Mirja Lehtonen	FIN	17:52,9
	Alewtina Koltschina	URS	18:08,4
1968	Toini Gustafsson	SWE	16:45,2
	Galina Kulakowa	URS	16:48,4
	Alewtina Koltschina	URS	16:51,6
1972	Galina Kulakowa	URS	17:00,5
	Mariatta Kajosmaa	FIN	17:05,5
	Helena Sikolova	TCH	17:07,3
1976	Helena Takalo	FIN	15:48,6
	Raissa Smetanina	URS	15:49,7
	Nina Baldytschewa	URS	16:12,8
1980	Raissa Smetanina	URS	15:06,9
	Hilkka Riihivuori	FIN	15:11,9
	Kvetoslava Jeriova	TCH	15:23,4
1984	Marja-Liisa Hämäläinen	FIN	17:04,0
	Berit Aunli	NOR	17:14,1
	Kvetoslava Jeriova	TCH	17:18,3
1988	Marjo Matikainen	FIN	15:04,0
	Tamara Tichonowa	URS	15:05,3
	Wida Wenzene	URS	15:11,1
1992	Marjut Lukkarinen	FIN	14:13,8
	Ljubow Jegorowa	EUN	14:14,7
	Jelena Välbe	EUN	14:22,7
1994	Ljubow Jegorowa	RUS	14:08,8
	Manuela di Centa	ITA	14:28,3
	Kirvesniemi-Hämäläinen	FIN	14:36,0
1998	Larissa Lasutina	RUS	17:37,9
	Katerina Neumannova	CZE	17:42,7
	Bente Martinsen	NOR	17:49,4

10 km, Frauen

1952	Lydia Wideman	FIN	41:40,0
	Mirja-Kyllikki Hietamies	FIN	42:39,0
	Johanna Siira Rantanen	FIN	42:50,0
1956	Ljubow Kosyrjewa	URS	38:11,0
	Radja Jeroschina	URS	38:16,0
	Sonja Edström	SWE	38:23,0
1960	Maria Gussakowa	URS	39:46,6
	Ljubow Baranowa	URS	40:04,2
	Radja Jeroschina	URS	40:06,0
1964	Klawdija Bojarskich	URS	40:24,3
	Jewdokija Mekschilo	URS	40:26,6
	Maria Gussakowa	URS	40:46,6
1968	Toini Gustafsson	SWE	36:46,5
	Berit Mördre	NOR	37:54,6
	Inger Aufles	NOR	37:59,9
1972	Galina Kulakowa	URS	34:17,8
	Alewtina Oljunina	URS	34:54,1
	Marjetta Kajosmaa	FIN	34:56,4
1976	Raissa Smetanina	URS	30:13,4
	Helena Takalo	FIN	30:14,2
	Galina Kulakowa	URS	30:38,6
1980	Barbara Petzold	GDR	30:31,5
	Hilkka Riihivuori	FIN	30:35,0
	Helena Takalo	FIN	30:45,2
1984	Marja-Liisa Hämäläinen	FIN	31:44,2
	Raissa Smetanina	URS	32:02,9
	Brit Pettersen	NOR	32:12,7
1988	Wida Wenzene	URS	30:08,3
	Raissa Smetanina	URS	30:17,0
	Marjo Matikainen	FIN	30:20,5
Klassisch			
2002*	Bente Skari	NOR	28:05,6
	Julia Tschepalowa	RUS	28:09,9
	Stefania Belmondo	ITA	28:45,8

* Ergebnis nachträglich geändert (Doping)

2006	Kristina Smigun	EST	27:51,4
	Marit Björgen	NOR	28:12,7
	Hilde G. Pedersen	NOR	28:14,0
2010	Charlotte Kalla	SWE	24:58,4
	Kristina Smigun-Vaehi	EST	25:05,0
	Marit Björgen	NOR	25:14,3

Jagdrennen/Verfolgung, Frauen

Bis 1998 5+10 km, 2002 5+5 km, seit 2006 7,5+7,5 km

1992	Ljubow Jegerowa	EUN	40:07,7
	Stefania Belmondo	ITA	0:24,1
	Jelena Välbe	EUN	0:44,0
1994	Ljubow Jegorowa	RUS	41:38,1
	Manuela di Centa	ITA	41:46,4
	Stefania Belmondo	ITA	42:21,1
1998	Larissa Lasutina	RUS	46:06,9
	Olga Danilowa	RUS	46:13,4
	Katerina Neumannova	CZE	46:14,2
2002*	Beckie Scott	CAN	25:09,9
	Katerina Neumannova	CZE	25:10,0
	Viola Bauer	GER	25:11,1

* Ergebnis nachträglich geändert (Doping)

2006	Kristina Smigun	EST	42:48,7
	Katerina Neumannova	CZE	42:50,6
	J. Medwedewa-Abrusowa	RUS	43:03,2
2010	Marit Björgen	NOR	39:58,1
	Anna Haag	SWE	40:07,0
	Justyna Kowalczyk	POL	40:07,4

15 km, Frauen

Klassisch			
1992	Ljubow Jegorowa	EUN	42:20,8
	Marjut Lukkarinen	FIN	43:29,9
	Jelena Välbe	EUN	43:42,3
Freier Stil			
1994	Manuela di Centa	ITA	39:44,5
	Ljubow Jegorowa	RUS	41:03,0
	Nina Gawriljuk	RUS	41:10,4
Klassisch			
1998	Olga Danilowa	RUS	46:55,4
	Larissa Lasutina	RUS	47:01,0
	Anita Moen-Guidon	NOR	47:52,6
Freier Stil (Massenstart)			
2002*	Stefania Belmondo	ITA	39:54,4
	Katerina Neumannova	CZE	40:01,3
	Julia Tschepalowa	RUS	40:02,7

* Ergebnis nachträglich geändert (Doping)

Golden Girls: Evi Sachenbacher-Stehle (links) und Claudia Nystad.

20 km, Frauen

1984	Marja-Liisa Hämäläinen	FIN	1:01:45,0
	Raissa Smetanina	URS	1:02:26,7
	Anne Jahren	NOR	1:03:13,6
1988	Tamara Tichonowa	URS	55:53,6
	Anfissa Reszowa	URS	56:12,8
	Raissa Smetanina	URS	57:22,1

30 km, Frauen

Freier Stil

1992	Stefania Belmondo	ITA	1:22:30,1
	Ljubow Jegorowa	EUN	1:22:52,0
	Jelena Välbe	EUN	1:24:13,9

Klassisch

1994	Manuela di Centa	ITA	1:25:41,6
	Marit Wold	NOR	1:25:57,8
	Kirvesniemi-Hämäläinen	FIN	1:26:13,6

Freier Stil

1998	Julia Tschepalowa	RUS	1:22:01,5
	Stefania Belmondo	ITA	1:22:11,7
	Larissa Lasutina	RUS	1:23:15,7

Klassisch

2002	Gabriella Paruzzi	ITA	1:30:57,1
	Stefania Belmondo	ITA	1:31:01,6
	Bente Skari	NOR	1:31:36,3

Freier Stil (Massenstart)

2006	Katerina Neumannova	CZE	1:22:25,4
	Julia Tschepalowa	RUS	1:22:26,8
	Justyna Kowalczyk	POL	1:22:27,5
2010	Justyna Kowalczyk	POL	1:30:33,7
	Marit Björgen	NOR	1:30:34,0
	Aino-Kaisa Saarinen	FIN	1:31:38,7

3x5-km-Staffel, Frauen

1956	Finnland	1:09:01,0
	UdSSR	1:09:28,0
	Schweden	1:09:48,0
1960	Schweden	1:04:21,4
	UdSSR	1:05:02,6
	Finnland	1:06:27,5
1964	UdSSR	59:20,2
	Schweden	1:01:27,0
	Finnland	1:02:45,1
1968	Norwegen	57:30,0
	Schweden	57:51,0
	UdSSR	58:13,6

1972	UdSSR	48:46,1
	Finnland	49:19,3
	Norwegen	49:51,4

4x5-km-Staffel, Frauen

1976	UdSSR	1:07:47,7
	Finnland	1:08:36,5
	DDR	1:09:57,9
1980	DDR	1:02:11,1
	UdSSR	1:03:18,3
	Norwegen	1:04:13,5
1984	Norwegen	1:06:49,7
	Tschechoslowakei	1:07:34,7
	Finnland	1:07:36,7
1988	UdSSR	59:51,1
	Norwegen	1:01:33,0
	Finnland	1:01:53,8
1992	EUN	59:34,8
	Norwegen	59:56,4
	Italien	1:00:25,9
1994	Russland	57:12,5
	Norwegen	57:42,6
	Italien	58:42,6
1998	Russland	55:13,5
	Norwegen	55:38,0
	Italien	56:53,3
2002	Deutschland	49:30,6
	Norwegen	49:31,9
	Schweiz	50:03,6
2006	Russland	54:47,7
	Deutschland	54:57,7
	Italien	54:58,7
2010	Norwegen	55:19,5
	Deutschland	55:44,1
	Finnland	55:49,9

Sprint, Männer

2002	Tor Arne Hetland	NOR	2:56,9
	Peter Schlickenrieder	GER	2:57,0
	Cristian Zorzi	ITA	2:57,2
2006	Björn Lind	SWE	2:26,5
	Roddy Darragon	FRA	0,6
	Thobias Fredriksson	SWE	1,3
2010	Nikita Krjukow	RUS	3:36,3
	Alexander Panschinski	RUS	0,0
	Petter Northug	NOR	9,2

Teamsprint, Männer

2006	Fredriksson/Lind	SWE	17:02,9
	Svartedal/Hetland	NOR	17:03,5
	Alipow/Rotschew	RUS	17:05,2
2010	Pettersen/Northug	NOR	19:01,0
	Teichmann/Tscharnke	GER	19:02,3
	Morillow/Petuchow	RUS	19:02,5

10 km, Männer

1992	Vegard Ulvang	NOR	27:36,0
	Marco Albarello	ITA	27:55,2
	Christer Majbäck	SWE	27:56,4
1994	Björn Dählie	NOR	24:20,1
	Wladimir Smirnow	KAZ	24:38,3
	Marco Albarello	ITA	24:42,3
1998	Björn Dählie	NOR	27:24,5
	Markus Gandler	AUT	27:32,5
	Mika Myllylä	FIN	27:40,1

15 km, Männer

1956	Hallgeir Brenden	NOR	49:39,0
	Sixten Jernberg	SWE	50:14,0
	Pawel Koltschin	URS	50:17,0
1960	Hakon Brusveen	NOR	51:55,5
	Sixten Jernberg	SWE	51:58,6
	Veikko Hakulinen	FIN	52:03,0
1964	Eero Mäntyranta	FIN	50:54,1
	Harald Grönningen	NOR	51:34,8
	Sixten Jernberg	SWE	51:42,2
1968	Harald Grönningen	NOR	47:54,2
	Eero Mäntyranta	FIN	47:56,1
	Gunnar Larsson	SWE	48:33,7
1972	Sven-Ake Lundbäck	SWE	45:28,2
	Fjodor Simaschow	URS	46:00,8
	Ivar Formo	NOR	46:02,6
1976	Nikolai Baschukow	URS	43:58,4
	Jewgeni Beljajew	URS	44:01,1
	Arto Koivisto	FIN	44:19,2
1980	Thomas Wassberg	SWE	41:57,63
	Juha Mieto	FIN	41:57,64
	Ove Aunli	NOR	42:28,60
1984	Gunde Svan	SWE	41:25,6
	Aki Karvonen	FIN	41:34,9
	Harri Kirvesniemi	FIN	41:45,6

1988	Michail Dewjatjarow	URS	41:18,9
	Pal-Gunnar Mikkelsplass	NOR	41:33,4
	Wladimir Smirnow	URS	41:48,5

Klassisch

2002	Andrus Veerpalu	EST	37:07,4
	Frode Estil	NOR	37:43,4
	Jaak Mäe	EST	37:50,8
2006	Andrus Veerpalu	EST	38:01,3
	Lukas Bauer	CZE	38:15,8
	Tobias Angerer	GER	38:20,5
2010	Dario Cologna	SUI	33:36,3
	Pietro Piller Cottrer	ITA	34:00,9
	Lukas Bauer	CZE	34:12,0

18 km, Männer

1924	Thorleif Haug	NOR	1:14:31
	Johan Gröttumsbraten	NOR	1:15:51
	Tapani Niku	FIN	1:16:26
1928	Johan Gröttumsbraten	NOR	1:37:01
	Ole Hegge	NOR	1:39:01
	Reidar Ödegaard	NOR	1:40:11
1932	Sven Utterström	SWE	1:23:07
	Axel Wikström	SWE	1:25:07
	Veli Selim Saarinen	FIN	1:25:24
1936	Erik-August Larsson	SWE	1:14:38
	Oddbjörn Hagen	NOR	1:15:33
	Pekka Niemi	FIN	1:16:59
1948	Martin Lundström	SWE	1:13:50
	Nils Östensson	SWE	1:14:22
	Gunnar Eriksson	SWE	1:16:06
1952	Hallgeir Brenden	NOR	1:01:34
	Tapio Valfrid Mäkälä	FIN	1:02:09
	Paavo Lonkila	FIN	1:02:20

Jagdrennen/Verfolgung, Männer

Bis 1998 10+15 km, 2002 10+10 km, seit 2006 15+15 km

1992	Björn Dählie	NOR	1:05:37,9
	Vegard Ulvang	NOR	0:53,4
	Giorgio Vanzetta	ITA	0:54,3
1994	Björn Dählie	NOR	1:00:08,9
	Wladimir Smirnow	KAZ	0:29,2
	Silvio Fauner	ITA	1:39,8
1998	Thomas Alsgaard	NOR	1:07:01,7
	Björn Dählie	NOR	1:07:02,8
	Wladimir Smirnow	KAZ	1:07:31,5

Holte sich die erwünschte Medaille: Tobias Angerer.

2002*	1. Frode Estil	NOR	49:48,9	
	1. Thomas Alsgaard	NOR	49:48,9	
	Per Elofsson	SWE	49:52,9	
Ergebnis nachträglich geändert (Doping)				
2006	Jewgeni Dementjew	RUS	1:17:00,8	
	Frode Estil	NOR	1:17:01,4	
	Pietro Piller Cottrer	ITA	1:17:01,7	
2010	Marcus Hellner	SWE	1:15:11,4	
	Tobias Angerer	GER	1:15:13,5	
	Johan Olsson	SWE	1:15:14,2	

30 km, Männer

1956	Veikko Hakulinen	FIN	1:44:06,0
	Sixten Jernberg	SWE	1:44:30,0
	Pawel Koltschin	URS	1:45:45,0
1960	Sixten Jernberg	SWE	1:51:03,9
	Rolf Rämgard	SWE	1:51:16,9
	Nikolai Anikin	URS	1:52:28,2
1964	Eero Mäntyranta	FIN	1:30:50,7
	Harald Grönningen	NOR	1:32:02,3
	Igor Worontschichin	URS	1:32:15,8
1968	Franco Nones	ITA	1:35:39,2
	Odd Martinsen	NOR	1:36:28,9
	Eero Mäntyranta	FIN	1:36:55,5
1972	Wjatscheslaw Wedenin	URS	1:36:31,1
	Pal Tyldum	NOR	1:37:25,3
	Johannes Harviken	NOR	1:37:32,4
1976	Sergej Saweljew	URS	1:30:29,3
	Bill Koch	USA	1:30:57,8
	Iwan Garanin	URS	1:31:09,2
1980	Nikolai Simjatow	URS	1:27:02,8
	Wassili Rotschew	URS	1:27:34,2
	Iwan Lebanow	BUL	1:28:03,8
1984	Nikolai Simjatow	URS	1:28:56,3
	Alexander Sawjalow	URS	1:29:23,3
	Gunde Svan	SWE	1:29:35,7
1988	Alexej Prokurorow	URS	1:24:26,3
	Wladimir Smirnow	URS	1:24:35,1
	Vegard Ulvang	NOR	1:25:11,6
Klassisch			
1992	Vegard Ulvang	NOR	1:22:27,8
	Björn Dæhlie	NOR	1:23:14,0
	Terje Langli	NOR	1:23:42,5
Freier Stil			
1994	Thomas Alsgaard	NOR	1:12:26,4
	Björn Dæhlie	NOR	1:13:13,6
	Mika Myllylä	FIN	1:14:14,0
Klassisch			
1998	Mika Myllylä	FIN	1:33:55,8
	Erling Jevne	NOR	1:35:27,1
	Silvio Fauner	ITA	1:36:08,5

Freier Stil (Massenstart)				
2002*	Christian Hoffmann	AUT	1:11:31,0	
	Michail Botwinow	AUT	1:11:32,3	
	Kristen Skjeldal	NOR	1:11:42,7	
Ergebnis nachträglich geändert (Doping)				

50 km, Männer

1924	Thorleif Haug	NOR	3:44:32,0
	Thoralf Strömstad	NOR	3:46:23,0
	Johan Gröttumsbraten	NOR	3:47:46,0
1928	Per Erik Hedlund	SWE	4:52:03,0
	Gustaf Jonsson	SWE	5:05:30,0
	Volger Andersson	SWE	5:05:46,0
1932	Veli Selim Saarinen	FIN	4:28:00,0
	Väinö Likkanen	FIN	4:28:20,0
	Arne Rustadstuen	NOR	4:31:53,0
1936	Elis Wiklund	SWE	3:30:11,0
	Axel Wikström	SWE	3:33:20,0
	Nils-Joel Englund	SWE	3:34:10,0
1948	Nils Karlsson	SWE	3:47:48,0
	Harald Eriksson	SWE	3:52:20,0
	Benjamin Vanninen	FIN	3:57:38,0
1952	Veikko Hakulinen	FIN	3:33:33,0
	Eero Kolehmainen	FIN	3:38:11,0
	Magnar Estenstad	NOR	3:38:28,0
1956	Sixten Jernberg	SWE	2:50:27,0
	Veikko Hakulinen	FIN	2:51:45,0
	Fjodor Terentjew	URS	2:53:32,0
1960	Kalevi Hämäläinen	FIN	2:59:06,3
	Veikko Hakulinen	FIN	2:59:26,7
	Rolf Rämgard	SWE	3:02:46,7
1964	Sixten Jernberg	SWE	2:43:52,6
	Assar Rönnlund	SWE	2:44:58,2
	Arto Tiainen	FIN	2:45:30,4
1968	Ole Ellefsäter	NOR	2:28:45,8
	Wjatscheslaw Wedenin	URS	2:29:02,5
	Josef Haas	SUI	2:29:14,8
1972	Pal Tyldum	NOR	2:43:14,7
	Magne Myrmo	NOR	2:43:29,4
	Wjatscheslaw Wedenin	URS	2:44:00,1
1976	Ivar Formo	NOR	2:37:30,0
	Gert-Dietmar Klause	GDR	2:38:13,2
	Benny Södergren	SWE	2:39:39,2
1980	Nikolai Simjatow	URS	2:27:24,6
	Juha Mieto	FIN	2:30:20,5
	Alexander Sawjalow	URS	2:30:51,5
1984	Thomas Wassberg	SWE	2:15:55,8
	Gunde Svan	SWE	2:16:00,7
	Aki Karvonen	FIN	2:17:04,7
1988	Gunde Svan	SWE	2:04:30,9
	Maurilio de Zolt	ITA	2:05:36,4
	Andreas Grünenfelder	SUI	2:06:01,9

Freier Stil			
1992	Björn Dæhlie	NOR	2:03:41,5
	Maurilio de Zolt	ITA	2:04:39,1
	Giorgio Vanzetta	ITA	2:06:42,1
Klassisch			
1994	Wladimir Smirnow	KAZ	2:07:20,3
	Mika Myllylä	FIN	2:08:41,9
	Sture Sivertsen	NOR	2:08:49,0
Freier Stil			
1998	Björn Dæhlie	NOR	2:05:08,2
	Niklas Jonsson	SWE	2:05:16,3
	Christian Hoffmann	AUT	2:06:01,8
Klassisch			
2002	Michail Iwanow	RUS	2:06:20,8
	Andrus Veerpalu	EST	2:06:44,5
	Odd-Bjoern Hjelmeset	NOR	2:08:41,5
Freier Stil			
2006	Giorgio di Centa	ITA	2:06:11,8
	Jewgeni Dementijew	RUS	2:06:12,6
	Mikhail Botwinow	AUT	2:06:12,7
Klassisch			
2010	Petter Northug	NOR	2:05:35,5
	Axel Teichmann	GER	2:05:35,8
	Johan Olsson	SWE	2:05:36,5

4x10-km-Staffel, Männer

1936	Finnland	2:41:33,0
	Norwegen	2:41:39,0
	Schweden	2:43:03,0
1948	Schweden	2:32:08,0
	Finnland	2:41:06,0
	Norwegen	2:44:33,0
1952	Finnland	2:20:16,0
	Norwegen	2:23:13,0
	Schweden	2:24:13,0
1956	UdSSR	2:15:30,0
	Finnland	2:16:31,0
	Schweden	2:17:42,0
1960	Finnland	2:18:45,6
	Norwegen	2:18:46,4
	UdSSR	2:21:21,6
1964	Schweden	2:18:34,6
	Finnland	2:18:42,6
	UdSSR	2:18:46,9
1968	Norwegen	2:08:33,5
	Schweden	2:10:13,2
	Finnland	2:10:56,7
1972	UdSSR	2:04:47,9
	Norwegen	2:04:57,0
	Schweiz	2:07:00,0
1976	Finnland	2:07:59,7
	Norwegen	2:09:58,3
	UdSSR	2:10:51,4
1980	UdSSR	1:57:03,4
	Norwegen	1:58:45,7
	Finnland	2:00:00,1
1984	Schweden	1:55:06,3
	UdSSR	1:55:16,5
	Finnland	1:56:31,4
1988	Schweden	1:43:58,6
	UdSSR	1:44:11,3
	Tschechoslowakei	1:45:22,7
1992	Norwegen	1:39:26,0
	Italien	1:40:52,7
	Finnland	1:41:22,9
1994	Italien	1:41:15,0
	Norwegen	1:41:15,4
	Finnland	1:42:15,6
1998	Norwegen	1:40:55,7
	Italien	1:40:55,9
	Finnland	1:42:15,5
2002	Norwegen	1:32:45,5
	Italien	1:32:45,8
	Deutschland	1:33:34,5
2006	Italien	1:43:45,7
	Deutschland	1:44:01,4
	Schweden	1:44:01,7
2010	Schweden	1:45:05,4
	Norwegen	1:45:21,3
	Tschechien	1:45:21,9

NORDISCHE KOMBINATION

Sprint

2002	Samppa Lajunen	FIN	16:40,1
	Ronny Ackermann	GER	+9,0
	Felix Gottwald	AUT	+40,2
2006	Felix Gottwald	AUT	18:29,0
	Magnus Moan	NOR	+5,4
	Georg Hettich	GER	+9,6

Einzel Normalschanze

2010	Jason Lamy Chappuis	FRA	25:47,1
	Johnny Spillane	USA	+00:44
	Alessandro Pittin	ITA	+00:48

Einzel

1924	Thorleif Haug	NOR	18,906
	Thoralf Strömstad	NOR	18,219
	Johan Gröttumsbraten	NOR	17,854
1928	Johan Gröttumsbraten	NOR	17,833
	Hans Vinjarengen	NOR	15,303
	John Snersrud	NOR	15,021
1932	Johan Gröttumsbraten	NOR	446,000
	Ole Stenen	NOR	436,050
	Hans Vinjarengen	NOR	434,600
1936	Oddbjörn Hagen	NOR	430,300
	Olaf Hoffsbakken	NOR	419,800
	Sverre Brodahl	NOR	408,100
1948	Heikki Vihtori Hasu	FIN	448,800
	Martti Huhtala	FIN	433,650
	Sven Israelsson	SWE	433,400
1952	Simon Slaettvik	NOR	451,621
	Heikki Vihtori Hasu	FIN	447,500
	Sverre Stenersen	NOR	436,335
1956	Sverre Stenersen	NOR	455,000
	Bengt Eriksson	SWE	437,400
	F. Gron-Gasienica	POL	436,800
1960	Georg Thoma	GER	457,952
	Tormod Knutsen	NOR	453,000
	Nikolai Gussakow	URS	452,000
1964	Tormod Knutsen	NOR	469,280
	Nikolai Kisseljow	URS	453,040
	Georg Thoma	GER	452,880
1968	Franz Keller	FRG	449,040
	Alois Kälin	SUI	447,990
	Andreas Kunz	GDR	444,100
1972	Ulrich Wehling	GDR	413,340
	Rauno Miettinen	FIN	404,505
	Karl-Heinz Luck	GDR	398,800
1976	Ulrich Wehling	GDR	423,390
	Urban Hettich	FRG	418,900
	Konrad Winkler	GDR	417,470
1980	Ulrich Wehling	GDR	432,200
	Jouko Karjalainen	FIN	429,500
	Konrad Winkler	GDR	425,320
1984	Tom Sandberg	NOR	422,595
	Jouko Karjalainen	FIN	416,900
	Jukka Ylipulli	FIN	410,825
1988	Hippolyt Kempf	SUI	38:16,8
	Klaus Sulzenbacher	AUT	38:46,5
	Allar Lewandi	URS	39:12,4
1992	Fabrice Guy	FRA	43:45,4
	Sylvain Guillaume	FRA	+0:48,4
	Klaus Sulzenbacher	AUT	+1:06,3
1994	Fred Börre Lundberg	NOR	39:07,8
	Takanori Kono	JPN	+1:17,5
	Bjarte Engen Vik	NOR	+1:18,3
1998	Bjarte Engen Vik	NOR	41:21,1
	Samppa Lajunen	FIN	+27,5
	Waleri Stoljarow	RUS	+28,2
2002	Samppa Lajunen	FIN	38:17,7
	Jaakko Tallus	FIN	+24,7
	Felix Gottwald	AUT	+54,8
2006	Georg Hettich	GER	39:44,6
	Felix Gottwald	AUT	+ 9,8
	Magnus Moan	NOR	+ 16,2

Einzel Großschanze

2010	Bill Demong	USA	25:32,9
	Johnny Spillane	USA	25:02,9
	Bernhard Gruber	AUT	25:43,7

Mannschaft/Team

1988	BR Deutschland	1:20:46,0
	Schweiz	+3,4
	Österreich	+30,9
1992	Japan	1:23:36,5
	Norwegen	+1:26,4
	Österreich	+1:40,1
1994	Japan	1:21:51,8
	Norwegen	+4:49,1
	Schweiz	+7:48,1
1998	Norwegen	54:03,5
	Finnland	+1:18,9
	Frankreich	+1:41,9
2002	Finnland	48:42,2
	Deutschland	+7,5
	Österreich	+11,0
2006	Österreich	49:52,6
	Deutschland	+15,3
	Finnland	+26,8
2010	Österreich	48:55,6
	USA	+5,2
	Deutschland	+19,5

SKISPRINGEN

Spezialspringen

1924	Jacob Tullin Thams	NOR	18,960
	Narve Bonna	NOR	18,689
	Anders Haugen	USA	17,916
1928	Alf Sten Andersen	NOR	19,208
	Sigmund Ruud	NOR	18,542
	Rudolf Burkert	TCH	17,937
1932	Birger Ruud	NOR	228,1
	Hans Beck	NOR	227,0
	Kaare Wahlberg	NOR	219,5
1936	Birger Ruud	NOR	232,0
	Sven Eriksson	SWE	230,5
	Reidar Andersen	NOR	228,9
1948	Petter Hugsted	NOR	228,1
	Birger Ruud	NOR	226,6
	Thorleif Schjelderup	NOR	225,1
1952	Arnfinn Bergmann	NOR	226,0
	Torbjörn Falkanger	NOR	221,5
	Karl Holmström	SWE	219,5
1956	Antti Hyvärinen	FIN	227,0
	Aulis Kallakorpi	FIN	225,0
	Harry Glaß	GER	224,5
1960	Helmut Recknagel	GER	227,2
	Niilo Halonen	FIN	222,6
	Otto Leodolter	AUT	219,4

Normalschanze

1964	Veikko Kankkonen	FIN	229,9
	Toralf Engan	NOR	226,3
	Torgeir Brandtzaeg	NOR	222,9
1968	Jiri Raska	TCH	216,5
	Reinhold Bachler	AUT	214,2
	Baldur Preiml	AUT	212,6
1972	Yukio Kasaya	JPN	244,2
	Akitsugu Konno	JPN	234,8
	Seiji Aochi	JPN	229,5
1976	Hans-Georg Aschenbach	GDR	252,0
	Jochen Danneberg	GDR	246,2
	Karl Schnabl	AUT	242,0
1980	Toni Innauer	AUT	266,3
	2. Manfred Deckert	GDR	249,2
	2. Hirokazu Yagi	JPN	249,2
1984	Jens Weißflog	GDR	215,2
	Matti Nykänen	FIN	214,0
	Jari Puikkonen	FIN	212,8
1988	Matti Nykänen	FIN	229,1
	Pavel Ploc	TCH	212,1
	Jiri Malec	TCH	211,8
1992	Ernst Vettori	AUT	222,8
	Martin Höllwarth	AUT	218,1
	Toni Nieminen	FIN	217,0
1994	Espen Bredesen	NOR	282,0
	Lasse Ottesen	NOR	268,0
	Dieter Thoma	GER	260,5
1998	Jani Soininen	FIN	234,5
	Kazuyoshi Funaki	JPN	233,5
	Andreas Widhölzl	AUT	232,5
2002	Simon Ammann	SUI	269,0
	Sven Hannawald	GER	267,5
	Adam Malysz	POL	263,0
2006	Lars Bystöl	NOR	266,5
	Matti Hautamäki	FIN	265,5
	Roar Ljökelsöy	NOR	264,5
2010	Simon Ammann	SUI	276,5
	Adam Malysz	POL	269,5
	Gregor Schlierenzauer	AUT	268,0

Großschanze

1964	Toralf Engan	NOR	230,7
	Veikko Kankkonen	FIN	228,9
	Torgeir Brandtzaeg	NOR	227,2
1968	Wladimir Beloussow	URS	231,3
	Jiri Raska	TCH	229,4
	Lars Grini	NOR	214,3
1972	Wojciech Fortuna	POL	219,9
	Walter Steiner	SUI	219,8
	Rainer Schmidt	GDR	219,3
1976	Karl Schnabl	AUT	234,8
	Toni Innauer	AUT	232,9
	Henry Glaß	GDR	221,7
1980	Jouko Törmänen	FIN	271,0
	Hubert Neuper	AUT	262,4
	Jari Puikkonen	FIN	248,5
1984	Matti Nykänen	FIN	231,2
	Jens Weißflog	GDR	213,7
	Pavel Ploc	TCH	202,9
1988	Matti Nykänen	FIN	224,0
	Erik Johnsen	NOR	207,9
	Matjaz Debelak	YUG	207,7
1992	Toni Nieminen	FIN	239,5
	Martin Höllwarth	AUT	227,3
	Heinz Kuttin	AUT	214,8
1994	Jens Weißflog	GER	274,5
	Espen Bredesen	NOR	266,5
	Andreas Goldberger	AUT	255,0
1998	Kazuyoshi Funaki	JPN	272,3
	Jani Soininen	FIN	260,8
	Masahiko Harada	JPN	258,3
2002	Simon Ammann	SUI	281,4
	Adam Malysz	POL	269,7
	Matti Hautamäki	FIN	256,0
2006	Thomas Morgenstern	AUT	276,9
	Andreas Kofler	AUT	276,8
	Lars Bystöl	NOR	250,7
2010	Simon Ammann	SUI	283,6
	Adam Malysz	POL	269,4
	Gregor Schlierenzauer	AUT	262,2

Mannschaft/Team

1988	Finnland	634,4
	Jugoslawien	625,5
	Norwegen	596,1
1992	Finnland	644,4
	Österreich	642,9
	Tschechoslowakei	620,1
1994	Deutschland	970,1
	Japan	956,9
	Österreich	918,9
1998	Japan	933,0
	Deutschland	897,4
	Österreich	881,5
2002	Deutschland	974,1
	Finnland	974,0
	Slowenien	946,3
2006	Österreich	984,0
	Finnland	976,4
	Norwegen	950,1
2010	Österreich	1107,9
	Deutschland	1035,8
	Norwegen	1030,3

Freuten sich über Silber (von links): Michael Neumayer, Andreas Wank, Martin Schmitt und Michael Uhrmann.

Statistik-Hinweise

A	Ausgeschieden
AF	Achtelfinale
DQ	Disqualifiziert
HF	Halbfinale
QU	Qualifikation
VF	Viertelfinale
VL	Vorlauf
n.P.	nach Penaltyschießen
n.V.	nach Verlängerung
n.Z.	nach Zusatzend

Bei den Namen chinesischer und koreanischer Sportler wurden entgegen der landestypischen Schreibweise die Vornamen nach vorne gesetzt.

IOC-Abkürzungen

Teilnehmer 2010 (82 Länder)

ALB	Albanien
ALG	Algerien
AND	Andorra
ARG	Argentinien
ARM	Armenien
AUS	Australien
AUT	Österreich
AZE	Aserbaidschan
BEL	Belgien
BER	Bermuda
BIH	Bosnien-Herzegowina
BLR	Weißrussland
BRA	Brasilien
BUL	Bulgarien
CAN	Kanada
CAY	Kayman Inseln
CHI	Chile
CHN	China
COL	Kolumbien
CRO	Kroatien
CYP	Zypern
CZE	Tschechien
DEN	Dänemark
ESP	Spanien
EST	Estland
ETH	Äthiopien
FIN	Finnland
FRA	Frankreich
GBR	Großbritannien
GEO	Georgien
GER	Deutschland
GHA	Ghana
GRE	Griechenland
HKG	Hongkong
HUN	Ungarn
IND	Indien
IRI	Iran
IRL	Irland
ISL	Island
ISR	Israel
ITA	Italien
JAM	Jamaika
JPN	Japan
KAZ	Kasachstan
KGZ	Kirgisistan
KOR	Südkorea
LAT	Lettland
LIB	Libanon
LIE	Liechtenstein
LTU	Litauen
MAR	Marokko
MDA	Moldawien
MEX	Mexiko
MGL	Mongolei
MKD	Mazedonien
MNE	Montenegro
MON	Monaco
NED	Niederlande
NEP	Nepal
NOR	Norwegen
NZL	Neuseeland
PAK	Pakistan
PER	Peru
POL	Polen
POR	Portugal
PRK	Nordkorea
ROU	Rumänien
RSA	Südafrika
RUS	Russland
SEN	Senegal
SLO	Slowenien
SMR	San Marino
SRB	Serbien
SUI	Schweiz
SVK	Slowakei
SWE	Schweden
TJK	Tadschikistan
TPE	Taiwan
TUR	Türkei
UKR	Ukraine
USA	USA
UZB	Usbekistan

Frühere Teilnehmer

FRG	BR Deutschland
GDR	DDR
URS	UdSSR
EUN	Ex-UdSSR (Team 1992)
TCH	Tschechoslowakei

Die erfolgreichsten Medaillengewinner bei Winterspielen

Norwegens Ausnahme-Biathlet Ole Einar Björndalen ist in Vancouver in der Rangliste der besten olympischen Wintersportler aller Zeiten auf Platz zwei vorgerückt. Der 36-Jährige triumphierte in Kanada mit der 4x7,5-km-Staffel und wurde Zweiter über 20 km. Björndalen sammelte damit seit seinem Olympia-Debüt 1998 in Nagano sechsmal Gold, viermal Silber und einmal Bronze. Übertroffen wird er nur von seinem Landsmann Björn Dählie, der achtmal Gold und viermal Silber im Skilanglauf gewann.

Deutschlands beste Winter-Olympionikin, die Eisschnellläuferin Claudia Pechstein, belegt mit fünf Gold, zwei Silber und zwei Bronze Rang fünf. Bobpilot André Lange und sein Anschieber Kevin Kuske stießen mit ihrem Erfolg im Zweier und Platz zwei im Vierer mit insgesamt vier Gold und einem Silber in die Top 30 vor. Auf Rang 21 liegen Lange und Kuske gleichauf mit Sportgrößen wie Matti Nykänen (Finnland/Skispringen) und Johan Olav Koss (Norwegen/Skilanglauf). Die ewige Rangliste der erfolgreichsten Wintersportler:

	Name	Sportart	Jahre	G	S	B
1.	Björn Dählie (Norwegen)	Skilanglauf	1992-98	8	4	0
2.	Ole Einar Björndalen (Norwegen)	Biathlon	1998-10	6	4	1
3.	Ljubow Jegorowa (GUS)	Skilanglauf	1992-94	6	3	0
4.	Lidija Skoblikowa (UdSSR)	Eisschnelllauf	1960-64	6	0	0
5.	Claudia Pechstein (Deutschland)	Eisschnelllauf	1992-06	5	2	2
6.	Larissa Lassutina (Russland)	Skilanglauf	1992-98	5	1	1
	Clas Thunberg (Finnland)	Eisschnelllauf	1924-28	5	1	1
8.	Thomas Alsgaard (Norwegen)	Skilanglauf	1994-02	5	1	0
9.	Bonnie Blair (USA)	Eisschnelllauf	1988-94	5	0	1
10.	Eric Heiden (USA)	Eisschnelllauf	1980	5	0	0
11.	Raissa Smetanina (UdSSR/GUS)	Skilanglauf	1976-92	4	5	1
12.	Sixten Jernberg (Schweden)	Skilanglauf	1956-64	4	3	2
13.	Ricco Groß (Deutschland)	Biathlon	1992-06	4	3	1
14.	Galina Kulakowa (UdSSR)	Skilanglauf	1968-80	4	2	2
	Kjetil-Andre Aamodt (Norwegen)	Ski alpin	1992-06	4	2	2
	Sven Fischer (Deutschland)	Biathlon	1994-06	4	2	2
17.	Ivar Ballangrud (Norwegen)	Eisschnelllauf	1928-36	4	2	1
18.	Janica Kostelic (Kroatien)	Ski alpin	2002-06	4	2	0
19.	Gunde Svan (Schweden)	Skilanglauf	1984-88	4	1	1
	Wang Meng (China)	Shorttrack	2006-10	4	1	1
21.	Johann Olav Koss (Norwegen)	Eisschnelllauf	1992-94	4	1	0
	Jewgeni Grischin (UdSSR)	Eisschnelllauf	1956-64	4	1	0
	Aleksander Tichonow (UdSSR)	Biathlon	1968-80	4	1	0
	Nikolai Simjatow (UdSSR)	Skilanglauf	1980-84	4	1	0
	Matti Nykänen (Finnland)	Skispringen	1984-88	4	1	0
	André Lange (Deutschland)	Bob	2002-10	4	1	0
	Kevin Kuske (Deutschland)	Bob	2002-10	4	1	0
28.	Lee-Kyung Chun (Südkorea)	Shorttrack	1994-98	4	0	1
29.	Thomas Wassberg (Schweden)	Skilanglauf	1980-88	4	0	0
	Simon Ammann (Schweiz)	Skispringen	2002-10	4	0	0
31.	Karin Kania-Enke (Deutschland)	Eisschnelllauf	1980-88	3	4	1
	Gunda Niemann-Stirnemann (Deutschland)	Eisschnelllauf	1992-98	3	4	1
33.	Veikko Hakulinen (Finnland)	Skilanglauf	1952-60	3	3	1
	Kati Wilhelm (Deutschland)	Biathlon	2002-10	3	3	1
	Marit Björgen (Norwegen)	Skilanglauf	2002-10	3	3	1
36.	Eero Mäntyranta (Finnland)	Skilanglauf	1960-68	3	2	2
37.	Vegard Ulvang (Norwegen)	Skilanglauf	1988-94	3	2	1
38.	Alberto Tomba (Italien)	Ski alpin	1988-94	3	2	0
	Samppa Lajunen (Finnland)	Nordische Kombination	1998-02	3	2	0
	Georg Hackl (Deutschland)	Rodeln	1992-06	3	2	0

Medaillenspiegel von Vancouver

(86 Entscheidungen)

		Gold	Silber	Bronze	gesamt
1.	Kanada	14	7	5	26
2.	Deutschland	10	13	7	30
3.	USA	9	15	13	37
4.	Norwegen	9	8	6	23
5.	Südkorea	6	6	2	14
6.	Schweiz	6	0	3	9
7.	China	5	2	4	11
	Schweden	5	2	4	11
9.	Österreich	4	6	6	16
10.	Niederlande	4	1	3	8
11.	Russland	3	5	7	15
12.	Frankreich	2	3	6	11
13.	Australien	2	1	0	3
14.	Tschechien	2	0	4	6
15.	Polen	1	3	2	6
16.	Italien	1	1	3	5
17.	Slowakei	1	1	1	3
	Weißrussland	1	1	1	3
19.	Großbritannien	1	0	0	1
20.	Japan	0	3	2	5
21.	Kroatien	0	2	1	3
	Slowenien	0	2	1	3
23.	Lettland	0	2	0	2
24.	Finnland	0	1	4	5
25.	Estland	0	1	0	1
	Kasachstan	0	1	0	1

Im Biathlon der Männer über 20 km wurden zwei Silbermedaillen und keine Bronzemedaille vergeben.

Deutschland hat Spitzenposition erobert

Die deutsche Mannschaft hat in Vancouver erstmals die Spitzenposition im »ewigen« Medaillenspiegel der Olympischen Winterspiele erobert. Insgesamt 360-mal und damit so häufig wie sonst keine andere Nation standen deutsche Sportler auf dem Treppchen, davon 129-mal ganz oben. Russland fiel mit nunmehr 124 Siegen auf den zweiten Platz zurück.

»Ewiger« Medaillenspiegel der Winterspiele 1924–2010**

		Gold	Silber	Bronze
1.	Deutschland (DDR 1968-88)*	129	130	101
2.	UdSSR/GUS/Russland	124	92	93
3.	Norwegen	107	108	91
4.	USA	87	96	72
5.	Österreich	55	58	72
6.	Kanada	53	46	48
7.	Schweden	51	35	49
8.	Schweiz	43	37	46
9.	Finnland	42	58	56
10.	Italien	35	32	37
11.	Niederlande	29	31	26
12.	Frankreich	27	26	37
13.	Südkorea	23	14	8
14.	Großbritannien	10	5	15
15.	China	9	18	17
16.	Japan	9	13	15
17.	Tschechien	7	13	22
18.	Australien	5	1	3
19.	Kroatien	4	5	1
20.	Estland	4	2	1
21.	Polen	2	6	6
22.	Liechtenstein	2	2	5
23.	Weißrussland	1	4	4
24.	Kasachstan	1	3	2
25.	Bulgarien	1	2	1
26.	Slowakei	1	2	1
27.	Belgien	1	1	3
	Ukraine	1	1	3
29.	Spanien	1	0	1
30.	Usbekistan	1	0	0
31.	Jugoslawien	0	3	1
32.	Slowenien	0	2	5
33.	Ungarn	0	2	4
34.	Lettland	0	2	1
35.	Luxemburg	0	2	0
36.	Nordkorea	0	1	1
37.	Dänemark	0	1	0
	Neuseeland	0	1	0
39.	Rumänien	0	0	1

* In Gesamtzahl »Deutschland« enthalten
** Einschließlich Wintersport-Wettbewerbe 1908–1920